다중위기시대 국가식량디자인

다중위기시대 국가식량디자인

2023년 12월 7일 초판 1쇄 발행

지은이 백혜숙
펴낸이 김진수
펴낸곳 잉걸미디어
등록 2007년 4월 18일 제320-2007-28호
주소 (08763) 서울시 관악구 조원로 176 (신림동) 성우파크빌 101호
전화 02·884·3701
이메일 ingle21@naver.com

ISBN 979-11-970995-3-3 03300

기후위기 식량위기 시대에 요구되는
새로운 국가 경영전략 모색

다중위기시대 국가식량디자인

백혜숙 지음

공공 식료를 말하다

공공식료 선진국

Agriculture

Food

食

Public

공공식료 시스템

잉걸미디어
Ingle Media

새로운 국가 경영전략

농업은 오랫동안 1차 산업으로 분류되었습니다. 하지만 이제는 농업과 농촌의 가치가 달라졌습니다. 먹거리 생산이라는 본원적 가치 외에도, 환경과 생태계 보전이라는 인류가 직면한 중요 이슈를 해결할 단초를 제공합니다. 또한 전통문화의 계승, 농촌 경관 유지, 지역사회의 활력 유지, 작물 재배를 통한 도시민의 힐링과 치유, 인구 분산과 국토의 균형발전, 식량주권 문제 등 농업의 많은 역할과 기능이 주목받고 있습니다. 농업과 농촌의 공익적 가치는 앞으로 더욱 커질 것입니다. 특히 기후위기·식량위기 등 다중위기시대, 4차 산업혁명 시대를 주도하는 새로운 패러다임으로 정책을 구현해야 합니다.

책을 내면서 저의 지난 길을 되돌아보니 생산을 알고, 유통을 알고, 소비자를 아는 유일한 사람이구나 하는 자부심을 느꼈습니다. 제가 쌓아 온 역량을 보다 많은 분들과 나누고, 함께 뜻을 모아 존중받지 못하는 사람들이 존중받는 세상, 지금보다 더 많이 웃을 수 있는 세상을 만들고 싶다는 의지를 더욱더 다지게 되었습니다.

저는 2008년부터 농업과 사회적경제를 연결하고 농업과 교육을 융합한 아이디어를 현장에 접목하면서 1인 가족, 청년 등 사회적 배려 계층의 먹거리 접근성 강화, 일자리 창출 등 다양한 실적을 쌓았습니다. 2017년부터는 '서울시먹거리시민위원회' 기획위원으로, 건강하고 안전한 먹거리 종합계획인 "서울 먹거리 마스터플랜 2030" 수립·추진에 참여했습니다.

'서울녹색시민위원회' 환경교육분과 위원, '녹색송파위원회' 위원, '서초구 환경정책위원회' 위원으로 활동하면서, 하루 140톤가량 버려지는 커피 찌꺼기를 그냥 두고 볼 수 없어 '서초구 환경실천단', '서초여성가족플라자', '송파주부환경협의회' 등과 협력하여 손쉽게 커피퇴비를 만들어 사용할 수 있도록 "커피퇴비 캠페인"을 벌여 문제를 해결했습니다. 또한 가락시장에서 버려지는 팰릿(과채류 이동용 나무 받침)을 텃밭상자로 만들어 송파구 노인정과 지역아동센터에 보급했습니다. 청년들과 협업하여 도시농부장터 '웃는 시장'을 기획하여 세운전자상가 옥상에 장터를 마련했습니다.

최근까지 서울시농수산식품공사 전문위원으로 재직하면서 농산물 유통과 공영도매시장의 문제점을 뼈저리게 느꼈습니다. '생산자에게는 제값을 주고, 소비자에게는 안정적인 가격에 공급하기' 위해 법에 의해 설치된 공영도매시장이 설립 취지에 맞게 운영될 수 있도록 전국을 다니며 농민회 소속 농민들과 만나 공영도매시장의 거래제도 개선 방안에 대해 논의했습니다. 가락시장 개장 이래 최초로 (사)전국 배추생산자 협회, (사)전국 양파생산자 협회, (사)전국 마늘생산자 협회, (사)제주 당근 연합회 등 25개 품목의 생산자 단체가 참여하는 가락시장 품목별 생산자 협의회를 조직했습니다. 전국 33개 공영도매시장의 20만 명의 종사자와 25개 전국 품목별 생산자 단체 등 생산자와 소비자, 유통인들의 상생에 부합하는 개혁 방안을 마련하는 데 진력해 왔습니다.

2018년부터 더불어민주당 전국농어민위원회 부위원장을 맡아 도시 소비자들에게 농업·농촌·농민의 현실을 알리고 연대할 수 있는 방안을 제시해 왔고, 지난 4월 3일 윤석열 대통령의 「양곡관리법」 거부권에 맞서 삭발투쟁을 했습니다. 생명의 근원이자 인류 모두의 바다를 훼손하는 후쿠시마 원전 핵오염수 해양 투기 저지를 위해 일본, 미국 글로벌 투쟁도 벌였습니다. (사)소비자시민모임 농식품 전문위원, 전국비상시국회의(추) 해양오염수특별위원회 운영위원으로 활동하며 안전한 식탁, 합리적인 소비 운동에 앞장서고 있습니다. 도농 상생을 통한 실천적인 농업 회생과 국민건강에 대한 소통의 장을 마련하고자 유튜브 푸르당TV(농촌을 푸르고 농민이 당당한, 국가를 푸르고 국민이 당당한)를 진행하고 있습니다.

제7공화국을 앞둔 시점에서 농어업 문제는 더 이상 농어민만이 아니라 국민 모두의 문제로 떠올랐습니다. 농어업은 환경을 포괄하는 생명산업으로, 건강한 국민 밥상으로, 생태적 생활공간으로, 청년들의 희망지로, 국가균형발전 전략으로, 도시식량디자인의 근원지 등으로 새롭게 자리매김해야 하고, 생태적 복지국가의 출발지로 삼아야 합니다. 그러기 위해서는 유럽 선진국처럼 국민의 이해와 동의, 적극적 협조를 구하는 사회적 합의 체제가 도입되어야 합니다. 단절이 아니라 생산-유통-소비자의 니즈와 현실을 정확히 파악하고 연결해야 합니다.

갈수록 커지는 정치적 위기와 더불어 기후위기는 식량위기로, 식량위기는 물가불안으로, 물가불안은 사회불안으로 이어지는 다중위기시대입니다. '성공한 나라, 우울한 국민'으로 대표되는 한국이 처한 현실에서 기후위기·식량위기의 시대 철학을 반영한 국가 경영전략은 무엇이어야 하는가? 국민과 함께 미래를 그리는 선도적 국가 경영 전문가로서 어떤 역할을 해야 하는가? 이에 대한 해답과 실천 방안을 이 책에 담았습니다.

2023년 11월

백혜숙

■ 소개

생산을 알고, 유통을 알고, 소비를 아는 백혜숙

Q 그동안 어떤 일들을 해왔나?

친환경 도시농업 전문위원으로 서울시농수산식품공사(공사)에 들어가 친환경농업 분야에서 일하는 사람들에게 가락시장의 문제점을 알리는 데 주력했다. 그 과정에서 가락시장에 친환경농산물이 거래된다면 친환경농업이 훨씬 발전할 수 있겠다는 생각을 했다. 이해극 한국유기농업협회장이 손을 꼭 붙잡고 가락시장에 친환경 공판장을 낼 수 있게 해달라고 했던 것이 기억에 남는다.

취약계층도 유기농산물을 구매할 수 있는 구조가 만들어져야 한다. 가락시장에 친환경 직거래소를 유치하기 위해서는 거래제도가 바뀌어야 한다. 시장의 구조를 바꾸기 위해 거래제도뿐 아니라 경매가 어떻게 이뤄지고 있는지 많은 사람들에게 알려야겠다고 생각했다.

또 '지역 상생 토크'라는 이름으로 17번에 걸쳐 전국의 농민들을 만났다. 농민들에게 경매회사들의 독점적 수탁거래와 시장도매인 같은 거래제도 다양화의 필요성을 알리기 위해 노력했다. 현장을 다니면서 농민들의 의견을 들을 수 있었다. 농민들로부터 경매 비리나 애로사항에 관한 제보가 들어왔다. 제보가 많아 공사에서도 핫라인 전화번호를 개설했다.

특히 재경매에 대한 불만이 많았는데, 경매가 끝나고 가격이 정해진 상태에서 새벽에 가격을 조정하자며 전화가 온다는 것이다. 명백한 위법이다. 공사도 새롭게 알게 된 사실이어서 도매법인에 시정조치를 했고 그 이후 재경매에 대한 불만이 많이 줄었다.

Q 꼭 해야 하는 일이 아닌데도 필사적으로 농민들을 만나러 다녔다.

가락시장은 기울어진 것을 넘어 뒤집어진 운동장이다. 농민이 얼마를 받을지도 모르는 상태에서 농산물을 올려보낸 후 주는 대로 받는 전근대적 거래방식에 분노가 치밀었다. 현장에서 찾은 답을 토대로 창의적인 방법을 더해 가락시장 체계를 바꿔야 한다고 생각했다.

또 현재 1조 48억 원의 규모로 가락시장 현대화사업이 진행 중인데, 유통법인들은 돈 한 푼 안 내고 시설을 사용하면서 거래 금액의 0.55%만 내면 되는 구조다. 생산자와 소비자에게 이익이 돌아가는 것이 아니라 고스란히 기득권 유통법인에 혈세가 투입된다. 이렇게 불공정한 가락시장의 문제점을 알리기 위해 전국을 돌아다녔다.

현장에서 농민들이 소비자와 만나고 싶다는 말을 많이 했다. 가락시장 청과동 3층에 '가락 먹거리융합클러스터'라는 공간을 만들었다. 생산자 조직과 함께 생산의 문제를 사회적경제와 같이 풀 수 있는 방안이 나올 수 있을 것이다. 내년에는 이곳에 공유주방이 만들어질 예정인데, 다양한 먹거리 연결모델이 나올 것으로 기대된다.

Q 가락시장 내 처음으로 생산자 조직을 만들었다.

가락시장은 생산자와 소비자의 이익을 보호하기 위해 만들어졌다. 그런데 시장 안에서 이뤄지는 거래를 관리하고 상장예외품목을 지정하는 시장관리위원회 안에는 생산자가 없다. 오로지 유통인들로만 구성돼 있다. 생산자들의 목소리를 반영하기 위해 생산자들로만 이뤄진 조직이 필요하다고 생각해 가락시장품목별생산자협의회를 만들었다. 가락시장에서 이뤄지는 여러 활동들, 특히 시장도매인 도입과 같은 정보가 빠르게 확산되는 통로가 되고 있다.

Q 시장도매인제는 어떻게 되고 있나?

시장도매인제를 도입하자고 하면 경매제를 없애자는 거냐고 물어본다. 경매를 없애자는 것이 아니라, 시장도매인을 도입해서 유통 주체 간 경쟁을 통해 생산자와 소비자의 이익을 보장하려는 것이다.

특히 시장도매인은 여러 측면에서 효율성을 가져온다. 정책토론회와 대통령직속 농어업·농어촌특별위원회(농특위) 등 기회가 될 때마다 시장도매인 도입에 대한 목소리를 냈다. 박흥식 전국농민회총연맹 의장에게 시장도매인에 대해 설명했고, 박흥식 의장이 농특위에 전달해 농특위에서도 공익형 시장도매인만큼은 관철시켜야겠다는 입장을 밝혀 지금은 분위기가 많이 무르익은 상태다.

또 윤재갑 더불어민주당 의원이 농림축산식품부(농식품부)의 승인이 안 나와도 개설자가 시장도매인을 도입하려 한다면 보고 후 도입할 수 있게 하는 「농안법」 개정안을 발의했는데 그것이 통과되면 (시장도매인이 도입될) 가능성이 있다. 얼마 전에는 윤재갑 의원이 발의한 개정안 찬성 서명지 전달식을 했다. 사회적 분위기상 (개정안이) 곧 통과될 것으로 추측하고 있지만 최근 도매법인 측에서 반발이 심하다. 기득권 카르텔이 워낙 견고해서 불안감은 있다.

Q 가락시장 경매 독점이 무너지지 않는 이유는 무엇인가?

지방자치분권 시대에 중앙집권적인 관료주의가 문제다. 특히 농식품부는 11개의 중앙도매시장을 지정해 쥐락펴락하고 있다. 국회의원들조차 농식품부 관료들의 이야기를 들을 수밖에 없는 총체적인 기득권 카르텔이 문제다. 농민은 점점 줄어드는데 관료 조직은 늘어난다. 관료주의를 어떻게 타파할 수 있을까 고민이 많다. 관료들이 중앙에 있을 게 아니라 현장으로 내려가야 한다. 현장과 동떨어진 농정은 있을 수 없다.

또한 기득권 카르텔 근간 뒤에는 농협이 버티고 있다. 농협은 33개 공영도매시장에 들어가 있으면서 하나로마트까지 운영하고 있다. 거래 제도상 하나로마트에 물건을 납품하는 것은 시장도매인으로 납품하는 것과 유사하다. 농협은 경매와 직거래를 병행하고 있으면서 그것에 관해 절대 이야기하지 않는다. 가락시장에 새로운 거래제도가 도입되면 경매제 독점에 균열이 생겨 궁극적으로는 농협을 개혁하는 데까지 나아갈 수 있을 것이다.

Q 공사에서의 3년을 평가한다면?

보람도 있지만 아직 해결하지 못한 부분이 많아 안타깝고 미안한 마음이 공존한다. 밑에서 10년 노력한 것과 한 달 동안 정치가 해결할 수 있는 것이 맞먹는다. 문제를 해결할 수 있는 방안이 있기 때문에 직접 결정할 수 있는 자리에 가면 좋겠다는 생각이 간절하다. 지난 총선에 비례대표에 출마한 것도 후보자로 나서면 이야기를 들어줄 거란 생각이 컸기 때문이다.

Q 앞으로의 계획은?

임기는 끝나지만 앞으로도 가만있지 않을 것이다. 유통 문제가 바뀌면 우리나라의 농업 및 먹거리 문제가 상당 부분 개선될 수 있다. 대학원 박사과정에 진학해 '생산자와 소비자의 편익을 위한 33개 공영도매시장 개편 방안'에 대해 연구할 예정이다. 박사논문을 쫙 뿌려 계속해서 문제점과 해결 방안에 대해 알리고, 기회가 되면 지금의 제도를 개혁할 수 있는 자리에 올라갈 것이다. 가능하다면 최초의 여성 농식품부 장관이 돼서 다 바꿀 것이다(웃음).

Q 농민들에게 가락시장이 어떤 곳인지 설명해달라.

가락시장이라고 해서 모든 농산물 가격이 결정되는 것은 아니다. 물량이 몰리는 곳에서 가격이 결정되기 때문에 사과는 안동에서, 참외는 상주에서 가격이 결정된다. 가락시장이 수도권 대소비지에 위치해 있고 16만 평의 가장 큰 규모를 차지하고 있기 때문에 흔히 최고가격이 형성될 거라고 생각하지만 꼭 그렇지는 않다.

과거 용산에서 '가격 후려치기' 하던 시절 가락시장에 경매제가 도입되면서 홍보가 많이 됐다. 그때의 환상으로 최고가를 받을 거라는 기대를 갖고 가락시장에 출하하지만, 소농이면서 첫 출하자에게는 값을 제대로 안 쳐준다. 대량으로 물량을 가져와 지속적으로 거래를 하는 출하자에게 어느 정도의 최고가를 주고, 전략적으로 최고가를 줬다가 뺏기도 한다.

또 경매는 품질을 보지 않는다. 그날 물량이 많으면 가격이 떨어지고 물량이 적으면 올라간다. 도매시장에서 수급 조절이나 물량 조절의 기능은 전혀 없다. 유통은 내버려 두고 산지에서 수급 조절을 하라는 것은 농식품부가 농민들을 '잘 모르는 사람'이라고 생각하는 처사다.

심지어 33개 지방도매시장에서는 법인들이 가락시장에서 낙찰받은 물량을 '전송'이라는 이름으로 지역으로 가져가 재경매 후 되팔기를 한다. 지방에서는 가격 발견을 할 수도 없다. 도매시장이 제 기능을 못 하고 있다.

Q 가락시장이 어떻게 변화돼야 하나?

경매방식은 전염병에 굉장히 취약하다. 가락시장에서 코로나19 확진자가 계속 나오고 있는데, 강서시장 시장도매인에서는 7월에 한 명의 확진자가 나온 것이 전부다. 시장도매인은 경매 없이 생산자와 소비자를 긴밀하게 연결해서 수급 조절을 한다. 경매처럼 다 같이 모일 필요가 없어 코로나19가 전염될 우려가 없고 확진자가 발생했다 해도 빠르게 방역 조치가 가능하다.

기후위기 시대 농산물 가격은 폭락하고 수입물이 밀려들면서 농민 수가 줄어드는 악순환이 반복되고 있다. 거래제도를 바꾸는 것이 답이다. 칼자루를 쥐고 있는 농식품부 장관 한 사람 때문에 모든 국민이 고통받고 있다.

탄소중립 시대에 걸맞게 우리 삶도 빠르게 변화하고 있다. 공공의료처럼 먹거리도 공공식료 개념으로 국가가 나서야 한다. 꼭 필요한 빅데이터 통계를 총괄할 수 있는 컨트롤 타워를 만들고 생산-유통-소비-폐기가 하나의 순환경제로 나아갈 수 있는 공공식료 시대를 열어야 한다.

Q 농민들에게 하고 싶은 말은?

유통을 들여다봐야 한다. 건강하고 안전한 먹거리를 보장받기 위해선 소비자, 사회운동가, 사회경제조직에 있는 사람들 모두가 유통에 관심을 가져야 한다. 공영도매시장이 빠진 푸드 플랜은 반쪽짜리다.

주류를 바꾸지 못하면 대안적인 유통도 활성화될 수 없다. 주류를 포함하지 않으면 먹거리통합지원센터, 공공급식도 미완성일 수밖에 없다. 지역 푸드 플랜에도 반드시 공영도매시장이 들어가야 한다. 공공농업, 공정유통, 공공급식을 하나로 연결해서 공공식료 시대라는 커다란 틀을 짜야 한다. 그 큰 틀 속에서 모두가 농업 문제와 먹거리 문제를 해결하는 데 참여해야 한다.

또한 농업은 기후위기에 대응할 수 있는 해결책이다. 직접 농사를 짓지 않는 사람들도 지속가능한 먹거리 체계를 위한 소비를 실천해 나가면서 기후농부가 될 수 있다. 모두에게 공공식료 시대를 열어가기 위한 인식을 갖고 기후농부가 돼서 동참해달라고 말하고 싶다.

※출처: 《한국농정》 2021년 10월 10일

(https://www.ikpnews.net/news/articleView.html?idxno=45502)

Contents

Prologue

온전히 보존되어야 할 바다와 생태적 복지국가

후쿠시마 핵오염수, 해양투기가 최선인가?

일본 정부가 후쿠시마 핵오염수 해양투기를 강행하려 한다. 수많은 과학자들이 올바른 해법을 제시해도 아랑곳없다. 뻔뻔하기 이를 데 없다. 죄악이다. 인류를 향한 도전이다. IAEA 사무총장이라는 사람은 '정치적 결정이니 이를 뭐라 판단하지 말라'는 투로 윽박지른다. 일본이 던져준 자료만으로 맞춤형 보고서를 냈으니 무슨 할 말이 더 있겠는가. 미세플라스틱으로 뒤덮인 바다는 이미 병세가 깊다. 인간이 지구에 끼친 해악이 기후위기로 되돌아오고 있다. 혹독한 대가다. 여기에 방사성 물질이 가세할 판이다. 이대로 방치해선 안 된다. 바다는 온전히 보존돼야 한다.

일본 정부는 핵오염수 해양투기계획을 재검토하라

7월 16일 일본 《교도통신》 보도에 의하면, 일본 국민의 80%, 즉 5명 중 4명은 일본이 올여름에 강행하려는 후쿠시마 핵오염수 해양투기에 대해 '일본 정부의 설명이 불충분하다'고 느끼고 있었다. 또한 87%는 소문으로 인한 어업인 등의 피해를 우려하고 있는 것으로 밝혀졌다. 전문가가 아닌 일반 국민이 상식선에서 판단할 수 있는 통합적인 정보가 제공되고 있지 않다는 방증이다.

필자는 지난 7월 10일~12일 '후쿠시마 핵오염수 해양투기 저지 방일단' 일원으로 일본에 다녀왔다. '모두의 바다를 함께 지키자'는 슬로건을 내걸고 일본 정부, 도쿄전력, IAEA(국제원자력기구)에 대한 항의행동에 나선 것이다.

일본 현지 정치인, 전문가, 시민사회와 연대를 강화하는 한편, 세계 언론을 통해 대한민국의 후쿠시마 핵오염수 투기 반대 여론을 알리고자 3일 동안 활약했다.

유의미한 성과 중 하나는 일본 주재 외신기자회견에서 한·일 국회의원들이 공동선언을 한 것이다. 주된 내용은 다음과 같다.

첫째, 오염수 투기가 해양환경에 미칠 영향에 대한 우려가 확산되고 있으며, 방출될 방사성 물질의 총량도 밝혀지지 않았다.

둘째, 2015년 일본 경제산업성과 도쿄전력이 일본 전국어업협동조합연합회 및 후쿠시마현어업협동조합에 '관계자 이해 없이는 어떠한 처분도 행하지 않는다'고 문서로 한 약속이 무시되고 있다.

셋째, 현세대뿐 아니라 양 국민의 미래세대를 위해, 일본 정부에게 해양투기계획의 재검토를 촉구한다.

또 하나의 성과는 한국 어민 네 명이 동행하여 "해양투기가 1~2년도 아니고 30년 동안 이루어진다면 우리 어업은 붕괴될 것"이라며, 생존권을 위협받고 있는 한국 어민들의 실상을 알려 호응을 얻은 데 있다. 일본시민단체와의 연대를 강화하여 후쿠시마 핵오염수 해양투기를 막아내기로 한 것이다.

방일단은 일본원자력시민위원회가 주최한 간담회에서 탱크 보관 지속, 몰탈 고화(시멘트로 굳히는 방식)라는 구체적인 대안을 공유한 뒤 해양투기를 강행하려는 일본 정부에 항의하는 뜻으로 거리 행진에 나섰다. 도쿄전력부터 경제산업성, 외무성, 총리 관저까지 이어진 행진을 통해 양 시민사회는 강력히 항의했다.

일본의 들러리로 전락한 IAEA

오염수는 지금도 매일 발생하고 있다. 2011년부터 현재까지 쌓여있는 후쿠시마 오염수는 137만 톤이다. 일본 정부와 도쿄전력은 12년 동안 모아둔 이 오염수를 희석해서 30년에 걸쳐서 바다에 투기하겠다고 하는데, 바다에 버려질 양은 137만 톤의 2배 이상일 것이다. 더 큰 문제는 언제까지, 얼마나 많은 오염수가 나올지 모른다는 것이다.

2018년 IAEA 전문가 그룹은 오염수 처분에 대해 '해양 방출'(34억 엔), '수증기 방출'(349억 엔), '수소 방출'(1,000억 엔), '지하 매설'(1,624억 엔), '지층 주입'(3,979억 엔), 이 다섯 가지 방안 가운데 해양 방출과 수증기 방출(오염수를 끓여서 수증기로 날려버리는 것)이 가장 현실적인 대안이라고 제시했다.

그러나 태평양도서국포럼 과학자 자문단 위원인 페렝 달노키 베레스 교수(미국 핵물리학자)는 미국 정부가 1950년대 오염수를 처리한 사례를 들어 해법을 제시한 바 있다. 내진 저장 탱크에 장기 저장해 방사성 물질이 계속 반감기를 거치며 붕괴할 때까지 기다리는 안과 함께 제시된 게 콘크리트 제작에 오염수를 활용하자는 것이었다. 이를 사람 접촉이 없는 교량 건축에 쓸 수 있다고도 했다. 하지만 일본은 이에 아랑곳하지 않고 '가장 돈이 안 드는 방식'을 택했다.

지난 7월 4일 발표한 IAEA 최종보고서는 해양투기 외에 다른 대안은 전혀 고려하지 않았다. 일본이 요청한 'ALPS(다핵종제거설비) 처리수의 바다 방류 관련 국제 안전 기준의 적용 검토'에 국한되었다. 정작 중요한 오염수를 걸러낼 알프스는 검토 대상에서 제외시켰다. 앞으로 30년 이상 사용된다는 알프스다. 설계 수명과 성능 검증은 고사하고, 알프스로 몇 번의 재정화 처리를 해야 방사성 물질이 제거되는지조차 확인하지 않았다.

또한 가장 우려되는 '해양 생태계에 미칠 영향'은 고려 대상에도 없었다. 먹이사슬을 통한 방사성 물질의 생물학적 농축은 인류를 위협하게 된다. 어업이 붕괴될 것은 뻔한 이치인데, 보고서엔 이에 대한 내용이 전혀 없다. 이렇듯 IAEA의 이번 최종보고서는 핵오염수에 대한 종합적인 평가와는 거리가 멀어도 한참 멀었다.

더불어 IAEA 최종보고서는 도쿄전력이 수행한 '방사선 환경영향평가'를 근거로 인접 국가 국민에 대한 추정 피폭량이 무시할 만하다고 단정해버렸다. 그러면서 오염수 해양 방류 계획이 국제 안전 기준에 부합한다는 결론을 내렸다. '일본이 발주한 연구용역 수준의 보고서'는 예견한 그대로 '답정너'였다. 눈먼 자들의 도시로 치닫는 짜고 치는 고스톱이나 다름없다.

심지어 IAEA 그로시 사무총장은 일부 매체 인터뷰에서 '일본의 해양 방류가 유일하거나 최선의 방식이냐'는 기자의 물음에 "그것은 정치적인 결정이고, 정치적 결정을 판단할 수는 없다"고 답했다. 그토록 과학적이라 주장했던 IAEA 최종보고서는 결국 정치적인 결정을 위한 보고서, 그 이상도 그 이하도 아니다. 해양투기 외에 다른 좋은 대안이 있음에도 일본은 자국의 안위를 위해 해양 생태계 파괴라는, 인류를 도발하는 정치적 결정을 내린 것이다.

바다는 온전히 보존돼야 한다

지구 표면의 70%를 덮고 있는 바다는 생명의 마지막 보루이다. 그런데 바다를 질식시킬 만큼 많은 양의 플라스틱이 현재 바다로 흘러들고 있다.

국제 환경단체 그린피스가 발간한 '우리가 먹는 해산물 속 플라스틱' 보고서(2016년)에 따르면, 바다로 유입되는 플라스틱의 양은 한 해 약 800만 톤에 이른다. 자연분해 되지 않는 미세플라스틱 최대 51조 개가 해양을 떠다

닌다. 영국 국립해양연구센터에 의하면, 해양 생태계를 위협하는 미세플라스틱 농도는 5년 전인 2018년보다 18배 높아졌으며, 해수 입방미터당 최대 1,884개의 미세플라스틱이 발견되었다고 한다.

미세플라스틱은 직경 5㎜ 이하의 작은 플라스틱 입자를 말한다. 환경단체들은 이 입자가 마치 자석처럼 바다 속 유해 화학물질을 표면으로 끌어당겨, 결국 화학물질이 흡착된 미세플라스틱이 바다에 떠다니거나 해양생물 체내로 흡수될 수 있다고 경고하고 있다. 해양 속 미세플라스틱 위험성에 대한 예방은 그것을 자연으로 최대한 배출되지 않도록 하는 방법밖에 없다. 그런데 이제는 바다에 방사성 물질까지 가세할 형편이다.

우리 생명과 생태계의 기반은 공기, 땅, 그리고 바다다. 방사능과 석유화학물질은 자연계의 자정능력을 훼손시키고 생명의 기반을 흔들고 있다. 땅의 오염은 지하수와 하천수의 오염원이 되고, 하나로 연결되어 있는 바다의 오염은 전 세계 인류에게 치명적으로 다가올 것이다.

자연이 언제까지 인간을 용서할 것인가. 푸르고 잠잠해 보이는 바다 밑 거대한 해양 지각판이 마침내 꿈틀댄다면 어떤 일이 벌어질까? 지진과 거대한 쓰나미를 일으켜 지구를 정화시킬 것 같은 두려움이 밀려든다. 자연과 생태계 앞에 우리 인류는 겸손해져야 한다.

일본에서 언제까지, 또 얼마나 많은 오염수가 나올지 예측 불가능한 상황이다. 일본 정부는 저준위든 고준위든 모든 핵오염수를 바다에 투기하는 나쁜 선례를 만들려고 기를 쓰고 있다. 눈에 보이는 원전 사고 흔적을 지우려 한다.

해양투기 강행은 절대 안 된다. 일본 정부에게도 간절히 호소한다. 당장 자기만 살겠다며 현세대뿐 아니라 미래세대, 모두의 바다를 죽이는, 인류 공멸의 길을 선택하지 않길 바란다. 예측하기 어려운 기후변화는 상수가 되었고, 자연재해 예방은 불가능한, 불확실성이 높아진 시대가 되고 있다. 인류의 자연환경 파괴로 신생대 제4기의 '인류세(Anthropocene)'가 논의되고 있다. 정녕 인간은 지구에 해악만 끼칠 텐가. 사고 원전 핵오염수 및 핵폐기물 재처리 오염수를 바다에 투기하려는 시도를 당장 멈춰야 한다.

《프레시안》 기고, 2023년 7월 24일 보도

지금 바로, 생태적 복지국가!

불평등과 양극화가 갈수록 심화하고 있다. 선진국 진입을 자축하는 듯했으나, 눈떠 보니 어느새 다시 후진국으로 전락했다는 한탄이 깊다. 동맹과 경제도 구분 못 하는 현 정권의 무능과 무지를 탓하자니 현실의 참담함은 이조차 사치스럽다 일깨우는 형국이다. 모든 지표가 선진국 문턱을 넘었던 대한민국이 나락으로 곤두박질친 것을 방증하고 있다. 철 지난 신자유주의에 매몰돼 나라를 망치고 있는 윤석열 정권은 나라 곳간이 텅텅 비어도 이에 아랑곳없이 국민을 적으로 돌리는 데 혈안이다. 60조 원에 이르는 세수 부족, 날로 치솟는 물가, 단말마의 비명조차 지르지 못하고 스러진 젊은이들, 세기말적 징후처럼 벌어지는 엽기적인 사회 병리 현상, 민생고를 아는지 모르는지, 위험이 대량 생산되는 현실을 외면한 채….

세계는 다중위기에 처해 있다. 후쿠시마 원전 핵오염수 해양투기는 일본이 만들어 낸 위기다. 이것이 '생산된 위험'으로 진화하고 있다. 병드는 바다가 장차 인류에겐 재앙의 근원지가 될지도 모른다. 호주의 산불, 유럽의 홍수, 북미의 폭설…, 기상이변은 지구 곳곳을 난타하고 있다. 기후위기·식량위기가 이제 어느덧 상수가 돼버렸다. 새로운 전략을 모색해야 한다. 생태적 복지국가다. 이를 위해 생산-유통-소비-자원-치유의 선순환 구조를 이루는 것이 당면 과제다. 공공식료시스템이 이를 해결할 수 있다. 국가가 국민의 밥상을 보장하는 것이 공공식료시스템이다. 공공식료시스템이 튼실하게 작동되는 생태적 복지국가는 다중위기의 시대 철학을 반영한 국가 경영전략이다.

복지국가 후퇴 유발하는 신자유주의 정부

신자유주의는 복지국가의 후퇴를 불러일으킨다. 신자유주의는 정부 개입 및 세금 부담을 최소화하여 복지 제도와 정책을 축소시켜 불평등 및 사회적 격차의 확대, 공공영역의 복지시스템 중단 등 다양한 국가적 문제를 유발한다. 따라서 신자유주의는 필연적으로 불평등을 야기하고 사회불안을 일으킨다. 우리나라는 경제성장을 이룩한 부유한 나라이지만, 올해 발표된 한국의 행복지수는 전 세계 137개 국가 가운데 57위, OECD 국가 중 꼴찌에서 4번째를 기록하고 있다. 이제 한국은 한마디로 '성공한 나라 우울한 국민'으로 고착되는 듯하다.

세입 기반 확충을 위해 노력해야 할 윤석열 정부는 지난해 집권하자마자 대규모 감세정책에 집중했다. 2024년 국세 감면액은 국세 수입 총액의 16.3%인 77조 원으로, 사상 최대 규모다. 또한 조세 부담률을 2022년 23%대에서 20%대로 줄이고 있다. 건전재정이라는 미명하에 윤석열 정부는 당연히 해야 할 일들을 방기하며 세금도 줄이고 재정지출도 축소하는 무책임 재정정책으로 일관하고 있다.

정부의 가장 큰 역할은 민생과 경제가 어려울 때 정부지출을 통해 경제를 살리고, 조세정책으로 공정하게 세금을 걷어 소득재분배를 하는 것이다. 현대경제연구원 보고서(2017년)에 따르면, 소득재분배(시장소득 지니계수-가처분소득 지니계수) 정도가 개선되면 경제성장률도 함께 오른다. 구체적으로, 소득재분배 정도가 1포인트 개선되면 경제성장률이 0.10%포인트 정도 상승한다고 했다.

한국 조세 경쟁력은 OECD 38개 국가 중 23위로 하위 수준이고, 노인 인구 1천만 시대에 노인빈곤율은 OECD 국가 중 1위를 달성했다. 그럼에도 윤석열 정부는 건전재정이란 프레임을 앞세워 뒤로는 부자 감세와 정부 역할을 축소하는 한편, 민생과 복지예산을 줄이며 불평등 완화를 위한 복지영역을 후퇴시키고 있다. 투명한 데이터에 기초하여 공정하게 적정세금을 부담시키고 이를 보편적 복지에 지출하는 게 건전재정 정책 아니겠나. 그런 정책을 펼쳐야 우리 사회의 불평등 및 양극화를 완화할 수 있다. 이러한 공정세금-보편복지 정책은 기후위기, 사회불안, 식량안보, 저출생, 고령화 등의 국가 현안을 해소할 수 있는 기본 바탕이 된다.

불평등과 양극화는 민주주의를 훼손한다

최악의 수출 부진으로 올해 경제성장률은 1.4%로 곤두박질쳐 경제는 백척간두의 위기에 몰려있다. 고금리·고물가·고환율이 계속되고 있는 가운데, 재정 적자 가구가 작년보다 82만 가구나 증가했다. 최하위 저소득층 20% 가구 중 적자 가구 비중이 62.3%로, 5.1%포인트나 급증했다. 분배 격차가 심화되었다는 것을 알 수 있다.

불평등과 양극화 문제를 푸는 해법은 소득재분배와 복지안전망의 확충에 있다. 그런데 윤석열 정권은 불평등과 양극화로 인한 사회불안을 잠재우기 위해 공권력을 동원한다. 정부는 지난여름 서현역 칼부림 사건 이후 살인예고와 흉기 난동 등에 대응한답시고 경찰특공대와 장갑차를 곳곳에 배치했다. 서현역뿐 아니라, 여러 곳에서 무차별 살인을 저지른 범인들을 옹호할 생각은 추호도 없다. 하지만 왜 우리 사회에 이렇듯 새로운 유형의 범죄가 등장했을까? 왜 세기말적 불안과 공포가 싹튼 것인가. 진지하게 들여다보자. 사회가 건강하지 못할 때 나타나는 병리 현상 아닌가.

불평등과 양극화가 심화할수록 사회불안 요소가 독버섯처럼 자라게 된다. 경찰특공대와 장갑차의 출현은 공포를 조장한다. 이런 행태는 육상 보관이라는 해법이 있음에도, 후쿠시마 원전 핵오염수의 해양투기를 강행한 일본의 짓거리와 닮았다. 핵 기지국이 되려는 일본의 시나리오처럼 공멸의 길로 가는 위험을 대량 생산하는 짓과 하등 다른 게 없다.

우리 편이냐 아니냐, 편 가르기 신냉전체제에서 사회불안을 더욱 가중시키는 게 윤석열 정부다. 실패한 외교정책의 후과가 심히 우려된다. 동맹과 경제를 분리해야 함에도 동맹과 경제를 하나로 묶어버렸다. 한·미·일 동맹을 한·미·일 경제화시킨 것이다. 수출 주도의 경제 구조가 고착된 나라가 대한민국이다. 내 편 네 편이 어떻게 수출 경제를 뒷받침하겠는가. 편 가름은 질곡으로 작용할 뿐이다.

게다가 기후위기가 일상화되었다. 기상이변이 재난으로 닥쳐 국민의 삶의 질을 떨어뜨리고 있다. 국가 경제가 추락하여 '일본의 잃어버린 30년'이 우리의 현실이 될 수 있다는 경고도 나오는 형편이다. 저성장 흐름이 지속되어 민생의 어려움이 심화되고 있는 마당에 시대와 역사에 거침없이 역행하는 게 윤석열 정부다. 기형적으로 잘못 태어난 신자유주의 윤석열 정권은 한·미·일 동맹에 기대어 호가호위하며 유유자적하고 있다. 기가 찰 노릇이다.

2022년 세계 불평등 보고서에 의하면, 한국은 2021년 기준으로 소득 상위 10%의 부자가 자산의 58.5%, 소득의 45%를 차지하고 있고, 하위 50%는 자산을 5.6%만 가지고 있다. 또한 탄소 배출에 있어서도 2019년 기준으로 상위 10%가 54.5톤을 배출할 때 하위 50%는 6.6톤을 배출하는 매우 불평등한 구조를 보인다. 불평등한 사회 구조에서 상위 10%는 하위 50%의 삶을 알고 있을까? 얼마 전 한덕수 국무총리는 4,800원인 서울시 택시 기본요금을 "1.000원쯤 되지 않았냐"고 해서 뭇사람을 '웃프게' 만들었다. 불평등은 서로 다른 세상에서 살게 하므로 서로 소통하지 않게 되고 서로의 거리는 점점 멀어져 결국 '우리'라는 공동체 의식을 망가뜨린다.

불평등과 양극화는 민주주의를 훼손한다. 한겨레경제연구원이 주관한 제14회 아시아미래포럼에서 '불평등의 대가, 누가 더 큰 비용을 지불하는가'라는 주제로 열린 기조세션3 강연에서 미국 유씨(UC) 버클리대 가브리엘 쥐크만 교수는 이렇게 말했다. "소수에게 집중된 소득과 부의 힘은 정치적 힘의 집중을 의미하며 소득과 부가 커질수록 자신들에게 유리하도록 예산 배분과 정책 등에 영향을 미칠 수 있는 힘도 커지므로 궁극적으로 민주주의 원칙까지 훼손할 수 있다. 소득과 부가 소수에게 집중되었다는 것은 다수에게 공평하지 못한 성장을 한 것이며 다수의 몫이 줄어들었다는 뜻이다. 또한 불평등은 혁신의 동력을 약화시키고 분배 및 조세정책 실패로 커진 불평등은 경제성장을 위한 투자, 국민의 삶의 질 향상을 위한 공공재 확충 등 공적 투자를 어렵게 만든다."

다중위기 시대, 대량 생산되는 위험

인류와 지구에 대한 명백한 범죄인 후쿠시마 원전 핵오염수 해양투기는 인간이 만들어 낸 위기, 즉 '생산된 위험'으로 진화하고 있다. 2022년 원전 오염수의 장기간 추적조사가 필요하다는 질병관리청의 연구보고서, 2023년 원전 오염수가 생태계에 위협이 된다는 해양수산부 연구보고서는 정책에 반영되고 있지 않다. 2023년 10월 5일 시작된 2차 해양투기에서 삼중수소 농도가 검출 하한치보다 4번이나 높게 나왔는데, 일본은 문제없다며 11월 2일 3차 해양투기를 강행했다. 해양환경 및 생태계의 불확실성이 더욱 높아질 것이고 인간의 통제를 넘어서는 위험은 대량 생산될 것이다.

일본은 후쿠시마산 식품 수출을 위한 돌파구로 포괄적·점진적 환태평양경제동반자협정(CPTPP)를 활용하고 있다. CPTPP 핵심 국가는 일본이다. 완전 개방에 가까운 CPTPP 회원국 평균 관세 철폐율은 약 96%로, 다른 자유무역협정에 비해 높다. 2023년 3월, CPTPP 12번째 회원국인 영국은 유럽연합(EU)을 탈퇴한 뒤 독자적인 무역체계를 구축하기 위한 해법으로 CPTPP를 선택했다. 그래서 후쿠시마 등 9개 현의 식품에 대해 방사성 물질 검사를 의무화했던 수입 규제를 6월 말에 철폐했다. 대만은 2021년 9월 CPTPP 가입을 신청했고, 2022년 2월에 후쿠시마를 포함한 5개 현의 식품 수입을 허용했다. 우리나라는 곡물자급률이 20% 이하로 떨어진 상황에서 CPTPP 가입을 목전에 두고 있다.

우크라이나-러시아 전쟁의 장기화, 주요 곡물 생산국의 기상악화나 기상이변 등으로 인해 국제 곡물 가격은 불안정성이 커지고 있다. 먹고 사는 문제에 대한 지표 '엥겔지수'는 국민소득이 증가하면 낮아지기 마련인데, 우리는 오히려 올라가고 있다. 국제곡물가 상승, 경기침체, 최저임금 인상 등의 요인으로 식료품 가격이 올랐고, 실직자들이 늘어나 엥겔지수가 높아졌다. 2022년 기준, 소득 상위 20% 가구는 식료품비 지출이 전체 지출액 대비 12% 이하인데 반해, 소득 하위 20% 가구는 식료품에 21.4%를 지출했다. 향후 엥겔지수는 러시아-우크라이나 전쟁, 고유가, 고금리 정책 등으로 더욱 오를 것으로 예상된다.

시대 철학, 생태적 복지국가

생태적이란 생물이 살아가는 생활 상태와 관련 있는 것을 말하며, 복지는 좋은 건강, 윤택한 생활, 안락한 환경들이 어우러져 행복을 누릴 수 있는 상태를 말한다. 생태도시는 사람과 자연(환경)이 조화롭게 공생할 수 있는 체계를 갖춘 도시를 말한다. 공간적인 측면에서 도시를 국가로 확장하면, 환경친화적인 사회복지 시스템이 작동되는 국가를 생태적 복지국가로 이해할 수 있다. 또한 세계적인 글로컬라이제이션 흐름, 국내 저성장 경제 구조가 장기화하는 국내외 정세에 적절히 대응하는 한편, 기후위기·식량위기 등을 반영한 생물 지역 거버넌스(인간만이 아니라 지역 생태계를 책임지는 통치)를 실현하는 복지국가로 이해할 수 있다.

예를 들면, 「유엔농민권리선언」 중에서 생물다양성을 보존하고 생태·친환경농업을 추구할 수 있는 환경을 보장받을 권리를 농민이 누릴 수 있도록 사회보장 시스템이 운영되는 국가가 생태적 복지국가다. 농민이 공익적인 농사 활동으로 창출한 가치를 인정하고, 농민이 창출한 가치만큼 보상을 하는 것이다. 스위스의 국민 대부분은 농촌 유지, 안전한 먹거리 생산, 생태환경 보전 등 국토 및 농산물 가치를 높이는 농민에게는 경제적 보상이 뒤따라야 하고, 농민 삶의 질을 국가가 보장해야 한다는 것에 공감한다. 스위스 농업정책은 농업의 공익적 기능을 발굴하고 장려하기 위한 인센티브 개발과 제도화에 역점을 두고 있다.

생태적 복지국가에서 도시라는 공간, 그리고 도시민이라는 사람에 대한 복지는 농촌 공간 및 농민과 연결되고 확장되어 나타난다. 공공의료에 이은 공공식료食療 시스템으로 농민의 권리 및 도시민의 먹거리 기본권 보장이 동시에 이루어질 수 있다. 먹거리로 농민 복지와 도시민 복지를 연결하는 공공식료시스템 관리통합 플랫폼이 구축되고, 가락시장을 포함한 전국 33개 공영도매시장은 농민의 가격 결정권을 존중하여 계약재배된 식재료를 공급하는 물류 허브 역할을 하게 된다.

우리나라 복지 재원은 우선 총량부터 부족하다. 복지 예산과 지출 자체가 적은 것이다. 그럼 어떻게 생태적 복지 재원을 마련할 수 있을까? 탄소를 줄인 만큼 인센티브를 지급하는 탄소 화폐를 도입하면 된다.

농촌에서는 경축순환농업체계를 마을 단위로 구축한다. 공동자원화 설비를 갖추고 축산 분뇨를 퇴비 액비로 만들어 경종 농가에 지원하고, 경종 농가는 이를 조사료 재배에 사용하고, 재배된 조사료는 다시 축산농가에 지원하는 선순환 구조를 만드는 것이다. 여기에 참여한 농가에는 탄소 배출권을 지급한다.

공공에서는 생산·유통·소비의 전 부문을 아우르는 농업(생태) 분야 전문 탄소 거래 시장을 설치한다. 이산화탄소를 배출하고자 하는 기업은 이곳에서 탄소 배출권을 구매할 수 있고, 스위스처럼 농민과 농촌에 탄소 배당을 할 수 있게 된다.

도시에서는 생태적으로 지속가능한 방법으로 생산한 농산물의 접근성을 강화해 먹거리 기본권이 보장되는 생산자-소비자 직거래 및 지역 내 직거래 유통체계가 활성화된다. 이런 사례로 대표적인 것이 '공동체지원 농업(CSA Community Supported Agriculture)'이다. 농민이 지속가능한 농사를 지을 수 있도록 소비자(공동체)가 농산물의 대가를 미리 지급하고 수확기에 농산물을 받는 시스템이다. 이러한 시스템에 참여하는 모든 사람에게도 탄소 화폐가 지급된다.

도시와 농촌은 다시 농업과 복지가 결합된 '케어 팜 Care Farm'으로 이어진다. 케어 팜은 사회적 돌봄을 농장에서 실현하는 치유 농업 형태의 복지 시스템이다. 네덜란드의 케어 팜은 여러 기관(정부, 판매처, 복지기관, 의료기관, 지역공동체 등)이 유기적으로 연결된 촘촘한 시스템 덕분에 탄탄하게 운영된다.

탄소 화폐를 매개로 생산-유통-소비-자원-치유의 선순환 구조를 이루는 공공식료시스템은 생태적 복지국가의 초석이다. '국가는 국민의 집'이어야 한다는 철학 아래 세계적 복지국가로 자리매김한 스웨덴처럼 굶는 사람이 없도록, 누구나 맘 편히 건강한 한 끼를 먹을 수 있도록 국가가 국민의 밥상을 보장하는 것이 공공식료시스템의 핵심이다. 국민 밥상을 책임지는 공공식료시스템이 작동되는 생태적 복지국가는 기후위기·식량위기의 시대 철학을 반영한 국가 경영전략이다. 국민과 함께 미래를 그리는 선도적 국가 경영 전문가는 과연 누구일까?

1

기본사회 안전한 먹거리 공공 인프라

공공의료에 이어 공공식료食療 시대를 열자

- 공공식료가 바꿀 미래, 공론화하고 상상하자

예측하지도, 경험하지도 못한 변화의 거센 바람이 정치·경제·사회 전반에 걸쳐 휘몰아치고 있다. 변화의 방향성은 다음 두 자료를 통해 예측해 볼 수 있다. 하나는 올해 6월, 국회미래연구원에서 발간한 《새로운 국가발전모델의 제안》(국가미래전략 insight 20호)이다. 여기서는 국정을 운영하고 관리하는 국가·정부의 관점에서 탈피하여 국가의 주인인 국민의 관점, 궁극적으로 사회구성원 개개인의 관점에서 국가발전모델이 설계되어야 한다고 강조한다. 이에 따라 국가의 최우선 어젠다는 국민 개개인의 인생 모델에 기초해야 한다면서 평생건강, 평생학습, 평생직업을 핵심으로 하는 국가발전모델을 제시하였다. 그리고 포용과 통합으로 다 함께 행복한 공동체사회, 5천만 개의 꿈이 있는 사회를 국가 미래상이라고 했다.

또 하나는 『포스트 코로나 일상의 미래』(과학기술정책연구원 지음, 청림출판)라는 책이다. 이 책을 통해서도 변화를 읽는 단초를 찾아볼 수 있다. 이 책에서는 코로나19가 가져온 가장 큰 변화로 사람들의 인식 변화를 꼽고 있다. 위에서 말한 국민 평생 건강의 토대가 되는 농업에 대한 중요도 인식에서도 큰 변화를 보이고 있다. 농업의 중요성을 인정한 국민의 응답이 2011년 73.1%에서 2019년 54.5%로 하락했으나, 코로나를 겪으면서 2020년 67.6%로 상승했고, 식량안보가 중요하다는 인식은 74.9%로 올라갔다. 이는 농산물 수급 불안과 가격의 급등락을 경험하면서 '국가는 안전한 먹거리를 국민에게 안정적으로 공급해야 한다'는 국가의 기본책무를 대다수 국민이 인식했다는 것을 의미한다. 특히 주목할 것은 2030년 한국의 미래를 생각할 때 꼭 이루고 싶은 것에 대한 설문조사 결과다. 설문 참가자들은 계층 간 격차가 사라지길 원하는 한편, 다수가 행복한 사회, 건강한 먹거리로 미래세대가 안심할 수 있는 사회를 바라고 있었다.

보편적 먹거리 복지체계의 필요성과 공공식료의 개념

먹거리는 생존의 필수 요소다. 누구에게나 안전하고 건강한 먹거리가 보장되어야 한다. 포스트 코로나 시대를 대비하려면 먹거리 기본권이 더욱 두텁게 확보되어야 한다. 먹거리 문제 해결은 국민 개개인이 미래에 대한 꿈을 꿀 수 있는 기본토대가 되기 때문이다. 매슬로우Maslow의 '욕구 위계설'에 비춰보자면, 국민 개개인의 꿈은 자아실현에 해당한다. 자아실현을 위해서는 애정과 소속의 욕구가 채워져야 하며, 이를 위해서는 안전의 욕구와 먹는 문제인 생리적 욕구가 먼저 충족되어야 한다.

자아실현을 위한 꿈을 키워야 할 청춘들인 20대와 저소득층은 코로나19를 겪으면서 건강 악화라는 직격탄을 맞았고, 건강 양극화는 더욱 심화되었다. 코로나 이전에는 소득수준에 의한 건강 양극화가 심각했으나, 코로나 이후에는 세대별 양극화가 진행되었고, 특히 20대가 취약함을 드러냈다. 국가의 희망인 미래세대와 취약계층이 본질적인 영양부족에 허덕이고 있는 것이다. 통계청에 의하면, 취약계층의 식료품 소비지출은 월평균 20만 원 이하로 나타났다. 취약계층의 유병률은 고소득층보다 훨씬 높다. 국민의 건강 악화는 보험료 등 막대한 사회비용 지출을 수반한다. 어떻게 해야 할까? 가장 기본적인 과제인 먹거리 안전망을 강화해야 한다.

생활의 기본인 먹거리 안전망을 두텁게 하고, 압축 성장 시대의 산물인 불평등과 양극화를 해소하기 위한 첫걸음을 떼야 한다. 그 시작은 지역 내 '보편적 먹거리 복지체계'를 구축하는 것이다. 보편적인 먹거리 복지체계는 공공식료食療 시스템이 그 토대다. 공공식료는 음식이 곧 치료제라는 개념에서 비롯한다. 조선 시대에 편찬되어 한국 최고最古의 식이요법 책으로 불리는 게 『식료찬요食療纂要』다. 식료는 음식으로 질병을 다스린다는 뜻이며 식치食治라고도 한다.

공공식료는 공공의료와 함께 보편적 복지국가의 기본이며, 농민의 권리와 시민의 먹거리 보장을 위한 국가의 의무가 되어야 한다. 또한 공공식료는 먹거리의 생산·유통·소비 구조를 재구성하는 일이며, 지역 상생을 견인하고 농산물 유통 민주화를 앞당기는 포스트 코로나 시대의 시대정신이다. 공공식료시스템이 최우선 국가 과제가 되어야 한다. 대통령 직속 '공공식료위원회'를 설치하고, 각 부처의 농업·먹거리 정책과 사업들을 연결·융합할 것을 촉구한다. 이는 농민과 시민이 행복한 나라, 그래서 온 국민이 행복한 '국민행복지수'를 높이는 일이다.

사회적 약자들을 지원하기 위한 사회적 현물 이전

코로나19 재난의 직격탄을 맞은 사회적 약자들을 지원하기 위해 각국이 전력투구하고 있다. 말레이시아는 식료품과 생필품을 최대 20% 저렴하게 구매할 수 있도록 하고, 저소득 가구에는 매주 3,000포대의 쌀을 지급하고 있다. 미국은 농무부 전체 예산의 51%(2019년 기준)를 저소득층 '영양보충 지원프로그램(SNAP Supplemental Nutrition Assistance Program)'에 사용한다. 이 프로그램의 지원 범위가 확대되면서 일자리 창출, 농업소득의 증가 등 사회적 파급효과도 크다. 한국농촌경제연구원에 따르면, SNAP의 국내총생산(GDP) 승수는 1.54로, 정부가 10억 달러를 지출하면 GDP는 15억 4,000만 달러 증가한다. 일자리 1만 3,560개가 창출되고, 농업소득은 3,200달러 높아진다. 취약계층에 대한 농식품 지원이 대규모의 수요를 창출하고 농산물 가격을 지지하는 원동력이 되는 것이다.

우리나라에서도 유의미한 통계가 있다. 2018년 통계청이 발표한 2016년도 '사회적 현물 이전을 반영한 소득통계 시험작성 결과'에 의하면, 의료혜택, 무상교육, 보육, 공공임대주택. 국가 장학금, 각종 바우처 등 6개 분야에서 현물로 제공하는 연간 약 121조 원의 복지서비스가 저소득층의 소득을 연간 523만 원 끌어올렸다. '사회적 현물 이전'은 정부 및 비영리 단체가 개별 가구의 교육·주택·보건·사회복지와 같은 특별한 요구를 충족하기 위해 무료 혹은 저렴한 비용으로 제공하는 재화와 서비스를 말한다. 2015년보다 현물 이전 소득이 늘어나면서 지니계수가 떨어지고, 상대적 빈곤율도 감소했다. 이를 통해 현물 이전 소득이 불평등을 완화하는 한편, 소득 분배를 개선하는 효과가 있다는 것을 알 수 있다.

현재 우리나라에서 이루어지고 있는 먹거리 분야 '사회적 현물 이전'에는 보건복지부가 시행하는 영양플러스 사업, 아동급식카드 사업, 그리고 농림축산식품부의 농식품바우처 사업, 임산부 친환경농산물꾸러미 사업 등이 있다. 각 부처에 흩어진 이러한 사업들을 하나로 모아 공공농업과 연계하고, 먹거리 취약계층을 포괄하는 공공식료시스템을 구축한다면 선순환 경제, 지속가능 농업, 그리고 농촌의 유지·발전에도 큰 도움이 된다.

공공식료 구성요소와 지역전달체계

공공식료시스템의 주요 구성요소는 자원 개발, 관리, 조직 배치, 재원, 공정 유통(지역전달체계)이다. '관리' 분야는 전국 33개 공영도매시장을 연계한 공공식료시스템 관리통합플랫폼을 구축하여 총괄하게 한다. 그러면서 약료식료 데이터를 수집하고, 공공식료 품질과 서비스가 제대로 유지되고 있는지를 모니터링한다. 지역 도매시장 관리국(공사)은 공정 유통을 위해 농수산물 원가 및 가격 공개, 출하-공급-물류 체인, 계약재배 관리 등 유통체계 전반을 자치권을 가지고 책임·관리한다. 공공식료위원회는 시도지사협의회, 지역사회보장협의체, 공동체지원농업(CSA Community Supported Agriculture) 시민·농민 그룹, 생산자 및 소비자 단체 등의 현장 전문가(활동가)로 구성한다. 이 위원회는 정책, 지원제도, 지역자원 등 개발된 자원과 재원을 각 조직과 공유하는 한편, 건강하고 안전한 식료가 공정한 유통을 통해 지역으로 공급될 수 있도록 조

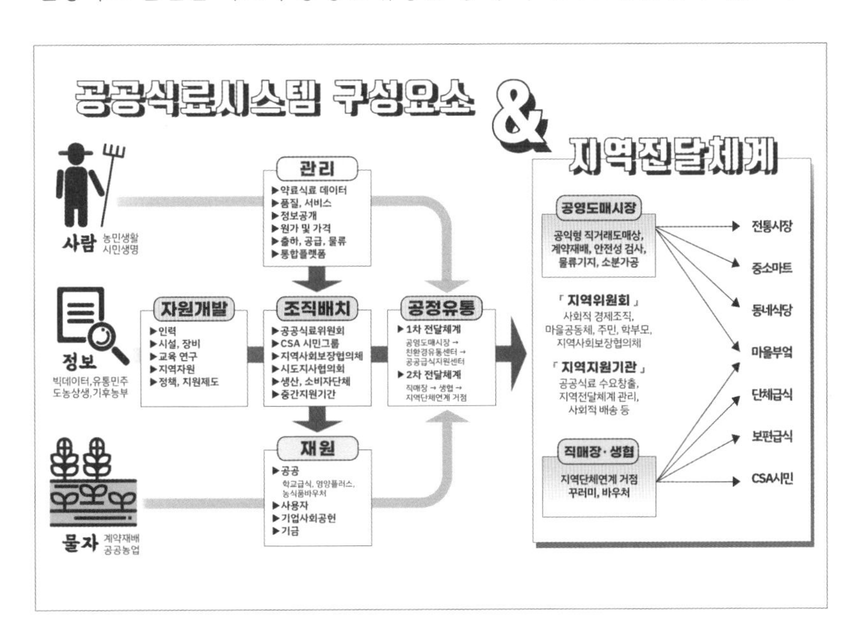

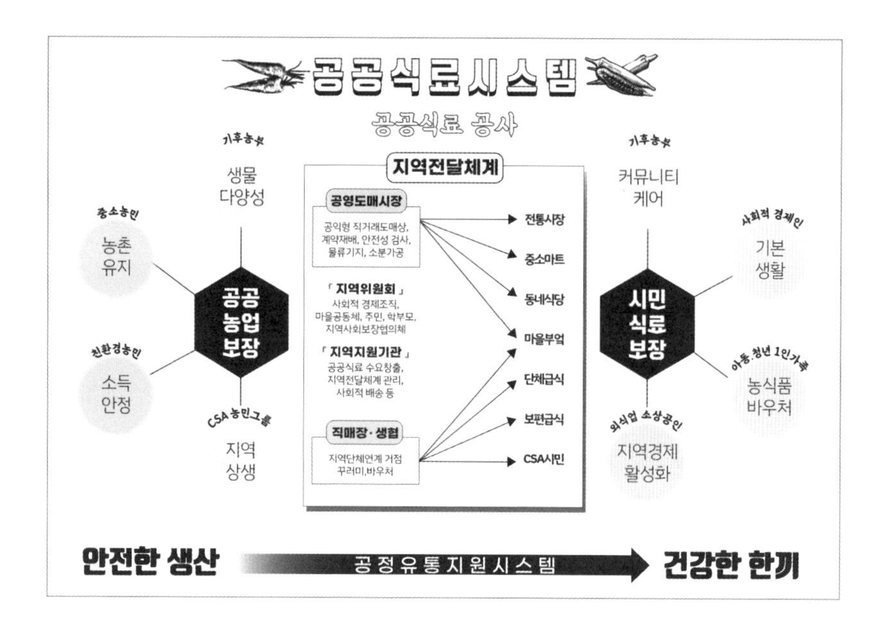

정·평가하고 피드백한다. 재원은 공공, 기금 외에 기업의 지속가능한 사회책임경영인 ESG('환경보호 Environment'·'사회공헌 Social'·'윤리경영 Governance'의 줄임말)를 적극 활용하여 마련할 수 있다.

지역전달체계는 파악된 수요를 토대로 계약재배한 농산물을 배송하는 일을 소화한다. 전국 33개 공영도매시장을 통해 유통되는 물량은 2019년 기준, 약 720만 톤이다. 이 중 20%에 해당하는 약 140만 톤을 계약재배한다는 목표를 세우고, 공공급식, 단체급식, 바우처 사용처인 동네식당, 마을부엌 등과 연계한다. 지역위원회는 지역 내 사회적경제조직, 마을공동체, 주민, 지역사회보장협의체 등으로 구성하여 지역 내 공공식료시스템이 목적에 맞게 잘 운영될 수 있도록 자문·심의하고 의결하는 역할을 한다. 지역전달체계 지원기관은 공공식료 수요 및 일자리를 창출하고 농산물 계약재배 비율 및 전달체계를 관리한다. 또한 2차 전달체계인 지역직매장, 생협, 지역단체연계 거점 등을 통한 농식품꾸러미·바우처 전달체계를 관리하고 CSA

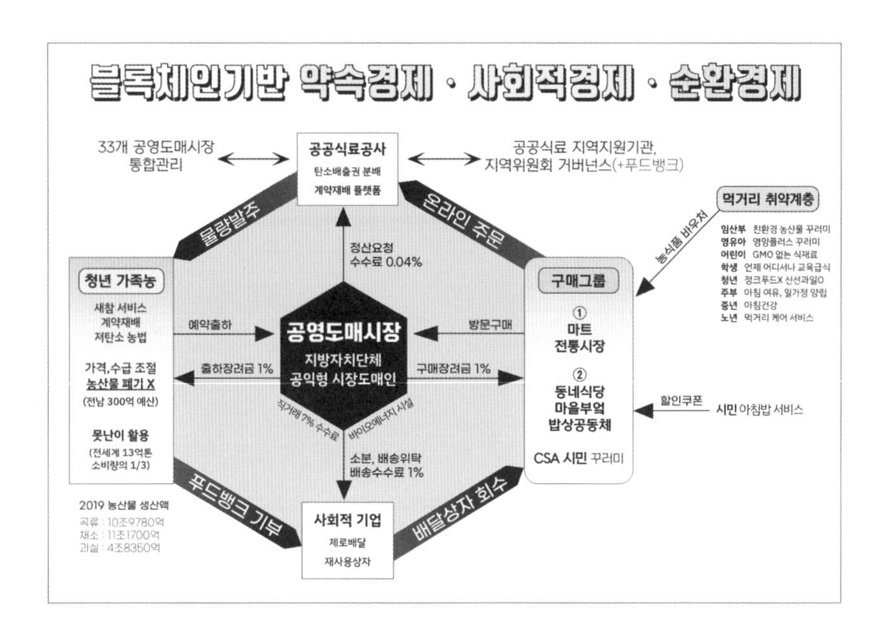

시민그룹 활성화에 노력한다.

정부·서울시 추진 사업과 공공식료시스템의 연계 효과

농림축산식품부와 서울시가 추진하고 있는 우리 농산물 소비 관련 사업을 공공식료시스템과 연계하고 확대한다면, 먹거리 안전성 및 접근성을 강화할 수 있다. 농림축산식품부는 '우수식재료 소비확대 기반조성 사업'을 추진하고 있다. 외식업소가 쌀, 소금, 양파, 김치 등의 식재료를 공동구매할 경우 물류비, 창고 임차비, 컨설팅비, 인건비 등을 지원해 준다. 서울시는 대량 생산되는 간편식, 수입농산물·식품 등과 차별화된 우리 농산물로 상인이 직접 만드는 '손수가게'를 발굴·육성하는 사업을 추진하고 있다. 우리 농산물을 재료로 하는 독특한 생산 및 제조과정을 지닌 동네 장인가게를 선정하여 상점 변화를 지원하고 홍보해주는 사업이다.

우수식재료 공동구매 외식업소 및 손수가게 지원 사업을 시민들의 '10분 생활권' 안에 확산하고 농식품바우처를 사용할 수 있도록 하면, 먹거리 안전망이 강화될 것이다. 또한 '10분 생활권'에 규제 샌드박스를 적용, '마을부엌'을 설치하고 협동조합으로 육성하여 커뮤니티 케어 먹거리 지원, 취약계층 도시락 배달 등을 담당하도록 한다. 그러면 적어도 코로나19로 급식을 먹기 어려운 학생들에게 편의점에서 끼니를 해결하게 하는 서울교육청의 '희망급식 바우처'와 같은 졸속 사업은 생겨나지 않을 것이다.

또한 위 두 사업의 공통분모인 우리 농산물을 '지역전달체계'의 공영도매시장과 연계하면 유통 효율성이 높아진다. 공영도매시장 내 광역지자체가 출자한 공익형 시장도매인 판매장에서 구매할 수 있도록 지원하면, 안정된 가격, 계약재배, 유통시간 단축, 신선도 증가, 탄소 절감 등 구매자와 생산자 모두에게 좋고, 사회적비용도 줄일 수 있다.

게다가 공공식료시스템은 버려지는 신선 농산물을 최소화할 수 있다. 현재의 농산물 유통구조는 내가 출하한 농산물이 얼마 받을지도 모른 채 무작정 공영도매시장으로 올려보내는 경매제에 의존하고 있다. 농민의 출하선택권·가격 결정권이 무시된 불공정한 유통체계로 인해 동일 품목 홍수 출하 시 가격의 하락으로 생산지에서 버려지는 농산물이 부기지수이다. 시민식료보장 차원에서 소득기준이 아니라, 새로운 표준으로 먹거리 취약계층을 설정하고, 농식품 지원에 필요한 연간 물량 및 품목을 산정하여 계약재배를 추진한다면, 폐기되는 농산물을 최소화할 수 있게 된다.

그리고 공영도매시장 내에서 활용되지 못하고 버려지는 양질의 규격 외 신선 농산물을 수집·선별하여 공공급식소(무료급식, 키움센터, 아동그룹홈, 나눔냉장고, 공유부엌) 등에 제공한다면, 전 지구적으로 이루어지고 있는 '음식물 폐기물 발생량 50% 감축'에도 기여할 수 있다. 서울시 강서구에 소재한

강서시장 직거래도매상인(시장도매인)을 대상으로 벌인 '규격 외 신선 농산물 기부 의향 설문조사' 결과, 60개 시장도매인 중 32곳에서 참여 의사를 밝혔다. 채소 및 과일 기부량은 월 3.2톤이나 된다.

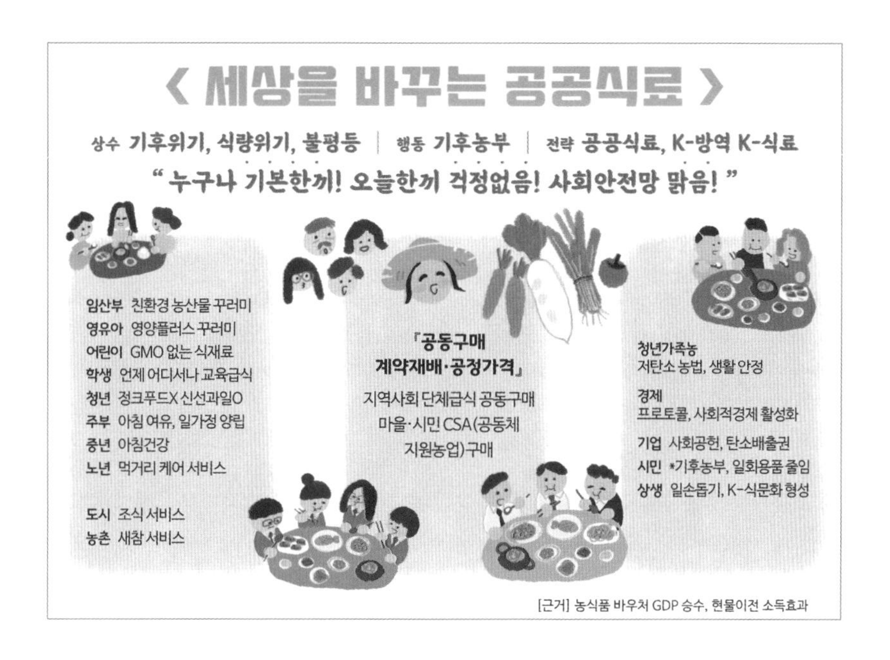

행복한 아침센터에서 누구나 보편급식을

하루를 여는 든든한 아침밥, 행복한 아침센터를 지정하여 누구나 아침밥을 먹을 수 있게 하는 보편적 먹거리 복지 사업이 전국으로 확대되길 기대한다. 계약재배 비율도 높아질 것이고 식량자급률 향상은 물론이고, 농민생활과 시민생명이 보장되어 국민 평생건강이 탄탄해질 것이다. 이는 곧 국민 평생학습·평생직업의 기반이 된다.

누구에게나 하루 한 끼 건강한 먹거리가 보장되는 공공식료시스템이 보편화되어 온 국민의 '국민행복지수'가 높아질 즈음, 한편에서는 색다른 풍경이 펼쳐진다. 지금으로부터 10년 후의 모습이다. 『포스트 코로나 일상의 미래』에서는 'SF로 본 미래 먹거리' 편을 다루고 있다. 사람들은 유기농, 로컬푸드를 먹어야 안전하다고 생각한다. 그래서 대부분의 아파트 옥상에는 농업관제실이 있으며, 치료와 먹는 것은 한 가지라는 '의식동원醫食同源'이 보편화되어 의사들이 씨앗을 처방하고, 처방받은 종자는 약국에서 주문한다. 온종일 볕이 드는 넓은 옥상에는 사람들을 위한 맞춤형 텃밭이 만들어져 있고, 농업관제사에 의해 농작물이 탐스럽게 자란다. 또한 실시간 생체정보 분석기술을 활용하여 개인 맞춤형 식단이 제공된다. 빅데이터 기반 푸드케어시스템이 정착한 것이다. 이와 함께 투명한 먹거리 정보를 제공하는 블록체인 기반 안심 먹거리 사회가 도래한다.

대선 정국이 열리고 있다. 곧 도래할 미래사회를 제대로 예측하고 대비할 수 있는 후보를 기대한다. 굶는 사람이 없는 대한민국, 누구나 맘 편히 건강한 한 끼를 먹을 수 있는 행복한 대한민국, 이것이 정녕 한낱 꿈일까? 보편적 공공의료에 이어 '공공식료 시대를 열겠다'는 공약을 내거는 후보가 없을까? 그런 후보가 내년 대통령 선거에서 당선되길 바란다. '국가는 국민의 집'이어야 한다는 명제 아래 다 함께 잘사는 복지국가를 일궈온 나라가 스웨덴이다. 이제 우리도 '국가는 안전한 먹거리를 국민에게 안정적으로 공급해야 한다'는 인식의 대전환을 이뤄야 한다. 국민의 밥상을 어떻게, 어떤 방법으로 골고루 잘 차려드려야 할지 깊이 고뇌해야 한다.

《프레시안》 기고, 2021년 7월 5일 보도

청년 외로움·밥 걱정 없는 아침센터를 만들자

– 고립의 시대는 민주주의도 위협… '관계'의 복원 필요

2030세대가 이번 대선의 캐스팅 보터라고 말한다. 그런데 그들이 '위태한 자들'로 불리기도 한다. 뼈 아픈 현실이다. 고립의 시대, 청년들의 삶을 들여다보면, 애달프기만 하다. 청년들의 우울감과 자살률이 높아만 간다. 대책이 있어야 한다. 곳곳에 흩어져 있는 부족과 과잉 문제를 서로 연결하면 시너지 효과가 있는 좋은 정책이 나올 수 있다. 콩 세 알 나눔과 더함의 지혜를 발휘할 때다. 청년 우울감을 줄일 수 있는 사회적 '관계재' 확충이 시급하다. 그런 차원에서 '아침센터'를 제안한다.

2030청년은 무상급식세대

영화 〈웰컴 투 동막골〉에서 마을의 평화를 유지할 수 있는 비결에 대해 촌장은 부드러운 미소를 지으며 이렇게 말한다. "머를 마이 멕이지 머." 좌익과 우익의 구분이 전혀 필요 없는 동막골, 어쩌면 이런 곳이 요즘 청년들이 희구하는 세상일지 모른다.

먹는 걱정이 없어야 세상이 평화롭고 사는 게 행복해진다. 국민을 굶주리지 않게 하는 일이 정치다. 『청년 흙밥 보고서』(변진경 지음, 들녘)는 우울한 풍경을 보고한다. 친구의 식판을 받아 리필해 밥을 먹는 청년, 컵밥이나 밥버거로 끼니를 때우거나 식사권을 포기하는 청년들이 등장한다. 책 밖으로

나와 주위를 둘러봐도 현실에서의 흙밥을 먹는 청년은 무수히 많다. 그런데 청년정책에 이런 현실을 반영하지 못하고 있다. 청년들이 굶주리지 않도록 하는 정치가 보이지 않는다.

지금의 20대 청년은 학교무상급식 원년인 2011년에 대부분 학생이었다. 고등학교까지 균형 잡힌 건강한 식단을 매일 마주했던 학교급식세대이다. 중고등학교를 졸업하고 집을 벗어나 사회에 발을 내딛는 순간, 그간 누린 영양균형 식단이라는 사회건강안전망이 사라졌다. 균형 잡힌 학교급식으로 다져진 기초체력으로 버티며 살아가고 있을 것이다.

한국보건사회연구원이 2020년에 발간한 「청년층 생활실태 및 복지욕구조사」(만 19~34세 3,018명 조사)에 따르면, "인간이 생활해 나가는 데 가장 중요한 식비의 지출 규모"가 월평균 90만 8,000원으로 조사되었다. 1인 가구가 빠르게 증가하는 상황에서 가구 형태별로 살펴보면, '청년 독립 1인' 가구는 평균에도 훨씬 못 미치는 월평균 50만 2,000원에 불과했다.

불안정 끝에 이르는 자살 생각

하루하루 먹고살기도 고달프다. 밥상 물가가 계속 오르고 있기 때문이다. 밥상 물가가 오르면 서민들의 고통은 가중된다. 통계청의 '가계동향조사'에 의하면, 작년 2분기에 전체 가구의 25%가 적자 살림 가구였고, 특히 소득하위 20% 저소득층은 절반 이상이 적자 살림이었다. 취업은 갈수록 어려워지고 자살률은 늘어가고 있다. 지난 1년 사이, 불안정 상황의 끝에 이르는 '자살 생각'을 청년 100명 중 4명이 진지하게 해보았다고 한다. 통계청의 2020년 '사망원인통계'에 따르면, 자살에 의한 사망이 20대는 인구 10만 명당 21.7명, 30대는 27.1명이었다. 이는 20대 사망자 가운데 54.4%, 30대의 39.4%

가 스스로 생을 마감한 결과로, 20·30대 모두 사망원인 1위가 자살이었다.

또한 자살을 생각하는 비율도 20·30대가 가장 높다. 보건복지부의 '2021년 코로나19 국민 정신건강 실태조사' 결과에 따르면, '자살 생각' 비율은 1위가 30대(18.3%), 2위가 20대(17.3%)로 나타났다. 한 여론기관 조사에 의하면, 청년세대, 특히 본인 소득이 중하층 이하 저소득 가계에서 올해 살림살이가 지난해보다 나빠질 것으로 보고 있었다. 살림살이는 곧 먹고사는 문제다. 먹는 것이라도 어느 정도 안정되어야 일할 기운도 일할 맛도 나고, 자기 탐색이나 인생 모색의 시간도 가질 수 있을 것이다.

『고립의 시대』 저자인 노리나 허츠Noreena Hertz 교수는 "한국은 미국, 중국, 싱가포르 등 주요 나라에 비해 외로움이 심각한 수준"(《서울신문》과의 화상 인터뷰)이라고 했다. 그가 꼽는 외로움의 원인은 시사하는 바가 크다. 신자유주의가 양산한 불평등이 사회를 양극화시켰으며, 이것이 수많은 사람이 자기 스스로 보살핌을 받지 못하는 존재로 인식하는 계기로 작용했다는 진단이었다. 즉, 외로움의 확산 이유는 신자유주의적 사고방식과 연관이 있다는 것이다.

더 고립되기 시작하면 외로움과 배타성은 민주주의 자체를 위협하며, 포퓰리즘의 표적이 된다고까지 허츠 교수는 역설했다. 그는 미국 도널드 트럼프 대통령이 표를 얻은 이유도 거기서 찾는다. 그러면서 고립 사회를 벗어나기 위해서는 개인·기업·정부가 함께 나서야 하며, 정부가 지역사회의 상점이나 가게가 문을 닫지 않도록 지원해야 사람들은 서로 연결된 것으로 느낄 수 있다고 강조한다.

연결되어 있다고 느끼는 '관계재' 확충되어야

이 시대의 국가는 나를 지켜주고 언제나 지지해 줘야 한다. 비빌 언덕이자 힘들 때 기댈 수 있는 어머니의 등처럼 포근함과 안도감을 느낄 수 있는 그런 존재가 되어야 한다. 국가, 내가 살고 있는 지역, 마을공동체, 동료 등이 마치 탯줄처럼 언제나 나와 연결되어 있다고 느낄수록 행복할 것이다. 행복에 가장 큰 영향을 미치는 것이 관계의 따뜻함이다. 널리 알려진 사실이다.

타인과 관계를 맺을 때 생기는 재화를 '관계재'라고 한다. 경제적 재화의 관점에서 정의된 '관계재'는 개인 단독으로는 생산할 수 없고 다른 사람들과의 상호교류를 통해 획득된다. 다른 사람과 함께 하면서 즐길 수 있는 재화로서, 공공재나 사유재가 아닌 제3의 재화이기도 하다. '관계재'의 효과는 고소득 개인보다는 저소득 개인에게서 더 크게 나타난다. 즉, 관계 시간을 늘렸을 때 '행복도'는 저소득 개인에서 더 높아진다. '관계재'의 수준이 높아질수록 삶의 만족도가 증가한다.

수요와 공급을 일치시키는 건강정책, 보장정책으로

양배추, 당근, 겨울무 등 겨울채소 가격이 폭락해서 또 갈아엎는단다. 겨울에도 땅이 얼지 않아 겨우내 채소를 생산하면서 국민 밥상을 책임져왔던 곳이 제주도다. 그런데 온난화가 가속화해 이제는 전라남도 지역에도 겨울에 땅이 얼지 않는 곳이 늘어났다. 그만큼 겨울채소 생산량이 늘어났다. 게다가 코로나19로 인한 소비 부진으로 겨울채소가 남아도는 상황이 되고 말았다. 농민들의 한숨이 깊다. 가격하락을 막기 위해 정부는 수확하지 않고 밭을 갈아엎는 시장격리 정책을 추진하고 있다.

농산물 가격결정 시스템과 똑같이 화훼도매시장에서도 경매로 화훼류 가격이 형성된다. 작년 12월부터 꽃값이 폭등해서 소매상인과 소비자들이 울상이다. 꽃 경매 가격이 급등한 이유는 이상기후 등으로 작황이 좋지 않고, 재배 면적이 감소해 공급이 줄어들었기 때문이다. 꽃 출하량이 감소하는 상황에서 자본력 있는 대형 유통인이 많은 물량을 선점하면 가격구조가 왜곡된다. 줄어든 물량을 먼저 잡으려고 소규모 중도매업체들까지 가세하면서 꽃값이 뛸 수밖에 없다. 꽃 소매상인들이 정부에 대책을 요구하고 있다.

생산비는 묻지도 따지지도 않고 오직 물량으로만 가격을 결정하기 때문에, 폭락하면 밭을 갈아엎는 악순환이 벌어진다. 땅을 새로운 삶의 터전으로 삼은 청년 농업인들조차 몰락할 지경이다. 반대로 농산물 가격이 폭등하면 혼자 어렵게 살아가는 청년 소비자들의 시름이 깊어진다. 건강은 고사하고 적자 가계가 양산된다.

폭력적인 가격결정 방식을 고쳐야 한다. 갈아엎어야 할 것은 농산물이 아니라 제도와 시스템이다. 잘못된 수급 정책을 수요와 공급을 일치시키는 국민건강정책으로 바꾸어야 한다. 또한 이는 청년정책과도 유기적으로 맞물려야 한다. 취업률 상승 목표 일변도의 청년정책에서 벗어나야 한다. 일자리에 국한하는 것이 아니라, 전반적인 삶의 질을 보장하는 쪽으로 나아가야 한다. 다층적인 사회적 배제를 해소하기 위한 보장정책으로의 전환이 요구된다.

보장정책에 참고할 만한 보고서가 있다. 서울연구원이 최근 공개한 「서울시민 만성질환 실태와 식생활 위험요인 분석」 보고서에 따르면, 소득수준의 차이로 인한 식생활 양극화가 더욱 심해졌으며, 남성보다는 여성이, 가구소득 수준이 낮거나 1인 가구일수록 만성질환 유병률이 높게 나타났다. 이에 대한 정책 방안으로, 보고서에서는 수혜자의 건강상태뿐만 아니라, 식생활 환경 여건까지 염두에 둔 세부적인 사업 설계가 필요함을 강조하고 있다. 일례로, 일상생활이 가능한 수혜자에게는 농식품 구매 바우처를 제공하고, 거동이 불편하지만 조리가 가능한 수혜자에게는 식품패키지를 제공하는 등의 맞춤형 지원이 필요하다는 것이다. 또한 소규모 청년 커뮤니티를 지원하는 '청년참'사업, 혼자 사는 청년을 위한 '혼밥족 맞춤형 건강관리 종합대책' 등 청년이라는 대상에 적합한 새로운 형태의 사회안전망을 제시하고 있다.

청년들의 외로움·밥 걱정 없는 '아침센터'를 만들자

'관계재'는 그 자체만으로는 경제적 재화를 창출한다. '관계재'가 행복과 효용을 극대화하는 것은 물론, '관계재'를 획득하는 과정에서 소득을 포기하는 등의 기회비용이 발생하기 때문이다. 여기서 '공짜 점심은 없다'는 경제 격언이 생각난다. 어떠한 편익을 얻는 데는 그에 상응한 대가나 기회비용이 발생한다는 의미를 함축적으로 표현한 말이다. 같은 맥락에서 이를 차용, '공짜 아침은 있다'라는 기치 아래 사회안전망을 차리는 것은 어떨까.

불안함·배고픔·서러움을 해소하는 사회적 '관계재' 아침센터를 차리자. 아침센터는 아침밥을 위한 사람·레시피·지역을 연결하는 플랫폼이다. 아침밥을 먹고 싶은 사람과 아침밥을 제공하려는 사람(동네식당, 동네빵집, 마을부엌, 청년주택 등)이 관계를 맺고 만나는 장소다. 아침밥을 먹고 싶은 사람들이 레시피까지 제안하면 금상첨화다. 관계가 깊어진다. 게다가 아침밥 제공자는 생산자와도 관계를 맺게 된다. 신선 농산물을 계약재배로 생산하는 지역과 식문화를 소개하는 플랫폼이 될 것이다.

아침센터가 만들어지면 청년들의 식사 바우처 제공 장소로 활용되는 한편, 취업을 위한 자기 탐색이나 인생 모색 지원정책에도 활용될 수 있을 것이다. 또한 동네식당 커뮤니티 및 전국식재료네트워크 형성, 아침꾸러미 배달, 반찬 배송, 마을부엌공동체 구성, 미식예술네트워크 구축, 커뮤니티 케어 조성 등, 관계재를 창출하는 사회적경제 활성화의 동력이 된다. 청년들의 레시피 개발 및 시현, 자랑의 장소가 된다는 점도 빼놓을 수 없다. 메타버스로 건강식단을 꾸리고 체험할 수 있는 아침센터의 가치사슬은 무궁무진해질 수 있다. 또한 기업들의 ESG(환경·사회·지배구조) 활동과 연계한다면 농산물 과잉을 해소하는 출구가 될 수도 있다. 빅데이터, AI 기술을 접목하여 '풍년의 역설'을 해소하기 위한 청년들의 창업 및 일자리 기회도 만들어질 수 있다.

'관계재'는 서로 만나 마주보며 이야기할 수 있는 공간을 필요로 한다. 그 공간을 지속가능하고 더욱 활기차게 만들 수 있는 것은 지역화폐다. 아침센터와 지역화폐가 만나면 '관계재'를 더욱 풍성하게 창출할 것이다. 경기도 시흥시의 지역화폐인 '시루'는 좋은 예다. '시루'는 지역주민이 기획하고 참여하는 시민발행위원회에서 발행하는 시민화폐다. 동네에서 '시루'를 사용하면서 새로운 동네가게를 발굴하는 한편, 여러모로 지역경기 활성화와 지역공동체 회복에 기여하고 있다. 사회적 '관계재'는 불평등, 양극화, 1인 가족, 청년문제 해결을 위한 첫 단추가 될 수 있다. 아침센터를 구축하고 지역화폐와 연결하는 먹거리 복지로 이어진다면, 고립 시대 2030세대에게 견고한 희망을 줄 수 있을 것이다.

《프레시안》 기고, 2022년 2월 14일 보도

‘원 헬스’와 ‘푸드 플랜’ 개념과 전략

– 지속가능한 농업을 복지와 연계하는 길

코로나19 팬데믹을 진정시키기 위한 백신과 치료제 개발은 필수 불가결한 일이다. 그런데 온통 백신과 치료제에만 목을 매고 있는 것 같아 안타깝다. 그것이 사회적 만병통치약이 될 순 없다. 코로나19가 확산하면서 우리 사회는 물론, 세계가 한 번도 겪지 않은 급변 조짐이 나타나고 있기 때문이다.

‘새로운 생활양식으로의 전환’이라는 장기적인 방안을 찾아야 한다고 곳곳에서 신호를 보내고 있다. 그러한 신호가 무엇인지, 어떤 성격을 띠고 있는지 밝히고 ‘원 헬스One Health’와 연계한 코로나 이후의 대안을 고민해야 한다. 새로운 개념어인 터라 원 헬스에 대해서는 다양한 정의가 내려지고 있으나, 간단히 줄이자면 “사람, 동물, 생태계 사이의 연계를 통해 모두에게 최적의 건강을 제공하기 위한 다학제적 접근을 의미”(출처: 위키백과)한다.

심리적 방역과 안전하게 거리 좁히는 방법

물리적 방역에 집중하느라 심리적 방역을 등한시한 결과, 사회 공동체 구성원들의 고통과 소외감이 한계점에 다다른 상황이다. 코로나19로 인한 사회적 합병증 중의 하나가 자살이다. 특히 올 상반기에 20대 여성의 자살이 크게 늘었다. 작년 상반기 대비 43%나 급증했다. 이는 재난 시대를 살아가는 20대의 삶의 기반이 허약하다는 방증이다. 20·30대 여성의 자살 증가는 사회적 고립감, 고용 불안, 돌봄 부담 누적 등이 원인이다.

사회적 거리두기의 장기화로 사회적 돌봄의 공백이 광범위하게 발생하고 있다. 돌봄 공백은 심리적 소외와 불안을 가중시킨다. 대면 공공 서비스 중단과 돌봄 공백은 사회적 약자(아동·노인·장애인)에게 더 큰 위협이 되고, 이는 곧 생존의 문제와 직결된다. 사회적 돌봄을 담당하는 지역아동센터, 키움센터, 어린이집, 학교 등의 폐쇄 조치는 아동의 신체적·심리적 건강을 해치고 학부모의 돌봄 불안을 누적시킨다. 공공기관을 이용하며 커뮤니티를 형성하고 여가를 즐기던 장애인들도 고립감으로 점점 힘들어한다. 복지관에서 제공하는 돌봄과 양질의 급식을 받지 못한 노인들은 재난의 고통이 더욱 심하다.

배고픔 해결이 기본적인 욕구이듯 사람과의 상호작용도 기본적인 욕구이다. 이 같은 사실을 뒷받침하는 연구 결과가 있다. 대인 접촉을 차단하고 고립시킨 실험 참가자들에게 사람들이 교류하는 사진을 보여줬을 때 활성화되는 뇌 영역이 금식 후 음식 사진을 볼 때와 같다는 것이다. 즉, 배고픈 사람이 음식을 갈망하는 것과 마찬가지로 인간은 사회적 상호작용을 갈망한다. 두 가지 기본적인 욕구가 동시에 차단되지 않도록 하는 '안전하게 사회적 거리 좁히기' 방안 마련이 시급하다. 다양하게 강구되어야 한다.

안전하게 사회적 거리를 좁힐 수 있는 좋은 사례가 있다. 제주시 소통협력센터가 추진하고 있는 '건강한 먹거리 기반 커뮤니티 돌봄' 사업이다. 이는 취약계층의 열악한 식생활 문제와 사회·심리적 결핍 해소를 위해 기획되었다. 마을 아파트 단지 경로당 두 곳에 '나눔 냉장고'를 설치해 건강한 식재료와 농식품을 채워 넣고 지역 내 취약계층과 주민들이 이용할 수 있도록 했다. 나눔 냉장고는 지역 생협 반찬나눔 조합원의 자원봉사와 지역주민의 자발적인 기부로 채워진다. 나눔 냉장고를 시작으로 사업 참여자들은 먹거리 기반 커뮤니티 돌봄 생태계 형성을 도모하는 한편, 건강한 먹거리로 주민이 함께 서로 돌보는 새로운 돌봄 문화가 확산되기를 바라고 있다.

또 하나의 사례는 마음 방역을 위한 반려식물 나눔과 상자텃밭 보급이다. 반려식물은 누구나 쉽게 기를 수 있고, 공기도 정화해 준다. 물을 주며 교감하고, 성장에 맞춰 식물을 세심하게 관리하면서 마음이 치유되는 효과도 누릴 수 있다. 사람과 식물 간의 상호작용이 과학적으로 입증되었다. 농촌진흥청의 최근 연구에 의하면, 식물을 예뻐하거나 미워하면 식물도 그대로 반응하고, 자신에게 해를 끼치는 행위를 감지하는 것으로 나타났다. 먹거리 식물을 가꾸는 상자텃밭을 보급해 가정마다 식물을 재배하면 가족 간의 긍정적 대화가 늘어나고, 마을텃밭을 조성해 주민들이 함께 경작하면 마을 공동체가 살아난다. 농업의 다원적 가치를 도시에서 실천하는 도시농업이 건강한 먹거리의 접근성을 넓히고, '코로나 블루(코로나19로 인한 우울증)'를 극복하는 대안이 될 수 있는 이유다.

대면 서비스가 곤란해도 IoT Internet of Things(사물인터넷)를 활용한다면, 어르신들의 건강은 물론이고 어르신들에게 보급한 반려식물의 상태를 확인하는 모니터링과 케어 서비스가 가능하다. 또한 도시텃밭은 앞서 언급한 '식욕과 사회적 상호작용'이라는 두 가지의 기본적 욕구를 동시에 채울 수 있는 공간이다. 사회적 거리두기로 사람들의 모임이 어려워도 공동체 텃밭을 돌보는 당번을 정하고, 그 장면을 SNS에 올리거나 온라인 화상회의 프로그램 등을 통해 교류하며 행복한 공동체를 유지해 갈 수 있다. 도시의 농업은 치유와 힐링의 과정이자 공동체를 회복시키는 마중물이다. 그래서 지역사회통합 돌봄(커뮤니티 케어) 프로그램에 대부분 텃밭 활동을 편성한다.

농업과 복지가 결합된 '케어 팜 Care Farm'이 포스트 코로나 시대에 더욱 주목을 받고 있다. 케어 팜은 '사회적 돌봄'을 '농장'에서 실현하는 치유농업의 복지 시스템이다. 네덜란드, 독일, 영국 등 유럽에는 치매노인, 발달장애인, (알코올) 중독자 등이 농작물을 가꾸거나 동물을 돌보면서 치유와 재활 서비스를 받을 수 있는 케어 팜이 3,000개가 넘는다. 네덜란드의 케어 팜은 여러 기관(정부, 판매처, 복지기관, 의료기관, 지역공동체 등)이 유기적으로 연결된 촘촘한 시스템 덕분에 탄탄하게 운영된다. 사회적경제 조직(사회적기업, 협동조합 등)들이 케어 팜을 운영하면서 케어 서비스 외에도 농산물 판매와 가공뿐만 아니라 레스토랑까지 운영하는 등 새로운 방식의 생산과 유통구조를 갖춰 수익을 창출하고 마을에 생기를 불어넣고 있다.

반복되는 동물 살처분을 예방하는 방법

한편, 코로나 쇼크에 이어 고병원성 조류독감(AI)이 발생하여 최근 가금류 131만 마리가 매몰 살처분되었다. 조류독감은 야생 조류의 병원성 인플루엔자가 공장식 밀집 사육된 가금류에게 옮겨져 병독성이 커진 것인데, 전문가들은 산업형·단종형 유전형질을 가진 가축들의 '면역 방화벽'이 사라진 것이 더 큰 문제라고 지적한다. 생명체의 면역력은 생물다양성이 그 토대다. 생물다양성이 떨어지면 생태회복력이 저하된다. 생태회복력이 저하되면 가축의 면역력도 그만큼 낮아진다. 미생물군의 다양성과 새끼 돼지의 건강성 간 상관관계를 고찰한 연구에 의하면, 무균질에 가까운 환경에서 자란 새끼들보다 미생물군의 다양성이 높은 환경에서 자란 새끼 돼지들이 훨씬 건강했다고 한다. 그 이유는 프로바이오틱스로 불리는 미생물이 풍부해 병원성 미생물의 장내 침입에 대한 저항성이 컸기 때문이다.

동물복지단체들은 마리당 A4용지 크기도 안 되는 협소한 공간에 24시간 갇혀 살게 하는 공장형 축산 방식이 산란계의 면역력을 떨어뜨린다고 지적한다. 가축전염병을 줄이고 대량 살처분을 최소화하기 위해서는 가축들에게 필요한 충분한 공간과 적절한 사육환경을 조성하는 동물복지 축산을 대안으로 제시하고 있다. 수의학계는 동물복지와 함께 농장 관계자들의 철저한 방역과 사육환경 관리가 선행돼야 함을 강조한다.

동물복지와 축산 초지의 생물다양성을 높이기 위해 농림축산식품부는 2017년 '산지생태축산' 농장 조성 사업을 시행했고, 현재 전국에 40개 농가가 있다. 산지생태축산은 산지를 초지로 가꾸어 가축들을 초지에 풀어놓고 건강하게 자랄 수 있도록 하는 축산인데, 이는 가축 분뇨가 초지에 양분을 제공하고 그 초지의 풀을 가축이 뜯어먹는 자원순환 농법이자 초지의 생물다양성을 높여주는 생태적 농업이다. 축산을 포함한 농업 부문이 산업형·단종형에서 벗어나 환경·동물·사람을 보호하는 생태적 농업으로 탈바꿈하고 공공성을 강화하면, 환경파괴는 최소화되고 생물 종 다양성 증진과 더불어 통제 불가능한 전염병도 줄일 수 있다.

동물복지를 포괄하는 생태복지는 생태계의 복지와 인간의 복지를 동시에 구현함으로써 생태계에 의존하는 인간의 복지가 지속가능하도록 하는 것이다. 생태복지를 구현할 주체는 농민과 시민이다. 생태위기 해결의 주체로서 농민의 역할과 기후위기 해결의 주체로서 시민의 역할이 그 어느 때보다 중요해지고 있다. 농민과 시민이 '식량주권'을 위해 함께 힘을 모은다면 기후위기와 생태위기의 극복과 생태복지의 실현이 가능해진다. 식량주권은 생태적으로 건강하며 지속가능한 방법으로 생산된, 건강하고 문화적으로 적절한 먹거리에 대한 권리다. 즉, 생태적 지속가능한 방법으로 생산하는 농민의 권리와 건강하고 적절한 먹거리에 대한 시민의 권리를 아우른다. 식량주권은 국민 기본 인권이자 복지의 근간이다.

생태적으로 지속가능한 농업을 위한 식량주권

2014년 2월 서울 송파구에서 세 모녀가 극단적인 선택을 한 이후에도 애달픈 사건이 이어지고 있다. 2019년 서울의 모 아파트에서 굶어 죽은 것으로 추정되는 탈북 모자 사건, 2020년 6월 코로나19로 개학이 지연되면서 집에만 머물며 굶주림에 시달린 한 중학생이 번개탄을 피워 자살을 기도한 사건 등은 복지 사각지대 해소 대책과 함께 식량주권 실현을 위한 생산 및 분배 체계가 구조적으로 재편되어야 함을 시사하고 있다. 브라질 벨루오리존치에서는 먹거리 정책을 취약계층에 대한 시혜가 아닌 기본권리로 인식하고 농업정책과 복지를 결합한 식량보장정책을 펼치고 있다. 이러한 관점에서 우리나라 먹거리 복지 사업 중 현물지급사업(도시락 배달사업, 밑반찬 배달사업, 영양플러스, 푸드뱅크, 농식품 바우처 등)은 반드시 생태적으로 지속가능한 농업과 연계되어야 한다.

그런 방법으로 생산한 농산물의 접근성을 강화해 먹거리 기본권이 보장되도록 하는 유통체계 및 공동체가 지원하는 농업에 대한 논의가 최근 활발하게 이루어지고 있다. '공동체지원농업'이라 불리는 CSA Community Supported Agriculture는 농민이 지속가능한 농사를 지을 수 있도록 소비자(공동체)가 농산물의 대가를 미리 지급하고 수확기에 농산물을 받는 시스템이다. CSA는 기후 영향을 많이 받는 농산물 생산에 대해 소비자가 위험을 감수하는 공동생산자로서의 철학이 포함되어 있다. 한국의 대표적인 사례는 생산자(단체)가 주도하는 '농산물 꾸러미'다.

또한 2017년부터 한국소비자연맹이 소비자(공동체) 참여형 지원농업을 진행하고 있으며, 서울시에서는 소비자 참여형 CSA 활성화를 위한 시범사업을 2021년부터 추진할 예정이다. CSA 시범사업을 서울에 약 400개가 설치된 '마을부엌'과 연계한다면 시너지 효과가 더욱 커질 것이다. 마을부엌은 결식 해결과 자활을 위한 보장형, 관계 형성과 조리법을 배우는 1인 가구형, 돌봄과 공동체 형성을 목적으로 하는 지역공동체형, 자율형, 사회적기업형, 이렇게 5가지가 있다. 지역주민들이 만나며 고립감을 해소할 수 있고, 먹거리 접근성이 강화되어 결식문제 해결과 식생활 개선은 물론, 우리 농산물의 활용도를 높이는 기능을 하고 있다.

양질의 음식은 마음의 위안은 물론이고 우울증 완화에도 효과가 있다. 정신과 의사가 진료실이 아닌 음식점에서 우울증 환자를 치료하는 장면이 TV 드라마에 나온다. 무엇을 먹으면 좋을까 망설이는 환자에게 음식을 추천하며 그 음식에 들어 있는 특정 물질이 기분을 좋게 한다고 말한다. 그 물질은 행복감을 느끼도록 해주는 신경전달물질인 세로토닌Serotonin의 수치를 높여준다. 세로토닌의 대부분이 만들어지는 기관이 장이고, 스트레스를 받으면 제일 먼저 반응하는 곳도 장이라고 한다. 이런 의미에서 본다면 마을부엌은 마을 사람들을 행복하게 하는 사회적 호르몬이라 할 수 있다.

행복한 마을부엌을 도시 CSA 거점으로 하고 서울시사회적경제지원센터가 중간지원기구 역할을 한다면 도시와 농촌이 상생하는 새로운 표준을 제시할 수 있을 뿐만 아니라, CSA에 참여하는 생산자 단체와 소비자 공동체가 사회적경제 조직으로 육성될 수 있다. 생산자와 소비자, 생협 등의 협동조합 연합이 가능해졌기 때문이다. 「협동조합 기본법」 개정안이 지난 10월 1일부터 발효되면서 협동조합, 사회적 협동조합, 개별법 협동조합(생협·신협) 등, 업종이 다른 협동조합들이 연대해 '이종협동조합연합회'를 만들 수 있다.

2019년 스위스 다보스 포럼은 "농식품 산업의 전환"이라는 제목의 세션을 통해 '순환경제(Circular economy)'에 방점을 찍었다. 기존 식량 체제에서

현대 식량 체제 아래 물질의 흐름

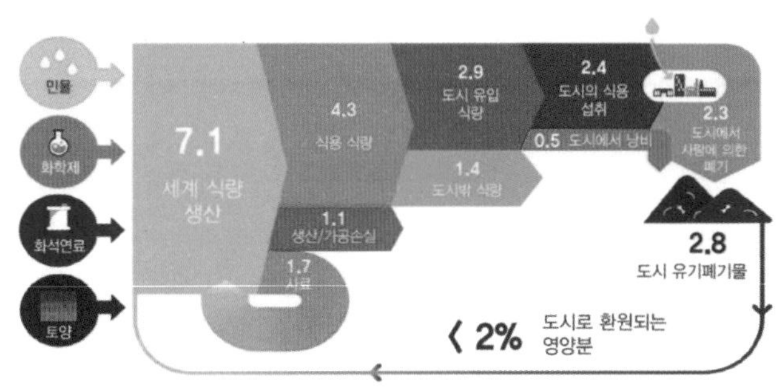

자료: Ellen MacArthur Foundation(2019)

▪ 2019 스위스 다보스(Davos) 포럼 〈농식품 산업의 전환〉 재인용

순환경제를 극대화하는 접근 방식

자료: Ellen MacArthur Foundation(2019).

▪ 2019 스위스 다보스(Davos) 포럼 〈농식품 산업의 전환〉 재인용

비롯되는 엄청난 사회적 비용에 대응하기 위해서는 도시에서 식량의 순환경제를 극대화하는 접근 방식이 중요하다고 강조했던 것이다.

이런 순환경제와 기후위기에 대한 해법을 찾기 위해 "도시와 지구를 살리는 기후농부"라는 주제로 지난 11월 26~27일 서울도시농업국제컨퍼런

스가 열렸다. '기후농부'는 도시와 농촌에서 함께 어울려 농업을 실천하면서 탄소중립에 기여하고, 생물다양성 증진에 앞장서며, 지속가능한 먹거리 체계 구축을 위해 활동하는 모든 사람을 말한다. 도시농업이 치유농업, 사회적 농업, 상생농업으로 발전하며 지역 상생을 견인하고 있다.

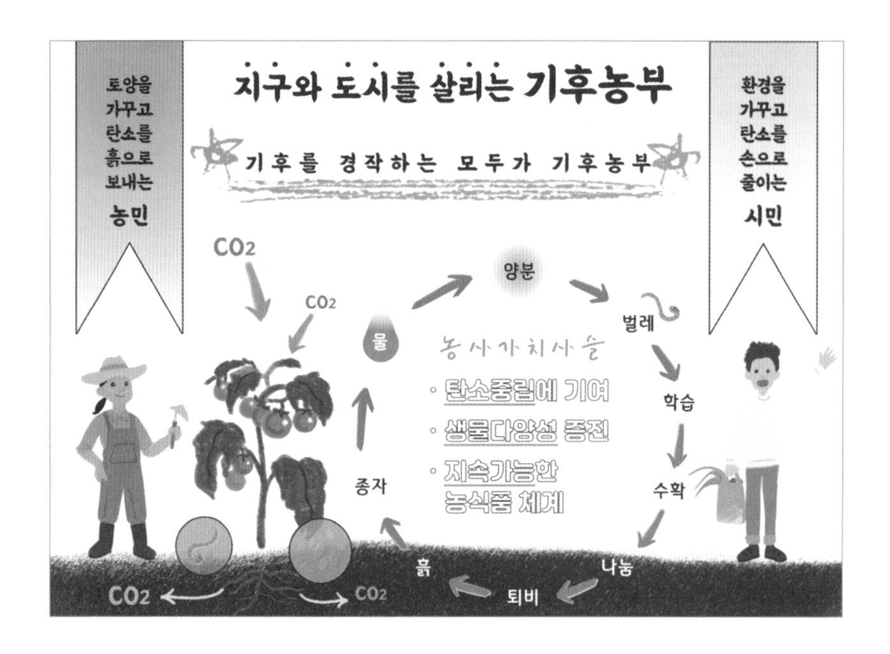

원 헬스와 연계한 푸드 플랜 구축 방안

지역 상생의 필요성이 운위된 것은 도시와 농촌이 공존해야 서로 상생할 수 있다는 공감대가 확산되었기 때문이다. 지역 상생 발전은 농촌지역민뿐만 아니라 도시민 삶의 질 향상을 추구한다. 자본과 물자 중심의 교류에서 사람과 정보까지 확장하여 지역 상생 및 순환경제를 지향하고 있다. 도시와 농촌 간에 '사람-물자-정보'가 오고 가는 과정을 통해 생태적 순환경제가 싹트고,

'사람-동물-생태계'를 하나로 연결하는 '원 헬스'까지 확장될 수 있다.

사람이 건강하려면 동물과 생태계가 건강해야 한다. 동물이 건강하려면 생태계가 건강해야 한다. 생태계가 건강하려면 생물다양성이 풍부해야 한다. 결국 생물다양성을 늘리기 위한 생태농업이 이루어져야 하고, 생태농업을 지속가능하게 하려면 농정과 복지, 사회적경제 등을 결합하는 한편, 원 헬스와 연계한 푸드 플랜(먹거리 종합 전략)이 나와야 한다.

원 헬스와 연계한 푸드 플랜은 새로운 생활양식으로의 전환을 이끌어낼 수 있어야 한다. 그러기 위해서는 식량주권은 기본으로 하고, 첫째, 생태계의 종 및 유전적 다양성을 높이고 농민과 시민을 보호하는 생태적 순환농업을 적극 육성해야 한다. 둘째, 동물과 식물이 건강한 생태계에서 자랄 수 있도록 동식물의 복지 환경을 조성한다. 셋째, 생태복지의 주체인 농민과 시민이 가깝게 교류하며 직거래할 수 있도록 다양한 거래제도를 도입해서 생산자와 소비자의 이익을 보호하는 유통구조로 재편해야 한다. 농촌은 로컬 푸드 유통체계로, 도시는 상생푸드 유통체계로 하여 환경 부담을 최소화하는 방향으로 재편한다. 넷째, 모든 정보채널을 가동하여 원 헬스를 기반으로 하는 생산-유통-소비의 가치사슬을 데이터로 만들어 농민과 시민들에게 지속적으로 제공해야 한다. 다섯째, 원 헬스 푸드 플랜 위원회 설치와 함께 농식품부, 보건복지부, 행정안전부 등 다부처 협력 지역 상생 정책을 수립함으로써 원 헬스 푸드 플랜을 지원하는 사회적경제의 활성화, 공동체 지원농업의 제도화, 원 헬스 푸드 플랜을 위한 소비자 운동 지원 등 다양한 제도와 정책이 마련되도록 해야 한다.

《프레시안》 기고, 2020년 12월 21일 보도

도농 간 소득격차 줄이고 사회적 가치 창출 시대로

우리가 직면한 기후변화·식량·에너지 문제 등의 해결 여부는 농민과 시민 모두가 농업·농촌을 어떻게 평가하고 활용하느냐에 달려있다. 농업을 사회적경제, 평화경제, 소셜벤처의 요람인 미래산업으로 바라보고, 농촌은 사람들이 돌아오는 소확행(소소하지만 확실한 행복) 문화성지로 만들자. 이와 함께 농민은 국토 경관과 식량 주권을 지키는 유공자로 존중받고, 도시는 중소상인과 공존할 수 있는 안전한 농산물, 공정한 유통플랫폼을 갖춤과 동시에 시민은 건강한 농산물 공동생산자이자 지역 상생의 주역이 되는 사회적 가치 창출 시대로 나아가자. 사회적 가치란 공동 이익과 공동체 발전에 기여하는 가치로, 지역사회·지역경제·환경·문화 등 사회 모든 영역에서 각 부문만의 이익이 아니라 사회 전체 이익을 추구한다.

농업의 희생으로 이룩한 압축 고도성장의 시대는 저물고 저성장 시대가 도래했다. 고령화·저출산·생산연령인구 감소 현상은 당분간 지속될 것이고, 선진국 경제성장률(올해 1.4% 예상)처럼, 수직적 성장이 아닌 수평적 성장, 즉 완만한 성장(올해 2.2% 예상) 추이가 유지될 것이다. 그러므로 성장률 신화의 굴레에서 벗어나 불평등과 불공정을 해소하며 국민의 삶의 질을 높이는 사회적 가치 창출 시대로 나아가야 한다.

UN에서 발간한 「2019년 세계행복보고서」에 의하면, 우리나라의 행복 수준은 조사 대상 156개 나라 중 54위로, 경제 성장에도 불구하고 국민 삶의 질은 하락하고 있다. 또한, 최근 기획재정부, OECD, UN에서 발표한 사회적 가치 분야별 현황 자료에 따르면, 사회통합 분야는 사회적 지원이 하위

41%(91위/155개국), 지역사회 분야는 지원관계망 질이 선진국 하위 1%(40위/40개국), 지역경제 분야는 대도시권 GDP 비중이 선진국 하위 13%(28위/32개국), CSR(기업의 사회책임) 분야는 기업 경영관행이 하위 25%(47위/63개국), 환경 분야는 대기오염이 선진국 하위 1%(40위/40개국)로 나타났다.

정부는 국민의 삶의 질과 사회적 가치 지표의 심각성을 인식하고 공무원·조직·재정사업 등 모든 평가에 사회적 가치를 주요 항목으로 포함하는 '사회적 가치 실현을 위한 공공부문의 추진전략'을 발표했다. 기금의 존치 여부를 결정하거나 국가연구개발(R&D) 성과를 평가할 때와 예산 배정에도 반영하여 사회적 약자 보호, 기회균등, 공동체 등 사회적 가치와 관련성이 높은 사업을 선정해 예산을 적극 지원한다고 한다.

정부가 제시한 사회적 가치와 관련성이 높은 사업은 농업·농촌 분야다. 농촌경제연구원의 '2019년 농업·농촌 국민의식 조사' 결과를 종합하면, 국민경제에서 농업의 중요성에 대해 농업인의 약 53%, 도시민의 약 55%가 공감하고, 농업·농촌이 가지는 공익적 기능에 대해 도시민의 64%가 '가치가 많다'고 생각한다. 중요하고 가치가 큰데도 불구하고 사회적 가치 창출로 연결되지 못하여 도시와 농촌 간 소득 격차는 갈수록 커지고 있다. 농가소득은 도시 근로자가구의 65% 수준(2018년 기준)으로 농산물시장 개방 후 격차 심화가 가속화됐다.

농협중앙회는 2020년 농가소득 5천만 원 달성을 위해 협치농정을 통한 지자체 협력사업 확대, 시·군 활성화 및 신기술보급사업 등 농업소득 증대의 장기적 기반 구축, 농축산물 수취가 제고, 농가 경영비 절감, 공적보조 확대를 위한 농정활동 전개 등 전사적인 노력을 펼칠 계획이라고 한다. 그러나 농민에게 가격 결정권이 없고 농민의 출하선택권이 협소한 현재의 유통구조하에서 농산물 수취가 제고는 기대하기 어렵다. 유통단계 축소 및 공정한 유통체계에 대한 사회적 가치를 측정하고, 인센티브를 지급하는 방식으로 사회적 성과를 공유해야 농산물 수취가격이 적정하게 매겨질 수 있다. 사회적 성과를 통해 제값 받고 제값 주는 농산물 유통플랫폼이 조성되어야 소득 격차 해소에 도움을 줄 수 있다.

도농 간 소득 격차를 줄이는 방향으로 사회적 문제를 해결함과 동시에 사회적 가치를 높이는 제도와 정책이 추진된다면, 지방소멸문제 극복은 물론이고 국가균형발전에도 크게 기여하게 될 것이다. 소득 격차 해소를 위해서는 도시와 농촌 모두의 문제로 인식하는 사회적 분위기와 국민적 공감대를 형성해야 한다. 그러기 위해서는 재무제표를 통해 기업의 가치와 성과를 측정하듯 농업의 사회적 가치를 측정하고, 이를 바탕으로 인센티브 지급과 사회적 성과를 키워야 한다.

빅데이터와 인공지능(AI) 등을 활용하여 객관적이고 신뢰성 있는 사회적 가치 측정 기법(사회투자 수익분석, 비용편익분석, 비용효과분석, 결과물평가, 지역승수평가 등)을 개발하고 고도화해 나갈수록 국민적 공감을 얻으며 인센티브를 정확하게 지급할 수 있게 된다. 이는 공익형 직불제가 국민적 지지 속에 성공적으로 안착하기 위한 전제 조건이기도 하다.

《한국농정》 기고, 2020년 2월 9일 보도

2

불평등 양극화 완화를 위한 공공농업

‘고사 위기’ 농업의 미래, 스위스와 프랑스에서 배우자

- CPTPP 농업 피해 최소화는 ‘저탄소발자국 및 가치소비’ 지원 정책으로

지난 5월 19일, 추경호 경제부총리 겸 기획재정부 장관이 국회에서 ‘포괄적·점진적 환태평양경제동반자협정(CPTPP)’ 가입을 공식화했다. “피해가 예상되는 부분, 또 피해가 실제 발생하는 부분에 대해서 충분한 보상이 되면서 진행해야 한다”고 했으니 눈 크게 뜨고 지켜볼 일이다. 전문가들의 전망에 의하면, CPTPP 가입으로 이한 농업 및 수산업의 피해 규모는 상상을 초월한다. 한국의 농수산업이 거의 초토화된다 해도 과언이 아닐 정도다.

하지만 CPTPP 가입은 이제 목전의 현실이 되고 말았다. 철저히 대비하는 수밖에 없다. 피해를 최소화하고 위기를 기회로 전환할 수 있는 대책을 마련해야 한다. 첫 번째 방안은 스위스의 농업정책 및 농산물 소비지원정책, 프랑스의 농산물 제값 받기 제도화를 벤치마킹하여 한국 농정의 패러다임을 바꾸는 것이다. 두 번째 방안은 ‘가까운 먹거리 저탄소발자국’ 표시 확대와 홍보, 대·중·소 모든 단위의 공동체지원농업 및 가치소비 지원정책을 적극적으로 펼치는 것이다. 서둘러야 한다.

CPTPP 가입과 농어업의 피해

정부는 CPTPP 가입으로 소비자 후생이 약 3조7천억 원 증가한다고 한다. 반면에 농업 분야 피해는 막대하다. CPTPP의 관세 철폐율은 기존 자유무역협정(FTA)보다 훨씬 높은 96.1%이다. 수입 농수축산물의 검역 기준도 대폭 완화되고 값싼 농수축산물이 물밀듯이 들어올 것이다. 우리나라의 CPTPP 가입에 따른 농업 분야 피해액은 한국농촌경제연구원(KREI) 추산으로 15년간 연평균 853억~4,400억 원에 달한다. 부경대학교 전망에 따르면 수산업에서는 15년간 69억~724억 원의 생산 감소가 발생한다. 그러나 중국 가입을 상정하면 이런 추산조차 무의미해진다. 동식물 위생·검역(SPS) 범위 축소 등을 고려하여 농업계가 추산한 피해 수준은 2조 원이 넘는다.

2004년 한·칠레 FTA 이후 국내 농업 경쟁력 강화 정책은 생산-유통-소비 전 분야를 아우르지 못한 채 규모화, 전문화를 통한 생산력 증대에만 초점을 맞췄다. 그 결과 곡물자급률은 20% 이하로 낙하했고, 풍년이면 농민들이 밭을 갈아엎는 사태가 반복되고 있다. 도매시장 경매에 의존하는 전근대적 유통구조가 35년 이상 지속되고 있으며, 농업의 중요성에 대한 사회적 인식도 악화일로를 걷고 있다. 도시민이 생각하는 농업의 중요도가 2011년 73.1%에서 2020년에는 약 50% 수준으로 떨어진 것이다.

또한 세계적으로 탄소중립 목표 달성에 사활을 걸고 있는 시대에 탄소 발생의 '외주화'나 다름없는 수입 농산물의 탄소 배출량 조사는 2012년 이후로 전무하다. 이쯤 되면 환골탈태 수준으로 농업정책을 확 바꾸어야 할 때가 아닌가! 당장 '가치소비 농축산식품부'라는 슬로건이라도 만들어야 할 판이다. '공공재'이자 '관계재'인 농업의 공익적 가치 확산 및 국민 공감대를 넓혀가야 할 것이다. 실제 CPTPP 가입까지는 1~2년 이상 소요될 것이므로 이

동안에라도 피해를 최소화하고 위기를 기회로 전환할 수 있는 대책을 마련해야 한다. 한국 농정의 패러다임을 바꿔야 한다.

스위스와 프랑스의 농정에서 단초를!

첫 번째 대책은 스위스의 농업정책 및 농산물 소비지원정책과 프랑스의 농산물 제값 받기 제도화를 벤치마킹하는 것이다. 스위스 농업정책은 한국농촌경제연구원이 발간한 《세계농업》 제220호(2018년 12월호)에 상세하게 나와 있다. 스위스 농업인구는 약 3%다. 소규모 가족농 위주의 농업구조에다 농업생산액은 1%에 불과하다. 따라서 수입 농산물에 비해 가격경쟁력을 발휘하기는 쉽지 않다. 스위스의 농정 패러다임 전환은 우루과이 라운드가 촉발시켰다. 대표적인 정책 수단은 직접지불제와 생산기반 정비 및 농산물 소비지원정책이다.

스위스가 농정 패러다임을 전환한 바탕에는 농민과 소비자의 연대 및 시민운동의 노력이 있었다. 농민과 소비자가 연대해 농업 의제의 정치적 중요성을 확장하는 한편, 시민운동을 전개하면서 얻은 국민의 지지와 공감이 패러다임 전환의 결정적인 역할을 했다. 농촌 유지, 안전한 먹거리 생산, 생태환경 보존 등 국토와 농산물의 가치를 높이는 농업인에게는 경제적 보상이 뒤따라야 한다는 것, 이와 함께 그들의 삶의 질을 국가가 보장해야 한다는 것에 국민들이 공감한 결과, 직불금을 포함한 농업예산으로 연방정부 총예산의 5.5%가 편성되고 있다. 참고로 우리나라 2022년 농업예산 비중은 2.8%이다. 스위스의 현 농정은 농업의 공익적 기능을 발굴하고 장려하기 위한 정책 인센티브 개발과 제도화에 역점을 두고 있다.

농업 강국 프랑스는 대형 유통업체들의 횡포가 문제였다. 상습화된 농산물 가격할인과 무리한 판촉 행사로 농가 부담이 가중되고 소득기반이 크게 위협을 받았다. 과도한 할인행사는 유통구조를 왜곡시키고 소비자에게도 피해가 간다. 정상적으로 농산물을 구매한 소비자도 손해를 봤다는 느낌을 받게 된다. 지나친 농산물 가격경쟁으로 농민은 빈곤해지고, 프랑스 농식품 산업 전체의 경쟁력도 떨어졌다. 이를 타개하기 위해 프랑스 정부는 2017년 농민단체·식품유통업체 등과 함께 '푸드 컨벤션Food Convetion'을 결성했다. 여기서 농산물 생산가격을 기초로 판매가격을 결정하는 방안을 논의했다. 이처럼 생산비용에 기반을 둔 농산물 가격 체계를 구축하기 위해 노력한 결과, 농산물 제값 받기 제도화에 성공했다.

프랑스 예에서 주목할 것은 농산물 가치의 적정한 분배에 주력했다는 점이다. 농민들의 정당한 소득 보장을 위해 유통업체와의 거래 협상에서 농민단체가 판매가격을 제안하도록 한 것이다. 우리나라는 농민이 아무리 열심히 생산을 해봤자 가격 결정권을 갖지 못한다. 뼈저리게 아픈 현실이다. CPTPP 가입을 앞두고 농어업농어촌특별위원회가 나서서 농업 부문 피해 최소화를 위한 농업 가치 국민공감대 형성 '먹거리국민총회'라도 개최해야 하지 않을까.

'저탄소발자국 및 가치소비' 지원 정책

위기를 기회로 전환할 수 있는 두 번째 대책은 '가까운 먹거리 저탄소발자국' 표시 확대와 홍보, 대·중·소 모든 단위의 공동체지원농업 및 가치소비 지원 정책을 적극적으로 펼치는 것이다. 현재 우리나라에서는 MZ세대를 중심으로 가치소비자들이 증가하고 있다. 성장관리 앱 '그로우'가 MZ세대를 대상으로 조사한 바에 따르면, 79%가 자신을 가치소비자라고 응답했다. '대학내

일20대연구소'가 펴낸 「2021 MZ세대 친환경 실천 및 소비 트렌드」 연구보고서에 따르면, MZ세대의 88.5%는 환경문제가 심각하다고 여긴다. 환경을 생각해서 '가치소비'를 하는 채식 인구가 MZ세대를 중심으로 빠르게 늘고 있다. 미국의 경우 환경문제에 민감한 소비자들이 증가하면서 제품의 탄소 배출량 정보를 제공하는 기업들이 늘어나고 있다.

저탄소 소비문화 확산을 위해 2009년부터 시행된 탄소성적표지제도(온실가스 라벨링)와 푸드 마일리지Food Mileage 제도를 보다 광범위하게 실시할 필요가 있다. 푸드 마일Food Miles은 먹거리가 생산지에서 식탁에 오르기까지의 이동 거리를 뜻하며, 푸드 마일리지는 식재료가 생산, 운송, 소비되는 과정에서 발생하는 환경 부담의 정도를 나타내는 지표로 사용된다(환경용어사전).

저탄소 소비문화 확산을 위한 방안 중 하나로, 중국에서 코로나19 이후 뜨고 있는 커뮤니티형 공동구매 방식인 '지역공동구매'를 눈여겨볼 필요가 있다. 지역 주민들이 구매단을 만들어 식재료 등을 구매하는 방식이다. 지역공동구매 회원은 플랫폼을 통해 구매를 하고, 공급업체는 지역공동구매단 단장이 지정한 장소로 배송한다. '한살림' 초기에 공동체 단위로 주문하고 배송된 식재료 등을 공동체 구성원끼리 나눴던 것과 유사하다. 또한 유럽에서 활발하기 이루어지고 있는 '공동체지원농업(CSACommunity Supported Agriculture)'과 일맥상통한다. 이러한 공동체 단위 주문은 물류비용을 절약할 수 있는 효과적인 방법이다.

최근 서울에서는 새로운 시대에 맞는 새로운 방식의 공동체지원농업이 꿈틀거리고 있다. 강남, 송파 지역 두 곳이다. 지역 커뮤니티가 꾸러미 단위로 식재료를 주문하면, 농부들이 정해진 장소로 꾸러미와 제철 농식품을 가져온다. 거기서 소규모 장터도 열고, 꾸러미를 나눠 가져가는 형태로 진행되고 있다. 송파는 아름다운 가게 앞, 강남은 못골도서관 앞에서 열렸다. 강남·송파와 가까운 경기도 양평 '두물뭍 농부의 시장'의 농부들이 참여했다. '가까운 먹거리 저탄소발자국'을 실현하는 이러한 공동체지원농업을 활성화해야 한다. 이를 위해 참여하는 농민에게는 저탄소직불금 지급과 운송비 지원을, 시민에게는 탄소마일리지 부여를, 운영단에게는 재사용 꾸러미 박스 지원과 함께 '저탄소농식품 직거래 코디네이터' 육성 및 운영비를 지원해야 한다.

공동체지원농업에는 생산자와 소비자 간 농산물의 공정가격 및 가치가격에 대한 동의와 공감이 내포되어 있다. 일반 농산물의 대단위 계약재배 또한 공정가격 및 가치가격을 발견하는 계기가 된다. 공동체지원농업과 대단위 계약재배는 '생산과 소비는 하나'이며 '저탄소농식품 직거래'라는 개념을 소비자에게 인식시켜 가치소비의 동력으로 작용할 것이다. 나아가 CPTPP로 밀려들어 올 수입 농산물과 국내산 농산물의 가격 경쟁에서 벗어나 지역산 농산물 인지 및 선호 분위기가 확산할 수 있게 된다.

지역 단위 외에 도매시장 단위의 공동체지원농업도 추진 중에 있다. 사례는 해남군농민회와 시장도매인의 계약재배다. 해남군농민회 소속 농가가 생산하는 배추, 양파, 마늘 등의 품목을 대상으로 삼고 있다. 강서시장 시장도매인들이 지역 마트 주문물량을 미리 파악하여 계약재배하는 것이다. 이는 최저생산비를 보장하는 신뢰 거래가 바탕이 되어야 가능한 방식이다. 지방자치단체는 운송비 및 포장비 일부를 지원하고, 강서시장을 관리하는 서울시농수산식품공사는 브랜딩 및 마케팅을 지원하는 다자간 협력 공동체지원농업이라 할 수 있다.

공동체지원농업 계약재배 농산물의 공정가격 산출에는 몇 가지 방식을 참고할 수 있다. 좋은 예시로는 학교급식 친환경농산물 가격 협상과 생활협동조합의 가격 협상 방식이 있다. 또한 농촌진흥청에서 제시하고 있는 경영비와 통계청에서 발간하는 직접생산비를 참고하여 현실에 맞는 생산비 및 경영비를 산출하고 가격을 협상할 수 있다. 2017년 2월부터 농림축산식품부 고시로 시행하고 있는 '계약재배 채소류 하한가격 예시'를 참고할 수도 있다. 계약재배는 농림축산식품부가 장려하고 있으므로 적극 활용하자.

국제 곡물 가격이 치솟고 있다. 러시아의 우크라이나 침공 여파를 무시할 수 없으나, 기상이변 등으로 인해 갈수록 불안정성이 커지고 있다. 게다가 우리는 곡물자급률이 20% 이하로 떨어진 상황에서 CPTPP 가입을 목전에 두고 있다. 이로 인한 농업피해를 최소화하려면 공공이 나서서 '저탄소발자국 및 가치소비' 지원정책을 적극적으로 펼쳐야 한다. 또한 가치소비 진작과 선한 영향력이 발휘되기 위해서는 먹거리 기본권을 보장하고 먹거리 회복력을 높이는 의제를 던질 필요가 있겠다.

《프레시안》 기고, 2022년 6월 7일 보도

한국판 뉴딜, 농업·농촌·농민이 중요한 이유

- 농업을 그린 뉴딜의 핵심으로

서유럽의 국가들은 생태국가의 환경적 가치와 복지국가의 사회·경제적 가치를 동시에 추구하며 발전하고 있다. 경제발전과 환경보호를 결합하여 높은 수준의 복지와 생태서비스를 누릴 수 있는 생태적 복지국가로 나아가고 있는 것이다.

문재인 정부의 한국판 뉴딜을 계기로 농촌과 농업이 우리나라가 생태적 복지국가로 가는 데 어떻게 기여할 수 있을지를 고민해야 할 때다. 이 부분은 아무리 강조해도 지나치지 않을 것이다. 이하의 글에서는 농민수당 등 농업·농촌·농민 관련 정책들이 왜 얼마나 중요한지를 주로 살펴볼 것이다.

농업 분야 온실가스 감축 노력, 네거티브냐 포지티브냐

유럽연합(EU) 집행위원회는 신新기후체제로의 전환을 앞두고 '유럽 그린딜'을 발표했다. 탄소중립(탄소를 배출하는 만큼 그에 상응하는 조치를 취하여 실질 배출량을 '0'으로 만드는 일)을 목표로 삼았다. 주요 내용은 2030년까지 이산화탄소 배출 감축 목표를 50~55%로 상향, 탄소배출권 거래제 확대, 탄소 국경세(온실가스 배출량이 많은 국가의 수입품에 대해 세금 부과) 도입, 생물다양성과 지속가능한 식품 시스템 전략으로 구성돼 있다.

여기서 식품 시스템 전략이란 농업이 EU의 탄소중립 목표에 발맞춰 나가도록 무너진 자연 생태계를 회복하려는 것이다. 이 전략의 구체적인 목표는 2030년까지 농지의 25%를 유기농업화하고, 농지의 10%는 생물 다양성이 큰 환경이 되도록 한다는 데 있다. 여기에는 농약 사용 50% 감량, 비료 사용 20% 감축, 축산 및 어류용 항균제 판매를 반으로 줄이겠다는 계획이 들어 있다.

우리나라도 2050년 탄소중립을 달성하기 위해 다양한 시책을 펼치고 있다. 지방정부의 협력과 다짐을 선언하는 '탄소중립 지방정부 실천연대 발족식'을 개최하는가 하면, '한국판 뉴딜 종합계획'을 발표하는 등 세계적인 탈탄소 사회로의 전환 흐름과 함께하고 있다. 한국판 뉴딜이 위기 극복과 코로나 이후 글로벌 경제를 선도한다는 데 초점을 맞추는 가운데, 국가발전 전략으로 탄소중립 기반 마련과 전 국민 고용보험을 적극 추진하겠다는 의지가 담겨있다. 농업(생산-유통-소비) 분야 탄소중립 및 고용보험 정책을 성공적으로 추진한다면, 우리도 생태적 복지국가로 나아갈 기반을 마련할 수 있게 된다.

농업 부문의 온실가스 배출량 비중은 2016년 기준으로 총배출량 가운데 3.1%다. 그런데 우리나라는 생산 단위의 농축산물을 대상으로 삼는 반면, 덴마크 등 유럽에서는 토지 이용, 모든 먹거리의 생산 과정, 해외 수입 농축산물까지 포함하여 온실가스 배출량을 측정한다. 그러므로 덴마크의 농업 부문 온실가스 배출량 비중은 17%, 독일은 6%, 영국은 7%이다. 전 세계 평균은 14%로 알려졌지만, 농림업과 토지 이용 부문을 포함하면, 전 세계 온실가스 배출량의 25%에 달한다고 한다. 게다가 농산물 운송 중에 발생하는 부분까지 합하면 농업 부문이 온실가스 배출의 상당한 비중을 차지할 수밖에 없다.

농업 분야 온실가스 감축 노력은 다방면으로 이루어지고 있다. 일례로

2012년부터 추진하고 있는 '농업·농촌 자발적 온실가스 감축사업'이 있다. 저탄소 농업기술을 적용하여 온실가스를 감축하면 톤당 1만 원의 인센티브를 지급하는 사업이다. 저탄소 인증 농산물 사업도 있다. 저탄소 인증 농산물은 비료와 작물보호제 사용량 감축, 풋거름 작물 재배, 메탄 저감 등 저탄소기술을 활용해 온실가스를 저감한 농산물이다. 농림축산식품부는 온실가스 감축 인센티브 지원을 확대하여 농민들이 기후변화 대응에 동참함으로써 소득을 높일 수 있도록 저탄소 인증 농산물 품목을 늘려나가게 독려하는 한편, 유통연계 지원책도 적극적으로 펼칠 것이라고 한다.

탄소 시장은 탄소 배출량을 정해 놓고 이 배출량을 초과하면 거래권을 사야 하는 네거티브 시장이다. 단속, 규제, 처벌 위주의 네거티브 방식보다는 인센티브 방식이 사업의 성과를 올리는 데 유리하다. 농·산촌 봄철 불법 소각 행위를 근절하기 위한 산림청의 사례가 여기에 해당한다. 농·산촌 마을 공동체를 대상으로 자발적 서약과 자율적 실천을 유도하는 포지티브 방식이었다. 전국 2만 2,528개 마을이 참여한 결과, 봄철에 소각으로 인한 산불 발생률은 2016년 46%에서 2017년 35%, 2018년 30%, 2019년에는 24%로 현저하게 줄어들었다.

농업환경보전프로그램 사업도 인센티브 방식이다. 이는 농업의 공익적 가치 제고와 농업생산 활동 과정에서 발생하는 환경 과부화를 최소화하기 위해 마련된 사업이다. 농업환경 개선이 시급한 지역(마을)을 대상으로 해당 지역에 거주하는 농업인과 주민들이 환경보전 활동에 적극적으로 참여하도록 유도한다. 사회적 가치 창출을 추구하는 기업들의 성과를 화폐 단위로 측정한 뒤, 이를 현금으로 보상하는 사회 성과 인센티브 프로그램도 있다. 사회적 기업 등을 대상으로 하며 일자리 창출, 사회 서비스 제공, 환경문제 해결, 생태계 문제 해결 등 4개 분야로 구분하여 기업이 창출한 사회적 성과를 측정한다. 인센티브 방식은 더 많은 사회 성과를 창출하는 선순환을 이룰 수 있다.

농민수당, 조건 달린 사회적 보상이자 부조

농민수당은 농촌 지역경제 활성화는 물론이고 공익까지 생각하는 선순환 농업정책이다. 농민들의 성과에 따라 지역상품권을 제공하는 인센티브 방식에서 한발 더 나아간 시책이다. 「해남군 농업보전 등을 위한 농민수당 지원 조례」에 따르면, 농민수당을 받는 농업인에게는 사회 발전적 측면에서 책임과 의무가 부여된다. 직불금 등 각종 보조금 부정수급 금지, 「가축전염병 예방법」 준수, 농지·산지 훼손 금지, 국민의 안전한 먹거리 제공을 위한 친환경농업 적극 실천, 농산물 수급안정사업 적극 참여, 토양유실 및 홍수 방지를 위한 논·밭 둑 등 농지 형상 유지, 영농폐기물 스스로 처리, 철저한 가축방역과 적정 사육밀도 준수 등의 기본 의무를 준수해야 한다. 농업의 공익적 기능을 수행하는 주체인 농민이 존재함으로써 농촌사회가 유지된다. 그러므로 농업의 다원적 가치에 정당한 대가를 지급하는 것은 타당하며, 농민의 권리를 보장하는 일이기도 하다.

농민수당을 도입하는 지자체가 전국으로 빠르게 확산되고 있다. 2019년 전남 해남군(농가당 연간 60만 원)을 시작으로 2020년 5월 현재 농민수당 조례가 제정된 지역은 30곳으로 늘어났다. 최근에는 제주에서 「제주도 농민수당 지원에 관한 조례안」이 수정·가결되었다. 도 내 54개 시민·사회·농업인단체 등으로 구성된 제주 농민수당 조례 제정운동본부의 노력과 5,262명의 주민 발의·참여로 이룬 성과였다. 당초 주민들은 '농민수당심의위원회 설치, 3년 이상 제주도에 거주, 실제 경작하는 모든 농민, 매달 10만 원씩 지역상품권으로 지급' 등을 내용으로 청구했으나, '3년 이상 제주에 거주하면서 농업경영체에 등록해 2년 이상 농업경영정보를 등록하고, 실제 농업에 종사하는 자에게 예산의 범위 안에서 지급하는 것'으로 수정됐다.

농업경영체로 등록할 수 있는 농업인 요건은 「농업·농촌 및 식품산업 기본법」(약칭 「농업식품기본법」)에 나와 있다. 농업인은 농업을 경영하거나 이에 종사하는 자로서 ①1,000㎡ 이상의 농지를 경영하거나 경작하는 사람 ②농업경영을 통한 농산물의 연간 판매액이 120만 원 이상인 사람 ③1년 중 90일 이상 농업에 종사하는 사람 ④영농조합법인의 농산물 출하·유통·가공·수출활동에 1년 이상 계속하여 고용된 사람 ⑤농업회사법인의 농산물 유통·가공·판매활동에 1년 이상 계속하여 고용된 사람을 말한다.

농업의 공익적 기능은 2018년 3월에 발표된 문재인 대통령의 개헌안 제129조에 '농어업의 공익적 기능'이 포함되면서 재조명되었다. 현행 「헌법」 제123조를 대체한 제129조는 "①국가는 식량의 안정적 공급과 생태 보전 등 농어업의 공익적 기능을 바탕으로 농어촌의 지속가능한 발전과 농어민의 삶의 질 향상을 위한 지원 등 필요한 계획을 수립·시행해야 한다. ②국가는 농수산물의 수급균형과 유통구조의 개선에 노력하여 가격안정을 도모함으로써 농어민의 이익을 보호한다. ③국가는 농어민의 자조조직을 육성해야 하며, 그 조직의 자율적 활동과 발전을 보장한다"는 내용을 담고 있다. 구체적인 사항은 「농업식품기본법」에 잘 나타나 있다. 제3조 9항에 따르면, "농업·농촌의 공익기능"이란 '농업·농촌이 가지는 식량의 안정적 공급, 국토환경 및 자연경관의 보전, 수자원의 형성과 함양, 토양유실 및 홍수의 방지, 생태계의 보전, 농촌사회의 고유한 전통과 문화의 보전 기능'을 말한다.

농업·농촌의 공익적·다원적 가치를 창출하는 땅의 사람들, 농민 모두에게 지급하는 농민수당은 사회적 보상이자 부조이다. 공공부조사업은 빈곤

완화를 목적으로 경제활동이 취약한 가구에 선별적으로 지원하는 수직적 재원배분 방식이다. 반면, 농가 소득지원제도는 정책 전환에 따른 소득 손실 보전과 농업경쟁력 제고를 목적으로 한다. 따라서 농업 부문 종사자를 대상으로 하며 정책 전환에 따른 피해 정도를 소득보전의 기준으로 사용한다. 식량안보를 책임지며 농업·농촌을 지키고 있음에도 불구하고 수입 개방과 가격 억제 정책으로 피해를 본 농민에게 국가는 정당한 보상을 해야 한다. 자유무역협정(FTA) 피해보전 직불금은 농사의 종류와 규모에 따라 차등 지원된다. 이에 비해, 농민수당은 농사짓는 농민이면 대농이든 가족·중소농이든 상관없이 균등하게 지급된다.

농민수당은 기본소득이 아니다. 원리가 다르기 때문이다. 농민수당은 농업이 공익적 가치를 창출하고 있으나 시장 가격에 반영되지 못하므로 국가가 이를 보상하는 것이며, 서울시 청년수당과 같은 복지정책(청년 고용 지원 정책)의 기본 원칙에 충실한 농업정책이다. 농민수당은 사회구성원 모두에게 지급하는 방식이 아니라 농민에게 지급하는 것이므로 기본소득의 요건인 '보편성의 원칙'에서 벗어난다. 또한, 농업의 공익적 역할을 수행하는 농민에게 지급한다는 점에서는 기본소득의 요건인 '무조건성의 원칙'에서 이탈해 있다. 그리고 현재는 농가 단위로 지급되므로 기본소득의 '개별성의 원칙'에도 벗어나 있다. 다만 농가(등록된 농업경영체) 단위의 지급은 가급적 빨리 농민 단위로 변경할 필요가 있다. 부부가 함께 농사를 지으며 공익적 기능을 수행해도 여성 농민들은 소외되기 때문이다.

한국판 뉴딜과 생태적 복지국가, 농업·농촌·농민이 중요한 이유

농민은 단순히 경작하는 사람만 일컫는 게 아니다. 땅에서 일하는 사람들,

작은 규모로 농사짓는 사람들, 가족들과 함께 농사짓는 사람들, 농사에 필요한 여러 집안일과 돈으로는 환산되지 않는 일을 하는 농촌 여성들, 옛날 방식으로 농업생산 활동을 하는 모든 사람, 땅과 함께 살아가는 원주민과 지역공동체, 양식장, 농장 등에서 일하는 이주노동자, 계절별 단기 노동자 등 모든 농촌 노동자를 포괄한다. 이와 같은 농민의 정의는 2018년 12월 유엔총회에서 채택된 「농민과 농촌에서 일하는 사람들의 권리선언(유엔농민권리선언)」에 기반을 두고 있다. 이는 선언 제1조의 내용이다. 농민 정의 외에 농민의 권리와 더불어 농민의 권리를 존중·보호·충족시켜야 할 국가의 책무도 함께 수록되어 있다.

「유엔농민권리선언」은 여성 농민이 차별받지 않고 모든 영역에서 동등하고 실질적으로 참여할 권리, 자연자원을 지속가능하게 이용하고 자원의 관리에 참여할 권리, 정책·사업·계획에 적극적이고 자유롭게 참여할 권리, 건강하고 안전한 환경에서 일할 권리, 적절한 먹거리에 대한 권리, 굶주리지 않을 권리, 식량 주권, 적절한 생활 수준, 생산수단에 대한 권리, 안전하고 존엄하게 살아갈 공간에 대한 권리, 토지와 자원을 지속가능하게 활용하고 관리할 권리, 종자에 대한 권리, 생물다양성 고갈을 예방하고 보존하며 지속가능하게 활용할 권리, 사회보장에 대한 권리 등 총 28조로 구성되어 있다. 농민권리를 보장하는 농민수당을 확대하고 실효성을 높이며 농업환경보전프로그램과 연계한다면 농업 분야의 2030년 온실가스 배출량 감축 목표 달성은 물론이고, 생태적 복지국가로 한 걸음 나아갈 수 있게 된다.

농업 분야의 탄소중립을 위해 휴경(농사를 짓던 논밭을 얼마 동안 경작하지 않고 내버려 둠) 농지에 탄소를 돌려주고 지력을 회복시키는 녹비작물(헤어리베치, 클로버류, 자운영 등의 콩과 작물과 호밀, 보리 등의 화본과

기후변화 등 환경피해로부터 자원과 토지를
보호하는 "생산력, 환경보존"의 권리! (18조)

농민이 보유해온 종자와 전통지식을 보호하고
적기.적가에 양질의 종자를 파종할 권리! (19조)

생물이 계속 다양하게 존재할 수 있도록
"고갈 예방, 보존, 지속성을 활용"할 권리! (20조)

작물) 재배도 필요하다. 농촌진흥청에 따르면 유기농업에서 많이 사용되는 헤어리베치는 질소 양분을 공급해줄 뿐만 아니라, 1㏊당 탄소 9.9톤을 토양에 저장한다고 한다. 이와 함께 경축순환농업체계를 마을 단위로 구축하는 방안도 모색할 필요가 있다. 축산 분뇨를 공동자원화 시설에서 퇴비액비로 만들어 경종농가에 지원하고, 경종농은 이를 조사료 재배에 사용하고, 재배된 조사료는 다시 축산농가에 지원하는 선순환 구조를 만드는 것이다. 여기에 참여한 농가에는 탄소배출권을 지급한다.

그리고 공공이 나서서 생산, 유통, 소비 전 부문을 아우르는 농업 분야 전문 탄소거래 시장을 설치해야 한다. 이산화탄소를 배출하고자 하는 기업은 이곳에서 탄소배출권을 구매할 수 있다. 스위스처럼 탄소 배당을 농민과 농촌에 하자. 이것이 진짜 그린 뉴딜이자 새로운 사회계약이다. 스위스는 별도의 배당 시스템을 구축하지 않고 기초건강보험제도와 연금보험제도를 탄소배당의 지급 채널로 활용하고 있다. 7월 현재 유럽 시장에서 거래되는 기업들의 탄소배출권 가격은 톤당 30유로(약 39,000원)를 넘어섰다고 한다.

휴경하는 동안 농민은 소득이 불안정한 상태에 놓이게 된다. 소득 공백으로 인한 경제적 부담을 덜어주기 위해 '농업인 월급제'를 실시하는 지자체도 있다. 인천 옹진군에서는 벼 재배 농가들을 대상으로 농업인 월급제를 도입할 예정이라고 한다. 가을에 벼를 출하하고 받을 수 있는 예상 수매대금 중 일부를 월별로 나눠 미리 받을 수 있다. 군은 농협에 월급의 이자를 지원해 주고, 농협은 농민에게 무이자로 수매대금을 미리 지급해 준다.

불안정한 농민 소득을 안정적으로 지원해 주는 가장 효과적인 방안은 농민들이 전 국민 고용보험에 가입할 수 있도록 농민고용보험을 추진하는 것이다. 우리나라 농민의 약 70%가 소농임을 감안하면, 농민은 자신을 고용한 자영업자와 비슷하다. 고용보험 사각지대가 생겨난 이유는 당연 가입 대상자가 '사업주에 고용된 사람'으로 국한돼 있기 때문이다. 따라서 사업장 중심의 고용보험 가입 체계를 소득 중심으로 바꿔야 한다. 최저임금(소득) 이하로 떨어지면 소득지원급여, 이직(이농)준비급여, 휴직(휴경)을 보장하는 휴직급여 등 다양하게 소득이 보장되는 체계를 만들어야 한다. 농민수당을 농민들이 직접 만들었듯이 전 국민 고용보험 설계에도 농민이 나서야 한다.

농어촌사회 주민들의 삶의 질 향상을 위한 사회안전망 구축은 국가 책임이다. 농어촌도 사람이 중심이 되어야 한다. 농업 분야 한국판 뉴딜은 농촌으로 사람이 돌아오는 토대가 되어야 한다. 또한, 남아있는 사람과 돌아오는 사람이 농촌 사람으로서 권리를 보장받으며, 농업의 공익적 가치를 창출한 만큼 보상을 받을 수 있는 사회계약이 되어야 한다.

농업은 탄소중립과 지속가능한 사회를 위한 핵심 분야의 하나이다. 한국판 뉴딜이 지향하는 탄소중립 기반을 탄탄하게 마련하기 위해서는 로컬시대에 맞게 지역별 자원과 주민의 역량이 결합해야 하고, 그 지역의 지속가능성, 다양성, 포용성, 공공성 등 공동의 목표와 가치 또한 공유해야 한다. 소득이 보장되는 농민고용보험도 실현해야 한다. 농업경영체가 아니라, 농민 개개인에게 초점이 맞춰져야 한다. 마을공동체 회복과 지역별 특성에 맞게 환경보전이 이루어질 수 있도록 환경보전프로그램도 전국적으로 확대해야 한다. 농업·농촌·농민과 함께 탄소중립과 전 국민 고용보험의 기반을 마련해 나가는 것이 새로운 사회계약이자 생태적 복지국가로 나아가는 지름길이라고 본다. 뉴딜은 새로운 사회계약임을 다시 한번 상기하자.

《프레시안》 기고, 2020년 7월 27일 보도

포스트 코로나 뉴 노멀의 중추, 농업

– 포스트 코로나 시대의 농촌, 어떻게 해야 하나?

코로나19를 겪으면서 국내외에서 '로컬'의 가치가 새롭게 조명되고 있다. 도시민들의 귀농·귀촌 의향도 커지고 있다. 도시화율이 높은 지역이 감염병에 더 취약하다는 사실이 명확해졌다. 국경이 봉쇄되고 국가 간 이동이 어려워지면서, 잠복해 있던 세계 경제구조의 맹점도 고스란히 드러났다. 지금 우리 시대는 지역 생활권에 관심을 가지고 로컬의 가치를 재평가해야 하는 상황에 이르렀다.

코로나 이후 세계는 급변할 수밖에 없다

경제회복과 위험 절감을 위한 해법 마련이 급선무가 되었다. 코로나19로 인한 이동 제한과 자급자족 추세에 따라 효율과 비용 절감을 위한 공급망 관리 차원의 세계화는 급속하게 약화될 것이다. 지역이 중심에 놓이고, 거시적인 안목에서 사회적경제를 중시하며, 사회 인프라를 지역에서 관리·통제하는 식으로 해법이 모색될 것이다. 이와 함께 지역의 디지털 인프라로 사회·경제·문화적으로 다양하게 세계인과 하나로 연결되는 글로컬라이제이션Glocalization이 본격화될 것이다.

유럽은 '연대의 공동체' 입증을 서두르고 있다. 독일과 프랑스는 '코로나19 회복기금' 667조 원 조성에 합의하며, 기본 방향과 함께 4가지 키워드를 제시했다. 첫 번째는 당연히 보건·의료이고, 두 번째 제시어는 생태였다. 즉 '그린 뉴딜(유럽연합은 그린 딜로 명명)'로 경제구조의 생태적 전환을 가속화하여 기후, 환경, 생태 다양성이라는 사회적 약속을 이행하겠다는 의지를 표명했다. 세 번째는 디지털 역량 강화다. 디지털 시스템 강화를 통해 화석연료 사용의 최소화와 더불어 유럽연합 내의 디지털 플랫폼이 원활히 작동할 수 있는 '디지털·그린 뉴딜' 시스템을 갖추겠다는 것이다. 네 번째는 유럽 내 생산 체계의 대대적 로컬(지역)화다.

국내에서는 코로나19 이후 도시민들의 귀농·귀촌 의향이 증가하고 있다. 지난 4월 한국농촌경제연구원이 발표한 '코로나19 이후 농업·농촌에 대한 도시민의 인식과 수요 변화'에 따르면 "귀농·귀촌 의향이 증가했다"는 응답이 20.3%로 나타났다. 농업·농촌이 중요하다는 인식이 확산되고 있다는 증거도 드러났다. 전체의 74.9%가 "식량안보가 중요해졌다"고 응답했고, "농업·농촌의 공익적 기능의 중요성이 커졌다"고 응답한 비율도 69.5%에 달했다.

또 농축산물 구매 시 안전성을 "더 고려한다"는 응답이 48.6%로 나타났는데, 이는 친환경농산물 구매량 증가(21.2%)와 국산 농축산물 구매량 증가(27.1%)로 이어졌다. 이런 추세는 시장에서도 확인이 된다. 로컬 푸드의 경우, 강원도 34개 로컬 푸드 직매장 매출액은 4월 말 기준 63억 6,800만 원으로 33.1% 증가했고, 서울시 강동구 싱싱드림매장은 5월 매출이 1억 9,000여만 원으로, 작년 같은 달(1억 2,800여만 원)과 비교해 볼 때 무려 48%나 매출이 늘었다.

식량 로컬화 관점에서 우리나라 식량자급률을 살펴보면, 탄식과 함께 불안감에 사로잡힌다. 한국은 곡물 자급률이 24%에 불과하다. 이는 경제협력개발기구(OECD) 34개 회원국 중 32번째 순위다. 목표가격을 설정해 소득을 보전했던 쌀 자급률은 97.3%(2018년 기준)에 이른다. 하지만, 1인당 연간 밀 소비량(32.2㎏)이 쌀(61㎏)의 절반을 넘어섰는데도 밀 자급률은 고작 1.2%에 머물고 있다. 옥수수는 3.3%, 콩은 25.4%, 보리쌀은 32.6%이다. 한국농촌경제연구원의 「농업전망 2020」에 따르면, 올해 식량자급률(사료용 원료 곡물을 제외한 주식용 곡물)은 45.4%이다.

OECD 국가 중 국민총생산에서 무역이 차지하는 비율이 우리처럼 80%를 넘는 독일의 경우, 식량을 거의 100% 자급하고 있다. 독일 시민들 사이에서는 농업을 지켜야 한다는 의식이 상식화돼 있으며, 정부가 농촌과 농민을 살리는 농업정책을 매우 적극적으로 펼치고 있다. 식량자급률이 낮아 식량 공급 불안과 건강하고 안전한 먹거리 접근성이 위협받는 사회는 위기가 닥치면 쉽게 혼란에 빠지게 된다. 식량 문제는 모든 국민의 생존 문제이므로 국가안보와 사회보장 차원에서 국가가 적극 나서야 한다. 식량자급률이 오르면 농업 및 농촌 생산력이 높아져 국가 경제에도 기여하게 된다.

포스트 코로나 시대를 철저히 대비해야 한다. 농업 및 먹거리 분야의 국가 '디지털·그린 뉴딜' 정책은 식량자급률을 높이고 국민 먹거리 복지를 실현하는 방향으로 세심하고 촘촘하게 구성해야 한다. 또한, 환경을 생각하며 식량안보와 식품 안전성을 높이기 위해 생산-유통-소비의 전 과정에서 빅데이터를 활용해야 하며, 블록체인 기반의 디지털 기술로 투명하게 관리되는 먹거리 신뢰 체계도 견고하게 구축해야 한다.

사람이 돌아오도록 토대부터 다져야

국제농업개발기금(IFAD)은 코로나19로 인한 식량 위기는 소농小農을 통한 식량 생산 강화가 해결책이라고 했다. 소농이 많을수록 생물학적·영양학적 다양성이 유지되고, 소농이 생산한 농산물은 대부분 자국 시장에서 판매되므로 국가 간 이동에 제한이 있거나 수출입이 중단됐을 때 중요한 식량 공급원이 될 수 있기 때문이다. 또 영농규모가 크지 않아 가족 노동력으로 충분히 경작이 가능하기 때문에 외국인 노동력에 의존하지 않아도 된다. 우리나라는 1㏊ 미만 농가인 소농이 70만 5천 가구(전체 농가의 약 70%, 2019년 기준)로 절대 다수를 점하고 있다.

농민의 기본적인 삶을 보호하기 위해 OECD 회원국 가운데 22개 국가는 농민 특성에 맞는 각종 사회보험을 설계·지원하고 있다. 특히 독일은 농업인과 관련한 4대 사회보험(의료보험, 연금보험, 요양보험, 재해보험)을 일반 국민과 별도의 체계로 운영한다. 국민에게 발생하는 사회적 위험(질병, 장애, 노령, 실업, 사망 등)을 보험으로 대처함으로써 국민의 건강과 소득을 보장하는 제도다. 즉 사회적 위험을 예상하고, 이에 대처함으로써 국민의 경제생활을 뒷받침하려는 제도다. 우리나라는 4대 사회보험제도로 산업재해보상보험, 건강보험(질병보험), 연금보험, 고용보험을 갖추고 있으나, 농민은 여전히 많은 부분에서 사회보험의 사각지대에 놓여 있다.

농림축산식품부의 '농림업 근로자의 재해율' 조사 결과를 보면, 2014~2018년 5개년 평균 농업인 재해율은 100명당 1.28명꼴이다. 이를 고용노동부의 연도별 '산업재해 발생 현황'과 비교했을 때, 농업인 재해율은 일반 산업재해보다 2.5배나 높았다. 높은 재해율에도 불구하고, 1인 이상 고용하는 모든 사업장을 대상으로 하는 '산업재해보상보험'에 가입된 농업인은 2015년 현재 6만 8,697명(전체 농업인의 5% 수준)에 불과하다. 상시근로자 5인 이상의 규모를 가진 농업법인이나 영농법인으로 가입을 제한하고 있기 때문이다.

산재보험 혜택을 받지 못하는 농업인을 위해 '농업인안전보험'(2019년 기준, 가입 농업인 수는 84만 5천 명, 가입률 64.8%)을 시행하고 있으나 문제시할 수 밖에 없다. 산재보험과 달리 NH농협생명이 운용하는 임의방식 민간보험이라 재해사고 보상에 한계가 있고, 사고 예방체계 구축은 불가능하다. 독일처럼 사회보험으로 운영해야 제대로 된 보상과 예방 대책도 강력히 추진할 수 있다. 산재보험은 고용보험과 유사한 점이 많아 보험료 징수를 하나의 법으로 규율할 만큼 정책적 연관성이 깊다.

사실상 농민 대부분은 고용보험에 가입할 길이 막혀있다. 현행 「고용보험법」에서 "농림어업 중 법인이 아닌 자가 상시 4명 이하의 근로자를 사용하는 사업"은 고용보험 대상에서 제외되기 때문이다. 임의가입도 할 수 없어서 자연재해나 사고를 당해도, 이농이나 임신·출산으로 생업을 잃어도 실업급여는 물론이고 모성보호급여와 직업훈련 지원 등의 고용보험 혜택을 받을 수 없다. 농사를 지을 때 소득감소가 발생하면 시범사업인 농작물재해보험이나 농업수입收入보장보험으로 대처할 수 있다. 그러나 자연재해 등으로 농사를 지을 수 없거나 경작면적이 40% 이상 축소되는 경우, 작목 전환 등으로 소득 창출이 어려운 경우 등에는 다시 농사를 짓거나 다른 직업을 찾을 수 있도록 실업급여를 지급해야 한다.

국민연금도 소득이 낮은 농어업인에게는 문턱이 높다. 우루과이라운드(UR) 협정이 발효된 1995년부터 정부가 농민에게 국민연금 보험료의 일부(최대 50%)를 지원해 주고 있지만, 농업 외 소득이 농업소득보다 많거나 농외소득이 2,782만 9,200원(2017년 기준)을 넘는 경우 지원 대상에서 제외된다. 전체 국민연금 가입률은 71%인데, 농업인은 35.6%에 머무는 이유다. 국민연금공단 자료에 따르면, 2019년 농어업인 보험료 지원사업의 월평균 지원자는 36만 7,000명이었으며, 1인당 월평균 지원액은 4만 1,550원으로, 10인 미만 소규모 사업장의 6만 5,900원에 비해 적다.

농가 수는 해마다 줄고 농촌 고령화는 갈수록 심각해지고 있다. 통계청이 발표한 '2019년 농림어업 조사 결과'에 따르면, 농민 224만 5,000명에 농가는 100만 7,000가구다. 농가 경영주는 70세 이상이 전체 농가의 45.8%(46만 2,000가구)를 차지하고, 60대가 32.1%(32만 4,000가구)다. 게다가 1ha 미만 경작 농가가 전체의 70%로 소농 구조가 고착된 형편이다. 농축산물 판매로 벌어들인 소득이 1,000만 원 미만인 농가가 전체의 65.3%(65만 8,000가구)에 이른다.

코로나19 이후 도농 간 소득 격차가 더 벌어지고 있는 가운데, 정부는 포스트 코로나 시대 사회안전망을 강화하기 위해 '전 국민 고용보험'과 관련한 여론조사를 했다. 결과는 국민 10명 중 7명이 찬성하는 것으로 나타났다. 사각지대를 없애고자 추진하는 전 국민 고용보험 대상에 농민이 반드시 포함되어야 한다. 그래야 농산어촌 사회안전망이 강화될 수 있다. 정부의 5대 국정목표 가운데는 "고르게 발전하는 지역"이 있다. 이를 달성하기 위해 제시된 게 "사람이 돌아오는 농산어촌"이다. 사람이 돌아올 토대부터 다져야 한다.

농민을 위한 대표적인 지원정책으로 '농사를 짓는 사람에게 돈을 직접 지불하는 제도'(직불제)가 있다. 우루과이라운드(UR)와 세계무역기구(WTO) 출범, 자유무역협정(FTA) 확산 등 농산물 시장개방으로 세계 여러 나라는 자국 농민을 보호하기 위한 수단을 모색했다. 우리나라는 직불제를 시행했다. 2001년의 논 직불제를 시작으로 2019년까지 9개의 직불제가 생겨났다. 그러나 쌀은 공급 과잉을 불러왔고, 쌀 이외의 품목을 경작하는 농가 및 소농의 소득안정망 기능은 제대로 작동되지 않는 등의 문제점이 심화했다. 올해부터 환경·생태 보호, 공익적 가치 창출 등 국민의 요구 수준에 부응하기 위해 공익직불제로 개편돼 운영된다.

공익직불제는 재배작물 및 가격과 관계없이 동일 단가로 지급한다. 0.5㏊(약 1,500평) 이하를 경작하는 지급요건(농지면적 기준, 영농종사기간, 농업 외 소득 등 8가지 요건)을 갖춘 소규모 농가에 연 120만 원을 지급한다. 0.5㏊를 초과할 경우는 면적 구간을 나누어 면적이 커질수록 지급단가를 낮게 책정하여 직불금의 양극화를 개선했다. 특히 농업의 공익적 기능 확대를 위해 환경 보호, 생태 보전, 공동체 활성화, 먹거리 안전 등 17개 준수사항을 이행해야 직불금을 받을 수 있다. 신종 바이러스 출현은 환경 파괴에서 기인한 바 크다. 이에 따라 전염병 발생 주기가 점점 빨라지고 있다. 환경의 위기, 생명의 위기 상황에서 공익직불제는 환경을 보호하는 사전적 예방책으로 발전할 수 있을 것이다.

진정한 '디지털·그린 뉴딜'을 향하여

농업에는 환경보전, 식량안보, 전통문화의 계승, 경관보전, 지역사회 유지 등의 공익적 기능이 있다. 2018년 농촌경제연구원의 연구 결과, 농업의 공익적 가치는 총 28조 원이고, 그중에서 환경보전 기능이 18조 6,343억 원으로 가장 큰 것으로 평가되었다. 이를 바탕으로 2019년부터 농림축산식품부는 '농업환경보전프로그램'을 시범사업으로 추진하고 있다. 이 프로그램은 영농과정에서 발생하는 수질·토양·생태계 등의 오염이 최소화될 수 있도록 농업인 등을 대상으로 농업환경보전 인식 제고 및 환경보전형 영농활동 컨설팅·실천 등을 지원하는 사업이다.

올해는 농업 분야 생태환경 조사·평가 기준 및 매뉴얼을 마련하여 농업환경보전프로그램이 생물다양성과 생태환경의 보전 및 개선에 미치는 효과를 객관적으로 평가하고, 유기농 등 친환경 농법과 일반 농법이 생태환경에 미치는 영향과 지역 단위 농업환경 모니터링 등 각종 농업환경 관리 분야에도 광범위하게 활용한다는 계획을 가지고 있다.

농업환경보전프로그램 측정과 홍보 활동을 디지털·그린 뉴딜 일자리와 접목하면 더욱 실효성이 커질 수 있다. IT에 익숙한 청년들이 빅데이터와 인공지능(AI) 등을 활용하여 신뢰성 있게 조사 및 측정 데이터를 수집하고, 그 효과를 국민에게 홍보하는 일을 하는 것이다. 디지털·그린 뉴딜은 청년들의 농촌 일자리를 안정적으로 증가시킬 수 있다. 또한, 농촌과 도시를 넘나들며 활동하는 청년 농부들이 늘어나 블록체인 기술을 활용한다면 스마트 물류 인프라가 빠르게 확장될 수 있다. 이를 통해 농산물 계약재배의 증가와 함께 유통 과정이 신뢰성 있게 소비자에게 전달되는 유통혁신까지 기대할 수 있게 된다.

농민수당을 지급하는 지역이 늘고 있다. 농촌의 인구 감소와 지역 소멸을 막고자 하는 일이다. 지속가능한 농업·농촌, 대다수를 차지하는 중·소농을 보호·육성하기 위한 일이다. 지난해 보건복지부는 사회보장심의위원회에서 농민수당이 복지제도에 해당하는지 심의했다. 그 결과 "농업인 소득안정망 확충을 위한 국가 정책 방향에 부합하고, 농업 인구의 지속적 감소 및 소득 불안정을 해소하기 위한 지자체 차원의 사업 추진 필요성을 인정한다"며 농민수당을 새로운 농업정책이라고 해석했다. 한국농촌경제연구원이 「농업전망 2020」에서 밝힌 우리나라 농업소득은 농가당 평균 1,295만 원이고, 이전소득(농민수당과 공익직불금 등)은 1,144만 원이었다. 이전소득이 농가소득을 지탱하고 있는 구조다.

농민수당은 지역의 경제 활성화와 더불어 지역 중소 상인과의 상생을 위한 선순환 구조를 만들기 위해 지역화폐(전남 해남군의 경우 농가당 연간 60만 원)로 지급한다. 2019년 전남 해남군을 시작으로 2020년 5월 현재 농민수당

조례가 제정된 지역은 30곳으로 늘어났다. 조례에 사용된 명칭은 농어민수당, 공익수당, 경영안정자금, 농업농촌 공익적 가치 지원 등으로, 지역 특성에 따라 다르다. 올해 농민수당은 전국 26개 기초자치단체의 4분의 1에 해당하는 57개 지역에서 시행될 예정이다.

새로운 삶의 희망 사다리

다시 한번 강조하지만, 세계적인 글로컬라이제이션의 흐름 속에 로컬(지역)이 주목받고 있다. 따라서 식량 로컬화 관점에서 우리나라의 식량자급률 현황을 짚고, 농업인과 관련된 사회보장제도의 현황과 문제점, 중·소농을 보호하고 지원하는 농업정책에 대해 살펴보았다. 경제적으로 불황·저성장이 장기화하고, 사회적으로는 비대면 접촉이라는 뉴 노멀New normal 시대가 눈앞의 현실이 되고 있다.

새로운 환경이 조성되고 변화에 속도가 붙을 것이다. 그럴수록 사회적 약자가 소외되는 일이 없도록 현재의 제도와 정책을 잘 살펴야 한다. 농촌에서 사람들의 삶의 질이 보장될 수 있도록 사회보장제도를 더 촘촘하게 설계하고 시행해야 한다. 더 나아가 도시의 과밀 문제와 농촌의 소멸 문제를 연결하는 창의적인 정책과 사회적 연대체계를 구축함으로써 새로운 관계(New relationship)를 중심에 둔 시민·농민 정책을 펼쳐야 한다. 국민에게 새로운 삶의 선택권을 두텁게 제공해야 한다.

경기침체가 장기화하면 새로운 삶을 찾아 농어촌으로 이주하는 세대가 늘어날 것이고, 장차 원격근무의 일상화로 농촌에서 도시로 이동하는 인구는 줄어들 것이다. 1997년 국제통화기금(IMF) 구제금융 사태 때는 실직한 40~50대 도시민들의 부모 세대가 농촌에 터를 잡고 있어 그나마 쉽게 귀농·귀촌을 결정할 수 있었다. 그러나 사회의 중추를 이루는 지금의 젊은 세대는 처지가 다르다. 귀농·귀촌 의향이 크더라도 농촌 지역에 연고가 있는 세대가 아니기 때문이다.

따라서 새로운 접근방식을 모색해야 한다. 농민·농촌·농업 문제를 포스트 코로나 시대를 대비하는 새로운 차원에서 접근해야 한다. 글로컬라이제이션 관점으로 바라보고, 생물지역 거버넌스(인간만이 아니라 지역 생태계를 책임지는 통치) 정책으로 이를 해결하려는 노력을 기울인다면, 많은 도시민에게 농촌은 새로운 삶의 희망 사다리가 될 수 있을 것이다.

《프레시안》 기고, 2020년 6월 22일 보도

농민은 언제까지 '을'이어야 하는가!

2018년 서울농수산식품유통공사(aT) '농산물 유통실태 조사'에 따르면, 농민이 생산한 일반 농산물 중 생산자단체(전체 유통 물량의 49.4% 담당)를 통해 도매시장으로 출하되는 비율은 24.4%고, 대형유통업체로 직접 출하하는 비율은 18.9%이다. 이때 생산자단체는 동등한 위치에서 가격협상과 의사결정을 할 수 있을까?

올해 초, 유통 과정에서의 농민의 의사결정권 및 갑을관계와 관련된 법 개정안이 각각 발의됐다. 하지만 '을'의 위치인 농민의 출하선택권, 가격협상 및 의사결정권을 보장하는 「농수산물 유통 및 가격안정에 관한 법률(농안법)」 개정은 농식품부 반대로 국회 농해수위원회에서 논의조차 못하고 있는 반면, 갑을관계 문제 해결을 위한 「대규모유통업법」 개정안은 의결됐다.

사실 「대규모유통업법」 개정안은 유럽연합(EU)이 지난 2019년 4월 30일 제정한 「농식품 유통에서의 불공정거래행위 규율에 관한 2019년 EU 지침(농식품 유통거래 공정화 지침)」을 벤치마킹한 것이다. EU 지침의 제정 배경을 살펴보면, 우리와 크게 다르지 않은 형편이었다. 농식품 유통시장은 단기의 유통기한과 수급의 불안정성으로 인해 대규모 구매업자에 대한 중·소농가의 거래의존도가 높았고, 각종 불공정거래관행도 만연해 이를 근절하기 위해 EU 차원의 통일된 규범을 마련할 필요성이 제기됐기 때문이다.

국회 입법조사처에서는 농식품 유통과 관련해 '일본의 농산물 도매시장 관련 입법동향 및 시사점'과 'EU 최초의 B2B 불공정거래 규율 입법례'라는, 일본과 EU 두 가지 입법 사례와 분석을 내놓았다. 일본의 경우 「도매시장법」의 개정은 산지와 소비지 전체를 아우르는 일본 농정의 전면적인 개혁 정책과 노선을 함께 하는 것으로, 자유로운 경쟁을 통해 시장의 활력과 창의성 제고를 목표로 삼은 특징이 있다고 했다. 이와 함께 일본의 농정당국이 자국 내 다른 농업정책과의 관계를 고려해 도매시장 정책을 설계하는 태도나 도매시장의 대내외 여건에 대응하기 위해 적극적인 해결책을 강구하는 모습은 급변하는 우리나라의 농정당국과 도매시장에도 시사하는 바가 있다고 밝혔다.

이 지점에서 묻고 싶다. 우리 농정당국은 급변하는 농산물 유통 환경 변화에 대응하기 위해 혁신의 방향과 적극적인 해결책을 강구하고 있는가? 가락시장에는 2005년 7월 1일 이후부터 '시장도매인제' 도입이 가능함에도, 강산이 변한다는 10년은 고사하고 15년이 지난 현재까지 도입 논의조차 하지 않고 있다. 시장도매인제에 대해 농민에게 알리는 것을 등한시하고 있다. 고언을 하자면, 컨설팅에 의존하지 말고 농업·농촌 현장 및 농민과의 지속적인 소통을 통해 대안을 제시하며 함께 농정을 이끌어가야 한다. 시기상조니, 산지 조직화가 안 되어 못한다느니 하는 핑계보다는 조직화를 이끌어 낼 수 있는 제도와 정책을 개발하고 국민에게 알리려는 적극 행정을 펼쳐야 한다.

현장에서는 경매제의 가격 불안정성, 높은 유통비용 등의 문제를 보완하고 출하자의 선택권을 확대하기 위해 시장도매인제 도입에 관한 논의가 활발하다. '시장도매인제 도입을 위한 농민 릴레이 인터뷰'도 추진하고 있다. 또한 가락시장에 '지자체 참여형 공익시장도매인제' 도입을 위한 서명운동이 펼쳐지고 있다. 그러나 한편에서는 어처구니없는 일도 벌어지고 있다. 가락시장 모 도매시장법인(경매회사)의 팀장이 생산지에 머물면서 농민들에게 왜곡된 내용을 유포하며 윤재갑 더불어민주당 의원이 대표 발의한 「농안법」 개정안 반대 서명을 받고 있다고 한다. 농민들은 불안에 떨면서 서명을 할 수밖에 없다고 하소연한다. 농민에게 경매회사는 또 다른 '갑'이라는 것을 알 수 있는 대목이다. 경매제 독점에 의한 농산물 가격 급등락은 생산자의 계획영농을 저해한다. 소비자 가계에 미치는 영향도 폭력적이다. 우리 농산물에 대한 애정결핍까지 유발한다.

생산비에 대한 소비자의 알 권리는 물론, 생산자의 가격협상권(출하선택권)과 안정적인 농사가 보장돼야 한다. 그러기 위해서는 하루라도 빨리 가락시장에 시장도매인제 도입을 위한 TF를 구성해 생산지 수급정책과 소비지 유통(소비)정책이 연결되는 담대한 계획을 수립해야 한다.

또한 농림축산식품부 고시(제2017-9호)를 반영해 시장도매인 정가수의 거래에 의한 계약재배를 늘리는 방안도 구체화해야 한다. 고시에 의하면, 「농안법」 제6조, 제8조 및 같은 법 시행규칙 제9조에 따라 계약재배 채소류에 대해 계약재배를 활성화하고 참여농가 경영안정을 유도하기 위해 하한가격을 예시하도록 명기하고 있다. "무, 배추, 대파, 당근 등 비저장성 품목의 하한가격은 해당연도 기준 농촌진흥청 소득자료집 5개년 경영비의 평균치를 적용"하고, "고추, 마늘, 양파 등 저장성 품목의 하한가격은 해당연도 기준 통계청 생산비 통계 5개년 직접생산비의 평균치를 적용"한다.

가락시장에 공익시장도매인제가 도입되면 이러한 '하한가격 예시'가 보편화될 것이다. 이렇게 되면 갑을관계 청산과 함께 도매시장 유통 민주화 바람이 일어날 것이며, 귀농·귀촌 의향을 가진 도시민이 안정적으로 정착해 국가균형발전도 앞당겨질 수 있다. 더불어 도시 집값도 안정될 것이다.

《한국농정》 기고, 2021년 3월 14일 보도

농업 분야 민·관 빅데이터 거버넌스 구축해야

노콘택트No-contact, 터치리스Touchless 등으로 표현되는 언택트Untact 시대가 도래했다. 더 나아가 인공지능(AI), 로봇 배송과 같은 첨단 디지털 기술을 활용한 디지털 비대면 서비스와 온라인으로 쌍방향 소통이 강화되고 다양화해지는 온택트Ontact[언택트에 온라인 연결(on)이라는 개념이 더해진 뜻] 시대가 예측되고 있다.

온택트 시장에서는 강화된 소비지와 생산지의 연결성을 통해 유통단계가 대폭 줄어들 것이다. 또한, 초연결·지능사회를 특징으로 하는 4차 산업의 발달에 힘입어 빅데이터를 활용한 소비자 맞춤형 농산물 판매가 확대될 것이다. 이는 농업의 스마트화와 외연 확장에도 기여하게 된다. 삼정KPMG 경제연구원이 2019년 5월에 발간한 「4차 산업혁명과 사회적 가치 창출」 보고서에 의하면, 블록체인Blockchain의 투명성과 추적 가능성이 사회적 가치를 확장하고 환경을 보호하며 사회 구성원과의 신뢰를 더욱 높일 수 있다고 했다. 그러면서 국제구호개발기구인 '옥스팜' 사례를 소개했다.

'옥스팜'은 2018년 8월부터 캄보디아에서 '블록라이스BlocRice' 프로젝트를 진행했다. 이는 공정거래의 가능성을 높인 프로젝트로, 쌀 수확 시점부터 최종 소비자 구매 단계까지 모든 과정을 블록체인에 기록하고 각 단계의 거래가격을 확인할 수 있다.

네덜란드는 화훼의 생산-거래-수출-소비 가치사슬의 빅데이터 분석을 통해 맞춤형 생산과 시장예측을 강화하는 빅데이터농업시스템 구축을 서두르고 있다. 인도 정부는 소규모 농민들을 위해 인공지능과 블록체인 기반의

e마켓플레이스인 Agri10x와 제휴를 맺었다. 마을 단위의 소농들이 정부가 운영하는 공용 서비스 센터를 통해 Agri10x 플랫폼에 상품을 등록하고 원격으로 판매할 수 있도록 한 것이다. 실시간으로 판매 데이터를 전송함으로써 농민들이 때맞춰 수확할 수 있고, 스마트 계약을 통해 판매액 전액을 제때 지불받는다고 한다.

중국의 알리바바는 2009년부터 농촌 지역에 전자상거래 인프라를 구축하고, 작년에는 4,000개가 넘는 지역을 '타오바오촌'(타오바오 온라인 몰 거래가 활발하거나 거래 규모가 약 17억 원 이상인 마을)으로 지정하여 운영해 오고 있다. 미국의 헝그리 하베스트는 농업 분야의 사회적기업으로, 농장과 포장시설, 도·소매 업체 등에서 언제 얼마만큼의 농산물이 생산·포장·거래되고 폐기되는지, 폐기용 농산물을 얼마에 구입해 얼마에 팔 수 있는지를 판단할 수 있는 블록체인 기반 분석 및 예측 시스템을 갖췄다고 한다.

농업의 가치사슬 각 단계에서 생성되는 데이터를 활용하면 효율적인 의사결정을 할 수 있게 되고, 각 단계의 데이터를 결합·분석하면 새로운 가치를 발견하게 될 가능성이 커진다. 농협은 소규모(0.5ha 미만), 중규모(0.5ha 이상~2ha 미만), 대규모(2ha 이상)로 농가를 구분해 농업소득 증대를 위한 영농규모별 맞춤사업을 추진한다. 농협의 이런 맞춤사업과 연계해 가락시장에 출하자(생산자)로 등록된 약 15만 농민들의 영농규모를 분석하려고 했지만 할 수가 없었다. 데이터의 단절 때문이었다. 데이터는 단절되거나 왜곡되지 않고, 유통처럼 물 흐르듯 연계되어 흘러야 제 기능을 할 수 있다.

가락시장 스마트마켓 구축을 위한 연구가 진행 중이다. 세 가지를 목표로 하고 있다. 첫째는 디지털 트윈Digital twin(가상공간에 실물과 똑같은 물체를 만들어 다양한 모의시험을 해 보는 기술)을 활용한 '관리·운영의 데이터화'이며, 둘째는 빅데이터·AI·IoT 등을 활용한 관리체계를 구축함으로써 수급 안정 및 물류 효율화를 이루는 '도매시장 기능의 고도화', 셋째는 'O2O 및 언택트 산업 기반 조성'이다. 경남도는 이미 올 4월부터 '농산물 생산조정 빅데이터 정보시스템'을 통해 가격예측 정보 등을 실시간으로 제공하고 있다.

최근 농림축산식품부는 '빅데이터전략담당관'을 신설했다. 농림사업정보시스템(AgiX)을 중심으로 생산, 유통, 소비 단계별 농업 분야 공공·민간 빅데이터를 수집·통합한다는 계획이다. 지능형 농업 빅데이터 플랫폼 구축을 과제로 삼았다.

그런데 부족해 보인다. 한발 더 나아가, 정부에서 추진하고 있는 전방 및 후방산업의 사업화를 목적으로 하는 스마트 농업의 취지에 맞게 민·관 빅데이터 거버넌스를 구축해야 한다. 이 거버넌스가 품목별 농산물 생산자단체, 한국농촌경제연구원 농업관측본부, 농촌진흥청, 33개 공영도매시장, 전국 생협 매장 등을 망라한 농업의 가치사슬 전 단계에서 데이터를 수집하고, 민간이 손쉽게 활용할 수 있도록 실용화하고 관리하는 '컨트롤타워' 역할을 해야 한다. 이를 통해 수많은 농업 주체가 손쉽게 농업 관련 빅데이터를 접하고, 분석·활용할 수 있게 뒷받침해야 한다. 그러면 농민이 최적의 의사결정을 할 수 있다.

《한국농정》 기고, 2020년 7월 5일 보도

3

기후위기 대응 공공유통 및 탄소경제 시스템

위기 대응과 농민을 우선으로 하는 공익형 시장도매인제

2020년이 저물었다. 고통과 두려움으로 점철된 한 해였다. 세계 현대사에서 전쟁 말고 이토록 처참한 해가 있었을까? 세계가 코로나19 팬데믹으로 고통을 겪는 동안, 한편에는 최악의 기상이변까지 닥쳐 몸서리를 쳐야 했다. 국제시민단체 크리스천 에이드는 2020년 가장 충격적인 자연재해 15건을 소개했다. 그중 6건이 아시아지역의 홍수였다. 그리고 미국과 중남미 곳곳을 할퀴고 간 허리케인, 아프리카 동부의 메뚜기떼, 180만㏊의 숲이 불에 탄 호주 산불 등을 꼽았다.

우리나라도 예외 없이 기후변화로 인한 병충해와 자연재해가 빈번해지고 있다. 이상기후로 인한 농작물 피해도 예측이 불가능해지고, 그 규모도 점점 커지고 있다. 그만큼 농업재해보험 정책의 당위성이 부각되고 있다. 하지만 자연재해 못지않은 것이 농산물 가격하락으로 인한 피해다.

농업소득은 1994년에 1,000만 원대에 진입한 이후, 장기간 정체돼 있다. 농업소득의존도(농업소득/농가소득×100)는 2005년 38.7%에서 2019년 24.9%로 감소했으며, 도농 간 소득 격차도 심화되고 있다. 이는 농산물 가격 변화와 일정 부분 연관성이 있다. 특히, 전년 대비 채소류 가격이 하락한 2011년, 2014년, 2019년에 두드러졌다.

위기와 불확실성에 대응하기 위한 정책보험이 농업재해보험, 농업수입보장보험인데, 이 둘의 공통점이 있다. 가락시장과 밀접한 관련이 있다는 것이다. 지난 2020년 10월 7일 국정감사에서 김현수 농림축산식품부 장관은

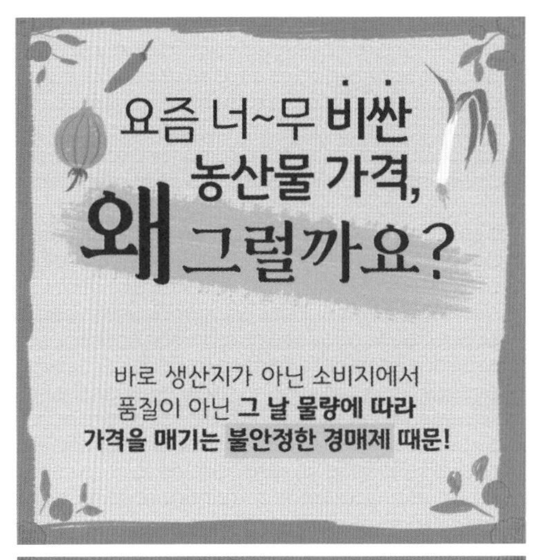

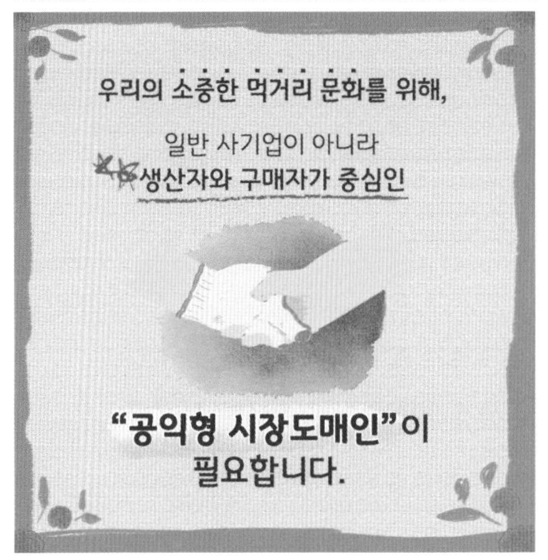

"가락동 시장의 대표 가격이라는 것은 농작물 재해보험 보상가격의 기준이 됩니다"라고 했다. 이렇게 관련을 맺고 있다. 가락시장 대표 가격이라는 것은 가락시장 거래의 약 91%를 차지하는 '상장(경매)'에 의한 가격을 말한다. 출하 물량이 많을 때는 생산비 이하로 경매가가 형성되기도 한다. 가격변동 폭도 상당이 크다. 그런데 왜 정책보험이나 농업정책 수립 시 가락시장 경락가를 기준가격으로 삼는지 의아하다.

농업수입보장보험 기준가격은 가입 직전 5년의 가락도매시장 중·상품 올림픽 평균값(최대·최소를 제외한 수치)에 농가수취비율을 곱해 산출한다. 양파와 마늘의 경우 기준가격보다 수확기 가격이 낮을 가능성이 커 '역선택(농가에서 보험금 지급을 미리 예측·가입)' 문제의 소지도 있다. 그러므로 하루하루를 어렵게 버텨야 할 농민을 생각한다면, 소득 기반 전 국민 고용보험 도입과 근로장려세제(EITC)가 실시되기 전까지는

'최저가격보장제'처럼 정책보험의 기준가격을 생산비가 반영된 가격으로 조정하는 것이 바람직하다.

최근 약 40개의 지방자치단체에서 속속 최저가격보장제도를 도입하고 있다. 전남 장흥, 무안, 진도와 충남 당진, 서산, 홍성 그리고 경남 창녕, 함안 등 9개 지자체는 산지 폐기 시 최저가격 지급 보장을 조례에 명시했다. 한국농촌경제연구원이 2016년에 발간한 「채소류 수급안정 관련 지방자치단체 협력 방안」 연구에 따르면, 최저가격보장제도는 수급조절 정책과 연계하여 실시해야 하고, 채소류 수급안정은 지방자치단체 간 협력에 의해 효과적으로 달성될 수 있다고 한다.

최저가격보장, 수급 조절, 지방자치단체 간 협력이라는 삼박자를 갖춘 모델이 있다. 가락시장에 도입하려는 '전남형 공익 시장도매인' 제도다. 이를 통해 품위별 기준가격(통계청이 매년 공표하는 농산물 소득조사 결과를 기준으로 산출하며, 농산물별 경영비에 자가노동비를 합한 금액)을 마련할 수 있다. 이는 곧 농가 피해를 방지하고, 품질별로 투명하게 가격을 공개함으로써 소비자(구매자) 신뢰도 얻는 제도라 할 수 있다. 생산자-소비자 중심 유통정책을 소비지에서 실현할 예정이다.

전라남도는 주요 농산물 가격 안정을 위해 연간 약 300억 원(2019년 기준)의 예산을 투여해 공급과잉 농산물의 산지 폐기를 유도해 왔다. 가격폭락을 완화하겠다는 취지다. 하지만 산지 정책만으로는 한계가 있을 수밖에 없다. 소비지 가격안정 정책과 병행돼야 효과를 거둘 수 있음을 확인했다고 한다. 또한 생산자 의사가 반영된 소비지 가격 형성, 생산자와 구매자 간 수의거래(협상) 및 계약재배를 통한 농산물 가격 변동성 완화, 도매시장법인(경매회사)이 취하는 막대한 이익에 대한 농가 환원 등의 필요성을 절박하게 느끼고 있다. 이것은 전국의 모든 지방자치단체가 안고 있는 난제일 것이다.

지난 2019년 9월, 농산물 전문 공공출자법인 설립 필요성을 놓고 토론회를 개최했던 제주 농민들은 제주형 시장도매인 설립 방안에 대한 논의를 활발하게 이어가고 있다. 전라남도를 시작으로 제주도, 경기도, 강원도, 경상도, 충청도 등 9개 자치단체에 모두 공익 시장도매인법인이 설립되길 기대한다. 그럼으로써 공익적이며 공정한 경쟁체제를 갖춘 안심·고품질 농산물 유통의 메카로 거듭나길 빌어본다. 새해 소망이다.

《한국농정》 기고, 2021년 1월 10일 보도

겨울 대파 가격이 고공행진한 이유는?

– 코로나에도… 가락시장 도매법인은 최고 순이익 달성

지난해 8월부터 옥수수, 대두(콩), 밀 등 국제 곡물가격이 본격적으로 오르기 시작했다. 최근 6개월 동안에도 상승세는 멈추지 않았다. 그 덕에 국내외 농산물 펀드가 높은 수익률을 보였다. 코로나19 이후 전 세계적인 경기부양 정책에 따른 인플레이션 우려 때문에 농산물을 포함한 원자재펀드가 각광 받고 있다. 게다가 이상 기후 현상까지 한몫하고 있다.

기후위기, 식량위기, 그리고 소비자 밥상의 빨간불

기후위기는 '식량이 무기이고 곧 돈인 시대'가 도래했음을 의미한다. 그 징조가 우리나라에도 나타나고 있다. 작년 겨울 한파로 겨울 대파 가격이 고공행진이다. 이상 기후에 따른 작황 부진으로 대파는 '금파'로 불리고, '파테크'라는 신조어도 생겨났다. 통계청이 발표한 3월 소비자물가지수 관련 자료에 따르면, 전년 동월 대비 농축수산물 물가는 13.7% 올랐고, 파는 305.8%나 급등했다. 대파는 지난 4년 동안 작황이 좋아 가격 폭락을 겪은 바 있다. 경작 면적도 10%가량이나 줄었다. 한국농촌경제연구원에 따르면, 지난 3월 대파 출하량은 지난해보다 2분의 1가량 줄었고, 출하 면적은 30% 정도 줄어들었다고 한다.

대파 가격을 안정시키기 위해 수입을 늘리는 방안도 강구되었지만, 이마저 공염불이 되고 말았다. 최근 불거진 비위생적인 중국산 김치 논란 때문이다. 중국산 수입 먹거리에 관한 불신이 커져 수입 대파가 시장에서 외면받고 있다. 올해 1월부터 3월까지 가락시장에 반입된 수입 대파 물량은 12톤(전년 동기 물량은 7톤)이다. 천정부지로 치솟은 가격에 비해 많지 않은 양이다.

이렇듯 소비자 밥상에 빨간불이 켜졌다. 소비자가 농산물 가격으로 지불한 돈의 대부분이 생산자에게 돌아간 것도 아니다. 생산자와 소비자는 피해를 보고 있는데, 도대체 누가 이득을 취했을까?

농산물 가격의 급등락 문제, 왜 발생하는가?

코로나19 팬데믹으로 국제교역이 불안정하고 이상 기후까지 지속된다면, 재주는 곰이 넘고 돈은 왕서방이 가져갈 게 뻔하다. 가락시장 경매제, 대규모 출하자, 출하 물량 조절이라는 3박자를 갖추면 쉽게 돈을 벌 수 있다. 당일 반입 물량에 따라 가격이 결정되는 가락시장 경매제는 롤러코스터처럼 가격 변동성이 크다. 농산물 펀드 조직이 대규모 포전 거래(일명 밭떼기 거래)로 사재기를 해놓고 도매시장 출하 물량을 조절하면 얼마든지 돈을 벌 수 있는 구조다.

작년 12월부터 가락시장에 겨울 대파를 출하하기 시작한 신규 농업회사법인의 행보를 보면 농산물 펀드의 움직임을 짐작할 수 있다. 1월에는 서울청과(22톤), 동화청과(110톤), 한국청과(92톤), 대아청과(59톤)에 총 283톤, 2월에는 서울(12톤), 동화(205톤), 한국(180톤), 대아(283톤)에 총 679톤, 3월에는 물량이 월등히 증가하여 서울청과에 61톤, 동화청과 257톤, 한국청과 238톤, 대아청과에 453톤 등으로 총 1,009톤을 출하했다. 1월~3월에 출하한 금액은 약 85억 원 규모로, 이 시기에 출하된 대파 총 거래금액(약 844억)

의 약 10%를 차지했다.

우리나라 일반 농산물 유통경로(aT, 2018년 농산물 유통실태 조사)를 보면, 생산물의 36.9%가 생산자(농민)와 산지유통인(밭떼기 상인) 간 포전 거래로 유통되고, 이 중 17.2%는 도매시장으로 출하된다. 생산물의 49.4%는 생산자단체가 담당해, 그중 24.4%가 도매시장으로 출하된다. 대파의 사례가 아니라도 기후위기는 식량위기를 초래할 수밖에 없다. 그래서 농산물 투기 예방이 더욱 절실하다.

이를 위해서는 현재의 유통체계를 재점검하는 한편, 생산자들의 현장 목소리를 적극 반영하는 유통정책이 필요하다. 대파 생산 농민들은 도매시장에 출하할 수 있는 기반이 작목반 중심으로 마련되어야 한다고 입을 모은다. 코로나19 때문에 농촌은 일손 구하기도 하늘의 별 따기다. 농산물 수확 및 포장에 큰 어려움을 겪고 있다. 자동화 기계 및 시설 보급이 선행돼야 하고, 나비 모양의 단 묶음을 요구하는 관행도 철폐돼야 한다.

지금, 공공식료시스템이 필요한 이유

농산물 가격 급등락 문제를 방치하면, 그 피해는 고스란히 생산자와 소비자에게 돌아간다. 공익을 우선으로 하는 건전한 유통체계를 다시금 세워야 한다. 소비지인 가락시장에서 결정되는 가격에 따라 수입을 늘리거나 산지 폐기 정책을 펼치는 개발도상국가 식의 농업정책에서 하루속히 벗어나야 한다. 공공의료처럼 공공식료시스템을 갖춰야 하는 시대가 되었다. 산지정책과 소비지정책이 긴밀하게 연결되고, 유통 주체들의 다자간 협력을 견인하는 공공유통체계 구축이 시급하다.

2020년, 코로나19로 모든 국민이 고통받고 큰 어려움을 겪은 시기에 가락시장 도매법인들은 사상 최고의 순이익을 가져갔다. 과거에는 정보의 비대칭, 통신의 미발달로 인해 가락시장에서 경매제도에 의한 농산물 기준가격 책정이 유효했으나, 지금은 유통 환경이 180도 달라졌다. 농산물 이력 추적이 가능한 블록체인을 위시해, 빅데이터, 오픈소스, 프로토콜 경제, 스마트마켓 등, 4차 산업혁명 시대의 신기술을 활용한 물류의 혁신이 일어나고 있다.

그런데도 가격을 얼마 받을지도 모른 채, 전국 각지에서 가락시장으로 올려보낸 농산물은 여전히 그날그날의 물량에 따라 사후에 가격이 결정된다. 우리나라는 선진 농업 국가들에서 보는 것처럼 생산지에서 가격을 결정하고 소비지로 분산하는 시스템이 아니다. 한살림, 두레, 아이쿱 등 생활협동조합처럼 소비자의 필요량을 반영하여 생산자단체와 가격협상 및 계약재배를 하여 소비지에 보내는 것도 아니다.

해마다 그랬듯이, 가락시장 경매가격 급등락으로 올해도 어김없이 산지에서 폐기되는 농산물이 부지기수일 것이다. 롤러코스터 가격 급등락을 완화하고 밥상 물가도 안정시킬 수 있는 방안은 경쟁체제의 구축뿐이다. 이는 공익을 위한 상생 방안이기도 하다. 협업 구조 속에서 생산자, 소상공인, 소비자 편익을 키울 수 있는 공익형 시장도매법인(직거래도매상)을 한시라도 빨리 가락시장에 도입해야 한다. 그래야 경쟁체제가 갖춰진다. 도매시장법인(경매회사)의 독과점 체제를 혁신하는 일이다.

공공출자법인과 공익형 시장도매인제, 왜 중요한가?

광역지자체가 참여하는 여러 공공출자법인이 출범한다면, 이를 기반으로 공익형 시장도매인제는 생산자, 소비자 모두에게 유리한 계약재배 비율을 높일 수 있다. 가격심의위원회를 두어 주요 채소류 최소가격을 책정할 수 있다. 또한 소비지에서 결정된 가격만 바라보며 농산물 폐기정책(2019년 전남도의 경우 약 300억 원 투여)을 펼쳤던 생산지 정책을 소비정책과 연결함으로써 능동적인 농업정책을 펼칠 수 있다.

시장도매인제는 경매제보다 두드러지게 큰 이점을 가진다. '시간이 곧 돈'인 시대에 체류시간은 1.5~7.5시간이나 절약된다. 단위 면적당 거래금액은 3.7배, 팔레트 처리율은 1.8배 높은 유통 효율성을 가지고 있다. 따라서 소비자는 보다 신선한 농산물을 적정 가격에 구입하게 되고, 생산자는 생산계획을 세워가며 가격 결정권을 가지고 제값을 받게 된다.

그뿐만이 아니다. 온라인 상거래가 가속화되고 있는 유통 흐름에 맞춰 거래는 온라인(광역지자체 온라인 농산물 거래센터 구축)으로 하고, 가락시장을 허브 앤 스포크HUB & SPOKE 물류기지로 활용할 수 있게 된다. 가락시장 내의 광역지자체 물류기지는 지역 내에서 생산되지 않은 농산물(구색 갖추기에 필요한 물량)을 수급하는 역할도 하게 된다.

더불어 지방도매시장도 활성화할 수 있는 계기가 마련된다. 코로나19로 소비자의 의식도 달라졌다. 환경과 건강을 지키기 위해 친환경농산물을 더 많이 구입했다. 접근성을 높이고, 청년들의 삶 속으로 녹아들 수 있는 친환경농산물의 보편화를 위한 방안도 필요하다. 2020년에 5조 원의 농산물이 거래되었던 가락시장에 친환경농산물거래소가 마련되면 친환경농업 활성화에도 크게 기여하게 될 것이다.

《프레시안》 기고, 2021년 4월 26일 보도

거꾸로 가는 '밥상' 예산, 소비자와 생산자가 바꾸자

– 찻잔 속 태풍과 같은 농산물 가격안정 정책은 그만!

국민의 기본적 먹거리를 국가가 책임져야 한다는 '먹거리 보장 정책'은 중요한 국가 과제이다. 이상 기후 및 국제적 식량 위기에 대응하는 식량안보 대책은 밥상 농산물의 안정화에 초점을 맞춰야 한다. 정부는 최저가격보장, 채소가격안정제, 농축수산물 할인 쿠폰 등 찻잔 속 태풍과 같은 정책을 이제 그만 멈춰야 한다. 생산자 및 소비자 단체는 식량안보의 기반인 농산물 가격 안정을 위해 참신한 정책을 요구하는 한편, 정책 실현에 적극적으로 결합하는 새로운 운동을 펼쳐야 한다.

먹거리 문제는 개인적 문제 아닌 국가적 이슈

이상 기후에 따라 국제 곡물의 가격이 급변동하고 수급은 불안해진다. 언제 닥칠지 모르는 식량 위기에 대비하려면, 식량안보에 대한 점검과 기준을 새롭게 정비해야 한다.

기후위기 시대 먹거리 문제는 개인의 차원을 벗어나 사회 전반에 영향을 미치는 국가적 이슈가 되었다. 국가가 국민의 기본적 먹거리를 책임져야 한다는 '먹거리 보장 정책'이 그 어느 때보다 중요한 국가 과제로 떠오르고 있다. 먹거리 보장 정책은 인간다운 삶을 위해 최소한의 소비생활을 보장하는 '소비자 복지'를 증진하는 정책이기도 하다.

소비자 복지 향상과 함께 건강하고 안전한 먹거리 보장을 위해선 안정적인 공급체계와 안정적인 가격이 요구된다. 농업정책연구소와 GS & J 인스티튜트가 주최한 '농업·농촌의 길 2022' 토론회에서 제기된 식량안보 대책의 핵심은 '밥상 농산물의 안정화에 중점을 둬야 한다'는 것이었다.

소비자 밥상에 오르는 농산물만큼은 안정적으로 공급하자는 제안이다. 즉 가격 불안정을 해소하여 소비자에게 가격 급등락이 없이 적정하고 안정적인 가격으로 농산물을 공급하는 한편, 농업인의 경영 안정화를 도모해야 한다는 것이다.

농산물 가격 급등락을 부채질하는 경매, 국내산 배추 소비자 외면

지난 9월 배추 도매가격은 10㎏ 한 망에 2만 원 선까지 올랐다. 그 전달 가격(1만 4,650원)보다 36.5% 상승한 값이다. 배추 가격 상승으로 김치 가격이 오르자 값싼 수입 김치를 찾는 소비자가 늘었고, 급기야 10월에는 김치 수입액이 1,701만 8,000달러를 기록하며 사상 최대치를 갈아치웠다. 10월 상순에는 배추 도매가격이 10㎏에 1만 7,090원으로 하락했고, 10월 중순에는 9,400원, 10월 하순에는 7,600원으로 떨어졌다.

가락시장 상인들에 따르면, 올해 배추 소비가 사상 최악이라고 한다. 가락시장 도매시장법인 대아청과에서 거래한 11월 배추 물량은 1만 9,277톤으로, 이는 지난해 같은 기간 거래량 2만 2,951톤보다 16%나 감소한 수치다.

생산지 현장에서는 겨울 배추 가격의 하락세가 오래 지속될 수 있으므로 선제적으로 산지 폐기 등 대책이 나와야 한다는 목소리가 높다. 한편 한국농수산식품유통공사(aT)는 11월 30일에 7,000톤 규모의 '2022년 겨울배추 긴급 정부수매비축 구매' 공고를 냈다. 어처구니없게도, 농산물 기준가격 역할을 하는 가락시장 경매가격의 급등락은 해마다 반복된다.

공영도매시장은 소비자에게는 안전한 먹거리를 공급하고 생산자에게는 든든한 판로로 기능하는 최후의 보루가 되어야 한다. 공영도매시장의 도매시장법인(경매회사) 외에도 허가받은 시장 유통인 누구나 정가·수의거래를 할 수 있도록 거래규제를 풀어 경쟁체제를 구축하면 농산물 가격 안정에 도움이 된다.

경매가 사라지면서 농산물 가격이 안정된 사례는, 대표적으로 프랑스에서 찾아볼 수 있다. 프랑스 정부기관인 아그리메르AgriMer의 프랑크 르메이트르 국장은 지난 2016년 5월 《매일경제》와의 인터뷰에서 "경매가 사라지면서 전체적인 농산물 가격이 안정된 것이 사실"이라고 밝혔다.

찻잔 속 태풍과 같은 농산물 가격 안정 정책은 그만

경매의 속성은 가격 급등락의 반복이다. 가락시장의 독점권 수탁체제인 경매 거래를 손보지 않고는 농산물 가격 안정을 기대할 수 없다. 가격 안정을 가져올 수 있는 거래 제도를 도입할 생각은 하지 않고, 경매제를 그대로 둔 채 국회와 정부는 실효성 없는 법률과 정책만 내놓고 있다.

농산물 최저가격보장제 도입을 골자로 국회가 추진 중인 「농수산물 유통 및 가격 안정에 관한 법률」 개정이 일례다. 최저가격보장에 대한 기준가격은 직전 5개년 도매시장 평균가격 또는 최저 생산비·경영비 등이고, 농산물 가격이 기준가격 이하로 하락했을 때 하락분의 70~80%를 보전해 준다는 내용이다. 정부 또한 농가 경영위험을 방지하기에는 턱없이 부족한 채소가격안정제 확대와 품목의무자조금단체를 통한 자율수급조절 정책만 추진하고 있다.

한편, 물가 관리를 위해 농식품부가 실시한 농축수산물 할인 쿠폰 정책은 소비자 지향적 정책이지만, 소비자 후생에 부합하는 정책은 아니다. 소비자에게 농축산물 구입비의 20~30%를 할인해 주는 이 할인 쿠폰 정책 예산은 올해 590억 원이었고, 내년 예산으로는 1,690억 원이 편성되었다.

막대한 예산이 투입되는 농축수산물 할인 쿠폰 정책이 진정 소비자를 위한 것일까? 국회예산정책처가 발간한 「2021회계연도 결산보고서」와 한국농촌경제연구원의 설문 조사 자료를 보면, 해당 사업은 추가 소비를 유발해 물가를 자극할 수 있다는 우려와 사업의 혜택도 일부 대형마트에 집중될 수 있다는 문제를 안고 있다.

즉 농식품부의 할인 쿠폰 사업은 대형마트가 벌이는 미끼상품 판촉 행사와 같은, 농축산물을 싸게 팔면서 소비자로 하여금 다른 상품을 구매하게 하는, 기업의 소비자 기만 전략에 날개를 달아준 것이나 다름없다.

농산물 가격 안정을 위한 참신한 농업정책 필요

2023년도 농축수산물 할인 쿠폰 정책 예산은 1,690억 원이나 편성된 반면, 올해 158억 원의 예산이 배정됐던 '임산부 친환경농산물 지원사업'과 72억 원 예산으로 추진됐던 '초등돌봄교실 과일 간식 지원사업' 등은 2023년 정부 예산안에서 '전액 삭감'의 결말을 맞았다. 소비자 지향적 정책인 동시에 국민건강, 환경보전 등 사회적 가치구현과 미래세대의 건강한 성장을 위해 지원됐던 사업들이다. 이 두 사업에 대한 정부의 내년 예산이 아예 사라진 것이다.

(해당 예산 삭감 건으로 논란이 일자 기획재정부와 농림축산식품부는 지난 9월 23일 "초등학생·임산부 농산물 지원사업은 농식품바우처 사업과 통

합해 운영할 예정"이라고 밝혔다. 편집자.)

이뿐만이 아니다. '농식품바우처 실증연구 사업'은 정부가 제출한 2023년도 예산안에서 올해와 같은 89억 원을 배정받았다. 해당 사업은 소비자 복지(인간다운 최소한의 소비생활 보장)를 향상시키고 소비자 중심의 농식품 정책이 확대될 수 있는 기반 사업임에도 턱없이 부족한 예산을 배정받았다. 정부가 복지의 내용을 결정하는 것이 아니라, 소비자가 직접 복지의 내용을 결정할 수 있는 형태가 '바우처'다. 바우처 지급은 소비자의 먹거리 보장은 물론, 시장경쟁을 촉진하고 소비자 선택권도 보장하는 정책이다.

식량안보 지수를 높이고 먹거리 보장과 소비자 복지를 증진하기 위해선 농산물 가격 안정이 필요하다. 이를 위해 생산 중심 일변도에서 벗어나 생산자와 소비자 모두의 이익 보호를 위한 정책으로 농정 방향을 전환해야 한다. 생산자 및 소비자 중심으로 정책을 전환한다면, 당연히 공영도매시장의 농산물 거래 제도부터 먼저 손을 봐야 한다. 다양한 유통 주체에 의한 경쟁적인 거래체계만이 가격 안정 정책에 부합할 수 있다. 이는 삼척동자도 다 아는 사실이다.

밥상 농산물 안정화, 생산자 및 소비자 운동의 방향

식량안보 대책의 핵심은 밥상 농산물의 안정화고, 농산물 공급 및 가격 안정은 국민 모두가 관심을 가져야 할 사안이다. 따라서 정부는 농산물 유통 및 가격 안정에 관한 심의의결권을 가진 위원회에 생산자와 소비자의 참여도를 높이는 한편, 농산물 가격 안정을 위한 소비자 운동을 적극 지원해야 한다.

그렇다고 정부의 시책만 기다릴 수는 없다. 생산자 및 소비자 단체도 직접 나서야 한다. 구체적으로, 도매시장관리운영위원회에 생산자와 소비자 참여 보장을 요구하고, 농산물 유통 및 가격 안정에 관한 정보를 공유하면서 대책을 공론화하는 활동이 필요하다.

또한 농축수산물 할인 쿠폰 정책을 소비자 커뮤니티형 공동구매 지원정책으로 전환할 것을 촉구해야 한다. 주요 소비자 단체에서 추진하고 있는 공동체지원농업을 소비자 커뮤니티형 공동구매 사업과 연계하여 새로운 생산자 및 소비자 운동으로 발전시켜야 한다. 소비자 커뮤니티형 공동구매는 가격 안정에 대한 정보 공유는 물론, 소비자 복지 증진, 생산자에게 안정적인 판로 제공, 계약재배 및 가치소비와 연계하는 등의 효과가 있다.

지역 소비자 커뮤니티는 대개 꾸러미 단위로 식재료를 주문하는 방식을 취한다. 이런 과정에서 계약재배 당사자인 생산자와 소비자는 농산물 적정 가격은 무엇을 기준으로 해야 하는지, 서로 생각을 나누게 된다. 아마도 생산비(경영비) 기준이라는 합리적인 가격을 발견하게 될 것이다.

생산자와 소비자 간 유통단계를 줄이고 지속적인 계약재배 및 농산물의 원활한 공급을 위해 생산자 및 소비자 단체 모두의 역할이 중요하다. 중간역할을 하는 이들 단체에게는 공영도매시장 내 물류 공간이 제공될 필요도 있다. 생산자에게는 물류비를 지원하고, 소비자에게는 공동구매한 금액의 20%를 지원하는 등, 생산자와 소비자 모두를 위한 정책을 촉구해야 한다. 참신한 정책을 생산자와 소비자가 함께 요구하자.

《프레시안》 기고, 2022년 12월 12일 보도

농산물 유통시장 개혁 없는 물가 잡기는 허구다

– 농산물 유통 선진화와 사회적 안부 시스템으로 농산물 가격 안정을

물가가 걱정이다. 채소·과일값이 천정부지로 치솟고 있다. 몇 년간이나 지속된 코로나19로 좌표까지 잃은 사람들의 삶이 더 팍팍해지고 있다. 폭락한 쌀값 앞에 농민들은 망연자실이다.

정부의 물가안정 대책은 남의 다리 긁는 격이다. 핵심에서 벗어나도 한참 벗어나 있다. 그러니 빈 깡통 소리처럼 요란하기만 할 뿐, 공허하기 그지없다. 근본적인 대책은 농산물 유통 선진화에서 찾아야 한다. 언제까지 공영도매시장 경매회사들의 배만 불릴 텐가. 농산물 공공수급제 도입에 관한 사회적 논의도 깊어지고 있다. 여기에 먹거리로 묻는 '사회적 안부 시스템'을 결합해야 한다. 농민이 살고 국민이 사는 길이다.

유통구조 개선 없는 농산물 가격 안정은 허구다

쌀값은 폭락하고 채소·과일값은 폭등해서 농민과 서민은 시름과 한숨으로 하루하루를 보내고 있다. 삶이 빠듯하기만 하다. 정부는 수요공급 핑계를 대며 물가 잡는다고 호들갑만 떨 뿐, 농민 소득증대와 서민 물가안정의 지름길인 공영도매시장 유통구조 개선은 등한시하며 회피성 행정으로 일관하고 있다. 정부는 하루라도 빨리 농업 분야를 선진화해야 한다. 여기서 핵심은

공영도매시장 유통 선진화다. 중앙 및 지방 공영도매시장의 유통 선진화가 이루어져야 서민의 장바구니 물가가 안정되고, 농촌의 근간인 농민 생활 안정에도 이바지할 수 있으며, 전 국민 먹거리 기본권 보장 시스템도 갖춰질 수 있다.

농식품부는 소금 팔고 우산 파는 두 아들의 엄마처럼 그날그날 날씨에 따라 걱정만 하는 수동적인 존재가 돼선 안 된다. 기후위기는 현실이고 상수가 되었다. 그렇다고 기후위기 핑계만 대는 건 곤란하다. 정부의 정책 실패로 농민이 망하면 농업·농촌이 소멸하는 것이고, 결국 식량주권 파괴로 이어져 서민들 고통이 가중될 것이다. 공영도매시장의 유통구조 개선 없는 정부의 물가 잡기 호들갑은 대국민 눈속임이며, 예산 낭비이자 반향 없는 메아리일 뿐이다.

리비히의 최소량, 농업

식물 성장의 법칙 중에 리비히의 최소량의 법칙(Liebig's law of minimum)이 있다. 다른 영양소들이 아무리 풍부해도 가장 적은 영양소에 의해 식물의 성장이 결정된다는 법칙이다. 국가 성장도 마찬가지다. 정치, 경제, 사회, 교육, 복지 등의 국가 성장 요소가 풍부해도 다른 게 빈약하고 후진국형이라면 국가는 제대로 성장하기 어렵다. 가장 부족하고 약한 1이 나머지 99에 영향을 미치기 때문이다. 즉, 최소량의 법칙은 균형이 중요하다는 뜻이다.

우리나라에서 최소량의 법칙에 해당하는 분야는 농업이다. 농업 분야 중에서도 유통이 가장 후진적이다. 중앙과 지방 공영도매시장의 불균형이 심화되고 있다. 그래서 우리나라는 농업 후진국이고, 농업이 국가 성장의 발목을 잡고 있는 것이다. 공익 목적으로 국가 예산이 투여된 공영도매시장에서 농민의 가격 결정권이 없다는 것은 부끄러운 일이다. 선진국 중에서 우리나라가 유일하다.

선진국이라는 허울 속에 농업 분야만은 개발도상국이다. 농민들은 외친다. 애타게 외치는 내용이 얼토당토않은 것도 아니다. 눈물겨울 정도다. 내년에도 농사지으며 농업을 유지하기 위해 최소한의 생산비라도 건질 수 있게 해달라, 제값 받을 수 있는 농산물 유통 환경을 만들어 달라는 것이다. 가장 기본적인 요구다. 농산물 제값은 농민 자존감이다. 농민에게 있어서 내가 생산한 농산물의 제값을 받는다는 것은 나의 자존감과 관련된 문제다. 생산비에 농민 자신의 인건비를 더해 농산물 가격이 형성되는 유통 환경도 기본 중의 기본이다. 국가는 이러한 기본을 갖출 책임이 있다. 특히, 공영도매시장에서 기본이 실현되도록 정부는 즉각 나서야 한다.

농산물 기준가격을 형성하는 가락시장에서 제값을 받지 못해 농업·농촌이 서서히 무너지고 있다. 북극의 빙하가 녹아 무너져 내리듯 가격 결정권이 없어 제값을 받지 못하는 세월 동안 농가소득은 무참히 가라앉고 있다. 통계청의 농가경제조사 통계가 무너져 가는 농업의 현실을 말해 주고 있다. 설상가상, 정부의 정책 실패로 쌀값이 폭락하고 있다. 쌀값을 잡지 못하면 농민들은 쌀농사를 포기하게 된다. 이는 결국 농민들을 밭농사, 축산업으로 몰려들게 만들어 농업 전체가 무너지는 도미노 줄도산이 속출할 것이다.

쌀 농가의 위기 징후

2021년 기준, 우리나라 농가 103만 1,210호 중 절반이 넘는 53만 1,999호(51.6%)가 쌀 농가이다. 생산비에도 못 미치는 쌀값으로 절반 이상의 농민이 농업 포기 위기에 빠져 있다. 통계청의 국가통계포털(KOSIS) 자료에 따르면,

8월 5일 기준 산지 쌀값은 20㎏당 4만 3,093원으로, 지난해 10월 20㎏당 약 5만 5,000원에서 지속적으로 하락했다. 쌀값 폭락을 방치하면 벼 재배 농가는 버틸 수 없다. 농업 붕괴로 이어질 수밖에 없다. 이로 인한 식량안보지수 및 식량자급률 하락은 불 보듯 뻔하다.

경실련과 농민단체들은 쌀을 포함한 농산물 가격을 안정적으로 유지하고 농산물 가격을 보장받을 수 있는 방안 마련을 촉구하고 나선 바 있다. 국가가 농산물을 책임지는, 즉 국가 책임하에 운영되는 주요 농산물 공공수급제 도입을 제안했다. 이에 대한 구체적인 내용은 농업 전문 신문사에서 개최한 '농산물 가격보장을 위한 근본 대책을 세우자' 토론회에서 제시되었다. 쌀·밀·콩·배추·무·고추·마늘·양파·대파·당근(10개 품목) 생산량의 20%를 계약재배하여 15% 물량은 정부가 조달해 공공급식으로 활용하고, 나머지 5%는 비축하는 공공수급(계약재배-정부비축-공공급식) 방안이다. 학교·공공급식 등 지역 먹거리 복지체계와 연계된 중앙 및 지방정부의 공적 먹거리 조달체계의 필요성도 제기되었다.

농산물 공공수급제와 '사회적 안부 시스템'

주요 농산물 공공수급제와 관련해 짚고 넘어가야 할 것은 세 가지다. 보완이 시급한 것들이다.

첫째, 공공수급 체계에서의 유통을 정부비축으로만 국한하면 농산물 공공수급제 도입의 근본 취지가 보편화되기 어려울 수 있다. 그 이유는 가락시장 경매가격이 올라가면 물가를 잡기 위해 정부가 비축한 물량이 시장으로 풀릴 수 있기 때문이다. 주요 농산물 국가책임제 도입의 근본 취지는 안정적인 가격 유지 및 보장에 있으므로 기준가격이 형성되는 공영도매시장 유통구조 개선도 함께 도모해야 한다.

국가안보의 기반인 식량 생산이 유지되고 농업이 지속가능하려면 농산물 가격이 안정적이어야 하고, 생산 농민과 소비자의 거리가 줄어들어야 한다. 공익형 시장도매인이라는 직거래 방식의 공영유통 방안이 있음에도 불구하고, 정부는 복잡한 공영유통단계를 고수하고, 농민의 가격 결정권 없는 유통구조를 수십 년간 방치하여 생산 농민과 소비자를 멀어지게 했다. 그 결과 농산물 가격이 폭등해도 농민에게는 수익이 돌아오지 않으며, 가격이 폭락해도 소비자는 이를 체감할 수 없다.

그런데 공영도매시장의 경매회사들은 역대급 수수료 수입을 자랑하고 있다. 2021년 가락시장 청과물 경매회사 5곳의 매출액 영업이익률은 평균 25.2%로, 2020년 동일 업종 평균인 2.6% 대비 약 9.7배, 2021년 대형마트 3사(롯데쇼핑, 이마트, 홈플러스) 평균 1.4% 대비 18배에 해당하는 영업이익률을 올리고 있다. 공적자금이 투여된 공간, 설비, 시설 등 모든 조건이 갖춰진 공영도매시장에서 도매법인으로 지정받았다는 이유 하나로 경매회사들은 농산물 위탁 수수료로 배를 불리고 있다.

전국 33개 공영도매시장은 정부 투자 공공영역이자 전국 생산 농산물의 약 59%가 유통되는 거대 공공시장이다. 정부의 공공시장 정책은 불안정하다. 가격 변동성이 큰 경매제로 형성된 농산물 기준가격을 정책에 반영하고 있기 때문이다. 기준가격이 형성되는 대표적인 공영도매시장은 가락시장이다. 시장 가격이 올라가면 정부가 수매한 물량을 공영도매시장으로 풀어서 가격을 낮춘다. 정부는 매입 금액보다 싼 값으로 방출하여 가격을 떨어뜨린다. 정부 수매는 농민을 위한 소득 보전책이 아니라, 소비자를 위한 지원책으로 볼 수 있다.

정부가 물가 잡는다고 최대 450억 원을 들여 9월12일까지 농축수산물 할인대전을 연다 하는데, 그 편익이 농민에게 돌아갈까? 행사에 참여하는 대형마트, 지역농산물 직매장, 전통시장 등 전국 2,952개 유통업체로 돌아갈 것이 뻔하다. 근본을 바꾸지 않는 한 농할쿠폰 행사는 해마다 되풀이되고, 정부는 그것으로 물가 잡는 데 총력을 다했다고 할 것이다.

둘째, 공공수급 체계 범위에 공영도매시장을 포함하고, 학교·공공급식, 군대급식 외에도 생활임금 이하 계층부터 일반계층까지 포괄하도록 단계적으로 공공수급의 대상을 넓혀야 한다. 송파 세 모녀, 수원 세 모녀같이 복지 사각지대에 놓인 이들을 마냥 방치할 것인가. 푸드 플랜으로 따뜻하게 메워야 한다. 그래야 공공수급의 규모도 커져서 물류 효율성도 담보될 수 있을 것이다.

농민단체들이 요구하듯이 공공수급 체계 범위에 공영도매시장을 포함시켜야 할 이유는 다른 데 있지 않다. 공영도매시장에 지자체가 참여하는 공익형 시장도매인이라는, 물류 효율성과 공공성이 높은 농산물 수집 및 분산 공간이 마련된다면 공공수급 대상을 넓힐 수 있는 기반이 조성되는 것이다. 일례로, 강동구 외에도 서대문구와 송파구에서 공공급식지원센터가 출범할 때 서울친환경유통센터를 임대할 수 있어서 물류 공간 확보라는 장애물 없이 사업을 원활하게 추진할 수 있었다.

정부의 공공시장 정책 실패로 인해 농산물 가격은 폭등하고, 먹거리 사각지대 방치로 굶주림에 허덕이다 극단적인 선택까지 하는 사람들이 늘고 있다. 먹거리 사각지대는 복지의 영역이라며 농식품부는 팔짱만 끼고 있다. 농식품부가 추진하고 있는 먹거리종합계획인 푸드 플랜은 허울에 불과한 것인가! 국가 단위 푸드 플랜은 빈곤이나 양극화 문제 해결을 위한 먹거리 기본권 보장이 핵심이다. 푸드 플랜은 국민의 안전한 먹거리 보장을 위해 생산, 가공, 유통, 소비, 폐기까지의 가치사슬을 선순환 구조로 만들고, 먹거리

전달체계로서 먹거리통합지원센터, 공공급식지원센터 등이 작동하는 시스템이 되어야 한다.

셋째, 기존 푸드 플랜의 우선순위를 공공수급 체계의 수요-유통-생산 순으로 재정립하고, 먹거리로 묻는 '사회적 안부 시스템'을 결합시켜야 한다. 국가 단위 푸드 플랜의 핵심인 먹거리 기본권이 지역 푸드 플랜에 촘촘하게 반영될 수 있도록 기존의 먹거리 보장 사업을 체계화해서 누구나 '기본 한 끼'를 누릴 수 있는 사회를 만들어야 한다.

먹거리로 묻는 '사회적 안부 시스템'은 너무나 많고 좋다. 그 많고 좋은 구슬을 꿰기만 해도 시스템이 작동될 수 있다. 충청북도 옥천군은 지역공동체를 살리는 먹거리 복지와 농정을 결합하여 건강한 음식에 접근할 수 있는 유통체계를 만들고 먹거리 기본권을 실현하고 있다. 제주도 노형동은 제철 농산물 전달 먹거리 돌봄으로 복지전달체계를 강화하고 있다. 우양재단은 먹거리네트워크를 만들어 '긴급 먹거리 키트'를 제공하는 한편, 노인성 질환 맞춤형 먹거리 지원사업인 '딱 맞는 밥상' 사업을 추진하고 있다. 이외에도 서울시의 집밥 배달 프로젝트, 마을부엌, 푸드뱅크, 나눔냉장고, 영양플러스 사업 등 사회적 안부 시스템은 많다.

제대로 된 사회적 안부 시스템을 만들기 위해서는 기존 사업을 푸드 플랜 체계 안으로 넣고, 찾아가는 커뮤니티 케어 참여자 육성과 함께, 식재료 공급 및 조리 공간 지원 체계 구축이 필요하다. 또한 앱 등을 만들어 관리체계를 디지털화할 필요도 있다. 사회적 안부 시스템에 필요한 먹거리 수요는 계약재배를 활성화해서 해결할 수 있다. 공영도매시장 공익형 시장도매인이 지역 농민단체와 적정가격에 계약재배를 하는 것이다. 지역 농민단체는 가격 등락 우려에서 벗어나 농산물 생산에만 전념할 수 있다. 이러면 제값 받고 안정적으로 공급하는 생산-유통-수요 라인이 형성된다. 따라서 사회적 안부 시스템은 유통구조 개선을 통한 유통 선진화에 기여하는 한편, 농민 소득증대, 서민 물가안정과 전 국민 먹거리 기본권 보장은 물론이고, 굶은 사람 없는 대한민국 누구나 '기본 한 끼' 사업의 기반이 될 것이다.

《프레시안》 기고, 2022년 9월 5일 보도

농산물의 선진국형 가격결정 방식이 필요하다

제2의 주식主食인 배춧값이 요동치고 있다. 3년 전에도, 10년 전에도 그랬다. 왜 그런지는 거미집 이론(Cobweb Theorem)으로 쉽게 설명이 된다. 거미집 이론은 수요에 비해 공급의 변화가 느린 시장을 설명하는 이론으로, 균형가격을 찾아가는 과정이 수요공급 곡선상에서 마치 거미집처럼 보인다 해서 붙여진 이름이다. 농산물 시장과 부동산 시장을 설명하는 데 자주 인용된다.

농산물의 특성상 공급을 급격하게 줄일 수 없기 때문에 풍년이 들면 농산물 가격은 하락한다. 초과공급 상태를 유지하게 되고, 가격은 균형가격보다 낮은 상태가 지속된다. 낮은 가격 때문에 농민들은 재배량을 줄이게 되고, 그 결과 공급이 감소해 초과 수요가 발생한다.

초과공급과 초과수요가 반복되면서 가격의 폭락과 폭등이 주기적으로 반복되는 것이다. 거미집의 균형점을 찾아 시장을 빠르게 안정시키기 위해서는 생산 관측, 유통 정보 등 통계에 의한 시의성 있는 정책이 필요하다. IT 강국인 우리나라의 농산물 관측 정보량과 전파력이 미약하고, 그에 기반한 정책의 부재가 아쉽기만 하다.

국내 최대 물량이 모이는 가락시장에서 농산물 가격 급등락이 매일 반복되고 있다. 폭락과 폭등이 지속되면 생산자도 소비자도 괴롭고 시장의 질質이 저하될 뿐만 아니라, 경제·사회적 비용도 수반된다. 농산물의 재배과정과 품질보다는 물량에 따라 가격이 매겨지는 경매는 '레몬 시장(Lemon market, 겉과 속이 다른 레몬에 비유하여 정보 비대칭으로 우량품은 사라지고 불량품만 남아도는 시장을 의미)'에 가깝다.

정보의 비대칭은 역선택(불리한 선택, 잘못된 선택)을 유발한다. 가락시장에 처음 출하하는 생산자의 농산물은 경매가격이 형편없이 낮게 매겨지는, 이른바 '가격 후려치기'를 당하기도 한다. 역선택이 빈번한 시장은 좋은 품질의 상품을 공급하려는 사람의 노력과 의지가 약화될 수밖에 없으며, 결국 상품의 질이 떨어지게 된다.

'복숭아 시장(Peach market)'은 레몬 시장의 반대개념으로, IT 기술의 발달로 상품 정보가 공유되면서 정보의 비대칭성이 해소돼 좋은 품질의 상품이 적정한 가격에 거래되는 시장을 말한다. 상품에 대한 정보를 쉽게 얻을 수 있고 거래되는 상품의 품질도 좋은 시장을 뜻한다. 국내 2위 농산물 거래시장인 강서시장은 복숭아 시장일까, 레몬 시장일까?

가락시장이 레몬 시장이라면 강서시장은 복숭아 시장에 가깝다. 강서시장을 이용하는 구매자는 만족도가 높다. '경매동'에서는 상품에 관한 대화를 나눌 기회가 일절 없고, 농산물도 경매 시작할 때 잠깐 볼 수 있으며 그마저도 눈 깜짝할 사이에 지나가는 반면, '시장도매인동'에서는 농산물을 고르면서 맛도 보고 생산자에 대한 이야기도 들을 수 있기 때문에 상품의 히스토리history는 물론, 신뢰감도 생기게 된다고 한다. 시장도매인제는 수의매매(도매상이 농산물 출하자 및 구매자와 협의하여 가격과 수량, 기타 거래조건을 결정하는 방식으로, 상대매매라고도 한다) 방식이다.

프랑스 최대 농수산물 도매시장인 '헝지스 도매시장'은 수의매매로 거래하면서 협상을 통해 가격을 결정하는 방식을 취한다. 생산지 출하자와 도매상은 농산물 수급 동향을 바탕으로 출하할 물량과 품위 등을 판단하여 교섭 후 가격을 결정하고, 소비지 구매자와 도매상은 구매자의 구매량, 해당 품목의 수요 등을 고려해 상호 협의를 통해 가격을 책정한다.

헝지스 도매시장을 이용하는 출하자와 구매자, 도매상 모두 유통정보에 민감하다. 출하자, 구매자 모두 특정 도매상과 장기간 거래하는 경향이 강하다. 출하자와 도매상은 협상에 의한 거래를 기본으로 할 뿐만 아니라, 구매자에게 맞춤형 유통정보를 제공하기 위해 노력하고 있다.

따라서 산지 수집상의 비중은 점차 줄어들고, 도매상은 품질 좋은 농산물을 확보하기 위해 산지와 직거래 비중을 높이고 있다. 또한 도매상 간의 경쟁으로 구매자가 필요로 하는 물량, 품질, 상품 구색, 배송 시간 등 구매자 맞춤형 서비스가 늘어나고 있다. 게다가 주문 접수, 상품 세팅, 저장, 수송 등 모든 면에서 체계화된 업무 시스템이 가동되고 있다.

농업 분야 개발도상국 지위를 더는 주장할 수 없는 상황에 이르렀다. 코로나19 팬데믹으로 인해 세계는 식량 문제를 안보 차원에서 접근하고 있다. 식량자급률을 끌어올리는 게 급선무가 됐다. 급변하는 상황에 대처하고 식량자급률을 높이는 방안은 프랑스와 같은 선진국형 가격결정 방식을 가락시장에 도입해 경쟁체제를 갖추는 것뿐이다. 공공성도 강화해야 한다. 전남형 공영시장도매인제 도입이 중요한 이유다. 프랑스처럼 도매시장을 포함한 국가 푸드 플랜과 지역(서울) 푸드 플랜이 연결될 수 있도록 물꼬를 터주어야 한다.

《한국농정》 기고, 2020년 11월 8일 보도

도매법인의 매매를 보며 드는 단상

국내 최대 공영도매시장인 서울 가락시장에서 상식적으로 납득할 수 없는 일이 일어나고 있다. 6개 농산물 도매법인 가운데 하나인 동화청과가 771억 원에 신라교역으로 넘어간다. 2015년 사모펀드인 칸서스자산운영이 540억 원에 인수한 이래, 불과 5년 만에 230억 원이나 오른 것이다. 2016년에는 한일시멘트가 단 1년 만에 60억 원을 얹어 600억 원에 인수한 바 있다. 가락시장 청과 5개 도매시장 평균 영업이익률(2013~2017년)은 16.65%로, 업종 평균 대비 6.6배, 현금배당 성향은 평균 33.2%에 달한다.

2018년 6월에 공정거래위원회는 판매장려금 및 위탁수수료를 공동으로 정하기로 합의(담합)하는 등, 불공정 거래 행위가 드러난 5개 사업자 중 4개 도매법인에 대해 시정명령과 함께 총 116억 원의 과징금을 부과했다. 이와 함께 공정위는 도매시장 제도 개선이 필요하다고 보고 서울시와 농림축산식품부에 이의 협조를 요청할 계획을 밝히기도 했다. 도매법인 간 경쟁 여건이 마련돼 출하자의 부담이 줄어들고 물류 개선 및 효율화 등이 이뤄져 출하 농민과 소비자에게 혜택이 돌아갈 것이라는 기대감을 갖게 하는 일이었다.

하지만 경쟁 촉진과 공정한 거래 질서의 확립 및 환경 개선 등 도매시장 개설자의 의무를 다하려고 해도 현행 「농수산물 유통 및 가격 안정에 관한 법률(농안법)」이 발목을 잡고 있다. 도매시장 개설자와 도매시장법인, 공판장, 시장도매인에 대한 평가는 중앙정부에서, 중도매인에 대한 평가는 도매시장 개설자가 진행하고, 중앙도매시장의 모든 업무규정 변경 사항에 대해 장관의 승인을 받도록 돼 있다. 하지만 중앙정부가 전국 도매시장의 개별 특성을 반영해 제대로 평가하기란 현실적으로 어렵다. 그러므로 업무규정 중 중요 변경 사항에 한해 장관의 승인을 받도록 개정해야 한다.

공정위가 제시한 도매법인 간 경쟁은 생산자와 소비자의 이익을 위한 서비스 및 품질 향상으로 이어진다. 현재 5개 청과 도매법인 외에 「농안법」 제24조에 명시된 '공공출자법인'이 설립된다면 공익을 위한 경쟁으로 발전해 '생산자는 제값 받고 소비자는 제값 주는' 공정한 거래가 가속화될 것이다.

또한 과거 행정입법으로 무력화된 시장도매인제도를 조속히 실시해 유통 주체들이 선의의 경쟁을 펼칠 수 있도록 해야 한다. 나아가 「관세법」에 따라 통관 단계에서 가격이 1차로 결정돼 도매시장에 반입되는 품목과 산지에서 경매 등으로 가격이 1차로 결정돼 도매시장에 반입되는 품목은 비상장거래 허가 가능 품목으로 지정하는 등 「농안법 시행규칙」 제27조 상장예외거래 허가 대상 품목을 구체화·명확화해 불필요한 유통단계를 줄여야 한다.

생산자와 소비자의 이익을 어떻게 하면 보호할 수 있을지 정부, 도매시장 개설자, 도매시장법인, 중도매인, 시장도매인 등 유통 주체들이 모여 돌아보기, 둘러보기, 내다보기를 통해 통렬한 반성과 함께 유통혁신의 로드맵을 제시해야 할 것이다. 혁신하지 않으면 공영도매시장에 막대한 혈세가 투입돼야 할 근거가 없어지고, 일본처럼 효율 중심의 자유경쟁체제로 변화될 수밖에 없을 것이다.

《한국농정》 기고, 2019년 6월 9일 보도

시장도매인제 도입을 가로막는 정부와 '농피아'

- 누가 '시장도매인제' 도입을 두려워하는가?

전 세계적인 코로나19 팬데믹 속에서 대기업부터 골목상권 자영업자들까지 생존을 위한 힘겨운 투쟁을 벌이고 있다. 한 방송 뉴스에서는 '눈을 뜬 상태로 기절한' 택배 기사의 안타까운 모습이 영상을 타고 나오기도 하였다. 우리 사회가 위기와 기회의 줄타기 속에서 발버둥치고 있다. 사회 구성원들은 모든 것을 감내하고 생존의 터전에서 비지땀을 흘리며 전력을 다하고 있다. 하지만, 도매시장에서는 이러한 모습을 전혀 찾아볼 수 없다.

도매시장의 '황금알을 낳는 거위'

여기서는 그런 것들이 그저 남의 나라 얘기일 뿐이다. 「농수산물 유통 및 가격안정에 관한 법률」(이하, 「농안법」)로 도매시장 내 모든 경쟁을 막아놓았기 때문이다. 소수의 도매시장법인을 통해서만 거래가 가능하다. 우리 사회가 빠르게 변화하고 있는 것과는 달리 도매시장은 법으로 독점 거래를 허용하다 보니 36년째 제자리걸음을 하고 있다.

현재 33개 공영도매시장 중 약 37%를 점유하고 있는 가락시장의 도매시장법인은 모두 농업과 무관한 대기업들이 장악하고 있다. 청과 6개 도매시장법인 중 농협을 제외하면 서울청과는 고려제강이 지배주주다. 중앙청과는 태평양개발, 동화청과는 신라교역, 한국청과는 더코리아홀딩스, 대아청과는 호반건설이 지배주주로 되어 있다. 이들 5개 도매시장법인의 최근 4개년(2015~2018년) 평균 영업이익률은 17.6%로, 유사업종 대비 6.5배에 달한다. 최근 3년간 이들의 당기순이익 총액은 554억 원이다. 이렇게 벌어들인 순이익 가운데 지난 한 해에만 144억 원이 현금배당으로 대기업과 사모펀드 주주에게 유출되었다.

이처럼 독점적 수탁구조로 도매시장법인이 '황금알을 낳는 거위'가 되면서 대자본들의 투기 대상으로 전락하고 있다. 2019년에는 동화청과가 771억 원에 신라교역으로 매각되어 4년 사이 231억의 매각 차익을 가져갔고, 대아청과는 호반건설에 564억 원에 매각돼 514억의 차익을 얻게 되었다. 이런 것이 가능했던 것은 현 「농안법」이 '농민보호'라는 미명하에 도매시장법인의 독점을 인정해주었기 때문이다.

도박장으로 변하고 있는 도매시장 경매방식

소수 독점에 의한 폐해 외에도 현행 거래방식인 '경직된 경매제'로 인한 도매시장의 문제가 심각하다. 1985년 설립 이래 가락시장에서는 경매제를 통해 전국의 농산물이 거래되고 있다. 하루 약 8,000톤의 물량이 움직인다. 이 중에서 90% 이상이 경매방식으로 거래되고 있다. 생산자-도매시장법인-중도매인-소매상인으로 이어지는 4단계를 거쳐 거래가 이루어지는데, 가격은 그날그날 반입되는 물량에 따라 결정된다. 이런 경매방식이 농산물 가격 변동성을 더욱 크게 하고 수급 불안을 가중시키니 문제가 심각하다.

일반적인 공산품은 시장의 변화에 맞춰 생산자가 생산량이나 가격을 탄력적으로 조절할 수 있다. 하지만 농업 생산물은 계획하에 생산하는 것이 어렵고, 기상변화에 따라 심한 수급 불균형이 초래될 수 있다. 작황이 좋다가

도 예기치 않게 태풍이라도 닥치면 한 해 농사를 망치는 일이 비일비재하다. 따라서 계획 생산 자체가 불가능에 가깝다. 그런 상황에서 다수의 중도매인이 경쟁 입찰해 낙찰자를 정하는 현재의 경매방식은 수시로 가격 급등락을 야기한다. 사전에 가격과 물량을 정하는 것이 아니라, 당일 입찰 경쟁에 나서기 때문에 물량이 조금만 변해도 가격이 널을 뛴다.

예를 하나 살펴보자. 지난해 9월 3일, 가락시장 양배추 8㎏ 상품 가격은 7,020원이었다. 이것이 다음날 16,251원으로 131% 급등하였고, 이튿날은 다시 8,723원으로 46% 폭락하였다. 이러한 사례들은 하루가 멀다 하고 찾아볼 수 있을 정도로 비일비재하다. 거래 가격의 급등락이 반복되면서 도매시장은 이제 농민과 산지 수집상들의 도박장 혹은 투기장으로 변해가고 있다. 농민들은 운 좋은 날 걸리면 한몫 잡을 수도 있지만, 그렇지 않은 날은 생산원가에도 못 미치는 가격을 받아 들고 낙담하게 된다. 언제까지 농민들이 이러한 가격 불안정 위험을 감내해야 하는가!

공정한 가격? 동일 품질이라도 가격이 천차만별

그렇다고 경매에서 나온 가격이 공정한 것도 아니다. 경매를 관리하는 경매사와 입찰에 참여하는 중도매인들이 상품 가격을 결정하는 과정과 기준이 공정하고 객관적이라면, 동일 품질의 상품 가격은 최소한 비슷하게라도 형성되어야 할 것이다. 하지만 결과는 기대와는 사뭇 다르다. 지난해 KBS 〈시사기획 창〉 취재팀이 밝힌 바에 따르면, 같은 밭에서 재배한 동일 품질의 농산물이더라도 가격은 최소 2.5배에서 최대 12배나 차이가 났다. 가락시장에 있는 6개 도매시장법인별로 가격이 천차만별이었다.

더욱 심각한 것은 경매과정이 무성의하게 이뤄지고 있다는 점이다. 경매가 고작 3초 내에 끝나는 건이 너무나 많다(물리적으로 3초면, 경매사가 경매 농산물을 큰 소리로 외친 즉시 낙찰 버튼을 눌렀다는 얘기다). 지난해 가락시장 25개 주요 품목 경매건 중 59.2%가 3초 이내에 가격이 결정되었으며, 특히 한 회사의 경우 1초 만에 가격이 결정된 경우가 59.3%에 달했다. 농민들의 1년 동안 흘린 땀의 가치가 도매시장에서 그렇게 단 몇 초 만에 결정되고 있다.

경매에서 가격제한폭이 없는 것도 문제다. 주식시장에서는 상한가와 하한가를 최대 30%까지 정하고, 시장 상황이 급변할 경우 사이드카를 발동해 프로그램매매의 호가 효력을 일시적으로 제한한다. 다른 사례로 미술품 등 일반적인 경매는 보통 최저가격부터 시작해서 가장 높은 가격을 제시한 사람에게 낙찰된다. 그런데 농산물 경매에는 최저가격 기준이 없다. 따라서 가격이 생산원가를 밑돌 수 있다. 극단적 사례로 지난해 대파 1㎏이 100원에 낙찰된 일도 있다. 이렇듯 경매제는 기대와는 달리 공정하지도 객관적이지도 못하다. 엄청난 물량의 농산물 가격을 그저 기계적으로 찍어내는 과정일 뿐이다. 가격 결정 과정에서 농민은 어떻게 참여할 수 있는가? 현재 구조로는 그냥 '울며 겨자 먹기'다.

도매시장 거래제도 개선, 시장도매인제

현재 공영도매시장의 문제점을 보완하고 새로운 경쟁 여건을 조성하기 위해 '시장도매인제'가 새로운 대안으로 운위되고 있다. '시장도매인'이란 농산물을 매수 또는 위탁받아 분산처에 직접 판매하는, 직거래 방식의 상인을 말한다. 출하자와 도매상이 쌍방 협의하여 거래 금액과 거래량을 결정하는 수의매매 방식을 취한다. 시장도매인제의 가장 큰 장점으로는 상하차, 재분류 등의 절차가 생략되어 신속한 거래가 가능하다는 점을 꼽을 수 있다. 따라서 신선도도 유지된다. 경매제처럼 농산물이 10시간 동안 상온에 노출돼 상품 가치가 떨어질 일이 없다. 거래시간이 단축되며, 협상에 의해 거래가 진행되므로 농민들이 가격 결정에 직접 참여하고 원하는 가격을 요구할 수 있다. 일주일 또는 한 달 동안의 거래 물량과 가격을 사전에 정하므로 경매제처럼 극심한 가격 급등락이 발생하는 일도 없다.

〈경매제 vs. 시장도매인제 비교〉

구 분	경매제	시장도매인제	경매제 대비 시장도매인제의 이점
체류시간	3.5~9.5h	~2h	**0.2~0.6배**
단위 면적당 거래금액	4,609천 원/㎡	17,162천 원/㎡	**3.7배**
팔레트 처리율	28.3%	51.3%	**1.8배**

무엇보다 중요한 점은 직거래 형태의 시장도매인제가 도입되면 도매시장에서 소수의 도매시장법인을 통해서만 거래할 수 있는 독점 구조가 깨진다는 것이다. 농민들에게 제대로 된 가격과 서비스를 제공하지 못한 법인들은 시장도매인에게 고객들을 뺏기게 될 것이다. 따라서 도매시장 내 경쟁 여건이 조성되며, 물량을 유치하기 위한 노력이 가중될 것이다. 이는 생산자와 소비자에 대한 서비스 품질 개선으로 이어지게 된다. 농민 입장에서는 출하할 수 있는 선택지가 많으면 당연히 유리할 수밖에 없다. 정당하고 합리적인 대가를 치르지 않는 곳에는 출하하지 않으면 그만이기 때문이다. 또한 생산 여건에 따라 다양한 판로를 두고 분산 출하를 할 수 있다. 상황에 맞춰 경매제나 직거래 방식의 시장도매인제를 선택할 수 있다.

최근 유통업계에서는 안정된 거래를 위해 정시定時, 정량定量, 정가定價 거래를 요구하고 있다. 당연히 가격의 불안전성을 기피한다. 하지만 경매제는 가격 등락이 심하고 경매 대기시간도 최대 10시간에 달할 정도로 길며, 유통단계도 많아 사실상 이러한 기대 수준을 맞추지 못하고 있다. 반면 시장도매인제는 거래시간이 짧아 신속한 거래가 가능하고 사전 물량과 가격에 대한 협상이 진행되어 안정적인 공급이 가능하다.

이미 세계의 주요 농산물시장에서는 경매제를 찾아보기 힘들다. 파리 룅지스, 신로마, 마드리드, 로스앤젤레스(LA), 베이징 신파디 등의 대표적인 시장들은 직거래 형태의 시장도매인제로 운영되고 있다. 특히 우리나라가 경매제를 도입할 당시에 벤치마킹했던 일본 오타 도매시장조차 경매제 비율이 2020년 10월 기준 1.3% 정도에 그치고 있다. 대표적 경매시장으로 운영되던 네덜란드 알스메이르 꽃시장 역시 경매제 비중이 2004년의 82.5%에서 지난해 40.7%로 크게 감소하였다. 가락시장은 이제 세계 어느 곳에서도 찾아보기 힘든 경매제 시장으로 전락하고 있다.

새로운 모델 '공익형 시장도매인제'

지난해 10월 전라남도와 서울시가 가락시장에 추진한 '공익형 시장도매인제' 도입 계획은 공익적 가치를 지닌 새로운 모델로 주목받고 있다. 지방정부가 주도한 공영시장도매인제이기 때문이다. 이 시장도매인 법인은 지자체와 생산자단체가 공동출자하는 법인으로, 기본 운용비를 제외한 수익금을 전액 적립해 농산물 가격이 일정 수준 이하로 하락할 경우 생산자에게 보전해 준다. 또한 농민들과의 사전 계약재배 및 출하 약정을 통해 출하량을 조절함으로써 가격 안정에 효과가 있을 것으로 기대하고 있다.

'지자체 참여 공익형 시장도매인제'는 생산자가 출자하고 경영에 참여할 수 있다는 점에 의미를 부여할 수 있다. 앞으로 생산자는 깜깜이 출하를 하며 가격 결정에 아무런 참여도 못한 채 성적표만 받아 드는 무기력하고 수동적인 역할에서 탈피할 수 있게 된다.

향후 전남의 공익형 시장도매인제가 도입되면 농산물 품질별 가격 기준이 마련될 것이다. 계약재배를 통해 농가 피해를 방지하는 효과도 있을 것으로 기대된다. 또한 농산물 품질과 가격을 전라남도가 보증함으로써 소비자 신뢰도 차곡차곡 쌓일 것이다. 물론 유통 마진의 절감을 통해 농산물을 좀 더 싸고 안정된 가격으로 소비자에게 제공할 수 있게 될 것이다.

시장도매인제 도입을 가로막는 정부 '농피아'

하지만 여전히 가락시장에 시장도매인제를 도입하는 일은 요원하다. 국회에서는 이미 20년 전에 시장도매인제를 도입하는 것으로 「농안법」을 개정했다. 이렇게 법이 개정되었음에도 농식품부에서 법 시행을 막고 있으니, 기가 찰 노릇이다. 개설자가 시행하도록 한 도매상제의 시행을 장관의 승인 사항으로 묶어버렸기 때문이다. 법 시행규칙에 이를 규정해 놓고 승인을 거부하고 있는 것이다. 정부에서는 시장도매인제의 거래가 불투명하며, 기준 가격으로서 가락시장 경락競落 가격의 중요성이 훼손될 수 있다는 점을 미승인 사유로 들고 있다. 이 외에 산지 조직화가 미흡해 시기상조이며, 도매시장법인과 중도매인 간의 합의가 되지 않은 점을 지적하고 있다.

정부의 인식이 1970년대 위탁상이 활개를 치던 먼 과거의 어두웠던 기억에 머물고 있으니, 너무나 한심스러운 일이다. 지금은 과거처럼 농민들의 판로가 도매시장으로 한정되어 있지 않다. 대형마트들은 농민들과 직거래하고, 로컬 푸드 직매장이 곳곳에 생겨나고 있다. 농민들도 이제는 다 스마트폰을 활용한다. 잠깐 조회만 하면 농산물 가격을 바로 확인할 수 있다. 이런 상황에서 시장도매인이 가격을 속이는 것은 쉬운 일이 아닐뿐더러, 만약 그렇게 한다면 영업을 지속하기 어려울 것이다. 속임수를 쓴 시장도매인은 금방 소문이 날 것이며, 더 이상 어느 누구도 거래를 하지 않으려 할 것이다. '장사의 밑천은 신용'이라는 경구는 기본 중의 기본이다.

유통인 사이에 합의되지 않아 시장도매인 도입이 어렵다는 핑계는 할 말을 잃게 만든다. 현재 도매시장 구조에서 가장 많은 이득을 취하고 있는 곳이 어디인가? 독점 거래로 기득권을 누리고 있는 도매시장법인이 자신의 경쟁 상대가 될 수 있는 시장도매인제 도입에 동의하겠는가? 나무에서 물고기를 찾으라는 격이니, 정부의 반대 이유를 다른 곳에서 찾아야겠다.

지난해 12월 방영된 〈시사기획 창〉의 "농산물 가격의 비밀"에서는 농식품부 퇴직 관료가 도매시장법인들의 이익을 대변하는 도매시장법인협회에 근무하고 있다는 사실이 밝혀졌다. 농식품부 출신 공무원이 민간업체에 재취업해 유착하는 '농피아(농식품부+마피아) 현상'이다. 서울대 김완배 교수는 이러한 현상을 '포획이론'으로 설명한다. 이익집단들이 정부를 설득해 자신들에 유리한 규제 정책을 이끌어낸다는 것이다. 이렇게 되묻고 싶다. 정부는 시장도매인 도입을 왜 그렇게 반대하는 것인가? 도매시장법인에 의한 독점 구조를 방치한 채 왜 다양한 거래제도를 통한 경쟁을 가로막고 있는 것인가? 아니 시장도매인제 도입을 왜 그렇게 두려워하는 것인가?

새로운 길을 향해서

지난 1월 20일 농해수위 소속 윤재갑 의원 등 여야 국회의원 23명이 「농안법」 개정안을 공동 발의하였다. 도매시장법인을 거치지 않고 직거래를 통해 유통비용을 줄일 수 있도록 시장도매인제를 도입할 수 있는 길을 열었다.

하지만 일부에서는 법안이 무사히 통과될 수 있을지 염려하고 있다. 농식품부에서 출하자 보호라는 명분으로 여전히 시장도매인제 도입을 반대하고 있기 때문이다.

하지만 유통 관련 단체들은 36년 지연된 도매시장 개혁을 이번만큼은 이루어야 한다며 활발하게 움직이고 있다. 전국 6만여 중소 마트를 대변하는 (사)한국마트협회는 직거래 형태의 시장도매인제 도입을 촉구하는 성명서를 발표하였고, 지난 1월에는 전국농민회총연맹, 전국먹거리연대, 환경운동단체연합 등 전국 137개 사회시민단체연합과 기관에서 국회와 정부에 「농안법」 개정안을 조속히 통과시킬 것을 촉구하였다.

지난해 10월 국회 앞에서 더불어민주당 박주민 의원이 기자회견을 했다. 한국마트협회, 전국농민회총연맹, 한국소비자연맹 등 농민·소비자·유통단체들이 함께 한 자리였다. 회견에서는 농산물 도매시장 개혁을 바라는 각계의 절절한 목소리가 분출했다. 이들이 요구한 것은 거창한 정책이나 지원 사업이 아니었다. '도매시장에서 공정한 경쟁이 이뤄질 수 있게 해달라'는 것, 단지 그거 하나였다. 흐린 가을 날씨 속에서 진행된 이날 기자회견에서 이번만큼은 도매시장의 숙원을 풀어야 한다는 결기가 가득했다.

경제 대공황 위기를 극복한 루즈벨트 대통령은 다음과 같이 말했다. "우리가 가장 두려워해야 할 것은 바로 두려움 그 자체이다." 막연하고, 터무니없고 정당하지도 않은 이유로 변화를 거부하는 것은 우리 사회 발전을 가로막는, 뛰어넘어야 할 벽에 불과하다. 다시 한번 되묻는다. 도매시장 변화와 발전을 누가 가로막고 있는 것인가? 당장은 모르겠지만, 그 거대한 파도를 다 막을 수 없다는 사실은 이미 역사에서 증명됐다.

《프레시안》 기고, 2021년 2월 15일 보도

농수산물 공영도매시장의 공공성 강화 방안

지난 7월, 한 농민이 배추가격 폭락으로 극단적인 선택을 했다. 지금까지 알려진 바로는 4명이나 되는 농민이 스스로 생을 마감했다. 참으로 안타깝다. 지난 7월 4일 배추 10㎏ 가락시장 경매가격은 상품上品이 최저 4,500원, 최고 5,500원, 평균 5,029원이었다. 전년 동월 동일의 평균 가격은 4,630원이었다. 그런데 불과 3개월 만에 배추 가격이 천정부지로 치솟았다. 지난 10월 4일 가격을 살펴보면, 최저 1만 5,700원, 최고 2만 4,000원, 평균 1만 9,619원의 시세를 보였다. 태풍 영향을 고려하더라도 4배 가까이(평균가 기준, 최고가는 약 4.4배) 급등한 상황은 이해하기 어렵다. 언제까지 농민들을 생의 기로에 서게 만들어야 하는 건가. 언제까지 경매가격의 롤러코스터를 타게 할 것인가.

문제는 가락시장 경매가격이 공공시장 공급가격뿐 아니라 전국에 영향을 준다는 데 있다. 그럼에도 공공조달체계의 가격산정은 합리적인 과정으로 이루어진다. 서울친환경유통센터의 경우 공급업체, 영양(교)사 대표, 학교급식 가격전문가, 서울시, 센터 등 이해관계자들로 구성된 가격심의위원회에서 매월 가격을 심의한다. 일반 농산물은 예상 공급가를 4구간으로 나누어 각각 산출한 후, 4가지를 평균한 가격을 최종 예상 공급가격으로 정한다.

지난 5월 예상 공급가격을 예로 들면, 예상 공급가격1은 예상 경매가[전전월(3월) 하순 경매가×5개년 평균 등락률]+상품화비용, 예상 공급가격2는 전년 동월(2018년 5월) 센터공급가×전년 대비 경매가 변동률, 예상 공급가격3은 전월(4월) 센터공급가×가락시장 5개년 평균 경매가 등락률, 예상 공급가격4는 센터공급가 4개년 평균[2015~2018년 기준월(5월) 센터공급가 평균]이다. 기초가격(최종 예상 공급가, 업체 최저 견적가, 친환경농산물의 95% 중 최저가격) 및 상한가(예상 공급가격1~4 중 최고가격)를 기준으로 업체와 협상을 통해 공급가격이 결정된다.

같은 농산물인데 유통 채널에 따라 가격이 다르게 결정된다면 소비자는 불합리하고 불공정하다고 느낄 것이다. 일반시장과 공공시장, 품목과 물량, 예상된 수요에 따른 공급 등 그 특성이 다르기는 하지만, 도매시장의 경매방식보다는 친환경유통센터의 가격결정 방법이 더 합리적이고 공정하다고 생각할 것이다.

가락시장 농산물 가격은 전국 농산물 가격에 연동돼 생산자의 생계와 소비자의 생활에 미치는 영향이 막대하기 때문에 급등락 없는 가격 안정성이 요구된다. 국민 식탁에 자주 오르는 국민 채소의 경우 가격 안정화를 위해 더 많은 노력을 기울여야 한다. 가격 안정화는 공정한 경쟁체계 도입으로 가능하다. 가락시장에 출하자-도매법인-중도매인-구매자로 이어지는 4단계 유통구조 외에 출하자-시장도매인-구매자, 3단계인 시장도매인 제도를 도입하여 도매시장 내 경쟁체계를 구축하는 것이다.

4단계에 맞는 농산물, 3단계에 적합한 친환경농산물 등 품목에 적합하게 거래제도가 운영된다면 생산자의 출하 선택권 보장은 물론, 유통 비용과 시간이 절감되고, 구매자의 다양한 요구를 신속하게 반영하여 정시·정가·정품 거래가 가능하게 된다. 생산자는 계약재배로 안정적인 출하가 가능해지고, 소비자는 좋은 품질의 농산물을 값싸게 구매할 확률이 높아질 것이다. 또한, 친환경농산물을 전문으로 유통하는 공공출자법인 설립으로 생산자와 소비자의 이익을 보호하는 새로운 공공유통의 모델이 만들어질 수 있다.

농림축산식품부가 발표한 2019년 친환경농산물 경로별 유통 비율을 보면, 생산자가 직접 생협으로 유통하는 비율(8.1%)보다 작지만, 도매시장을 경유하는 비율은 4.1%이다. 도매시장에서 대형유통업체(1.0%)로, 생협(0.6%)으로, 친환경전문점(1.0%)으로, 학교급식(1.4%)으로 유통된다. 학교급식 유통 비율은 공공조달체계가 확대(2019년 현재 서울시 도농상생 공공급식지원센터는 13개)되면 더 늘어날 수 있다. 이는 친환경농산물 유통에 도매시장이 필요하다는 방증이기도 하므로 공영도매시장을 적극 활용하는 방안을 모색해야 한다.

공영도매시장의 공공성 강화를 위해서는 생산자단체와 공공부문이 다 같이 참여할 수 있는 다양한 거래제도 추진이 필요하다. 이와 함께, 먹거리 소비자·(도시)농업·농촌·농민 관련 단체들이 입주해서 과잉 농산물·가격 폭락 등의 현안에 서로 머리를 맞대고 해결 방안을 찾을 수 있도록 관련 단체 전용 공간이 마련되어야 한다. 그래서 각 지역의 공공조달체계와 생산조정제가 연계되어 생산지 농업 문제와 소비지 먹거리 문제가 조금이나마 해결되는 공영도매시장이 되길 바란다.

《한국농정》 기고, 2019년 10월 13일 보도

시장이 시장을 창출한다

올해 세계경제포럼 연차 총회(다보스 포럼)의 최대 이슈는 '기후위기'였다. 기후위기로 인해 글로벌 국내총생산(GDP)의 2분의 1 이상이 손실될 위험에 처했으며, 특히 농업은 2조 5,000억 달러, 식음료는 1조 400억 달러로, 건설(4조 달러) 부문에 이어 손실 위험이 2위, 3위라고 경고하고 있다. 예기치 못한 경제 위기(블랙 스완)보다 더 충격적인 기후 변화로 인한 경제의 파괴적 위기(그린 스완)를 감지하고 전 세계가 기후위기 대응 전략을 수립하며 신新기후체제로의 전환을 서두르고 있다.

우리나라도 2050년 탄소중립을 달성하기 위해 다양한 시책을 펼치고 있다. 지방정부의 협력과 다짐을 선언하는 '탄소중립 지방정부 실천연대 발족식'을 개최하는가 하면, '한국판 뉴딜 종합계획'을 발표하는 등 '탈탄소 사회'로의 전환이란 세계적인 흐름과 함께하고 있다. 농업계에서는 식량자급률 관리체계 법제화 움직임과 함께 유기농·친환경농업 육성을 위해 힘을 쏟고 있다.

올해는 농림축산식품부가 마련한 '제4차 친환경농업 육성 5개년 계획(2016~2020년)'의 마지막 해다. 농업의 공익적 가치 확산 및 국민 공감대 형성을 위한 농업환경보전 강화와 더불어 식량자급률 제고를 위한 소비 확대와 생산기반 확충을 위해서는 새로운 사회계약(New Deal)을 뛰어넘는 새로운 신뢰관계(New trust relationship)를 형성할 수 있는 인증체계 개선과 유통체계 확충이 필요하다. 농업환경보전 강화와 유통체계 확충에 중점을 두고 제5차 계획을 수립한다면 유럽 그린 딜Green Deal에서 강조하는 생태주의적 관점의 순환경제가 보편화할 기반이 된다.

한편, 한국농촌경제연구원의 '2020 농식품 소비 트렌드' 조사(《주간 농업 농촌식품동향》 Vol.34)에 의하면, 코로나19 발생 이후 가정 내 조리 횟수가 늘고 동네 슈퍼마켓과 온라인 구매가 증가했다고 한다. 국산 농산물의 선호도가 높아졌다는 응답이 33.5%로 나타나 이의 소비 확대 가능성은 커졌으나, 유통경로가 제한적인 친환경농산물은 유통 기반 확보가 중요한 과제라고 소개했다. 같은 연구원에서 2013년에 발간한 『친환경농산물 도매시장 유통 활성화 방안』에서는 이미 친환경농산물 생산 물량 증가분을 생협, 대형유통업체 등 기존 유통 채널에서 전부 처리하는 것에 한계가 발생했고, 지속적 생산과 소비 확대를 위해서는 도매시장 취급체계 정비의 필요성이 커지고 있다고 밝힌 바 있다.

농림축산식품부가 2019년 4월에 발표한 자료에 따르면, 친환경농산물 유통경로 중 생산자가 지역농협에 출하하는 비중은 37.6%, 생산자단체 출하는 10.8%, 전문유통업체 10%, 학교급식 8.4%, 소비자생활협동조합(생협) 8.1%, 친환경전문점 7.6%, 직거래 7.3%, 도매시장 비중은 4.1%였다. 반면 소비자가 친환경농산물을 접하는 경로는 학교급식이 39%, 대형유통업체 29.4%, 친환경전문점 9.8%, 생협 9.4%, 직거래 7.3% 순이었다. 친환경농산물 재배 면적은 전체 농경지의 5% 수준이지만, 학교급식을 통해 전체 공급물량의 약 40%를 소비하고 있는 것이다.

서울시의 학교급식을 담당하는 서울친환경유통센터(3센터)는 가락시장에 있다. 친환경농산물 전문거래소가 가락시장에 설치된다면 소비지의 접근성이 향상될 뿐만 아니라, 친환경농업도 살리고 공영도매시장 본연의 기능 회복과 공공성 강화에도 기여하게 된다. 가락시장은 각 지역의 농산물이 모이는 최대 시장이다. 상품 구색을 갖추고 있고, 매일 이루어지는 농산물 안전성 검사로 고품질의 농산물을 대량 매입할 수 있으며, 소비지의 유통 환경 변화 등 다양한 유통정보를 얻을 수 있는 곳이다. 이곳으로 하루 2만여 대의 차량이 농산물을 구매하기 위해 출입한다.

코로나19 시대, 동네 마트 등에서 친환경농산물 구매가 꾸준히 늘고 있다. 가락시장에 친환경농산물 전문거래소가 생긴다면 동네 중소 마트 상인들의 구매력으로 시장이 활성화될 수 있다. 그들이 구색을 맞추려 친환경농산물까지 구매할 것이며, 올해 시범적으로 시행 중인 '임산부 친환경농산물 지원사업' 등 서울시 먹거리 분야 공공시장과의 연결도 수월해진다. 그야말로 시장이 시장을 창출하는 것이다.

가락시장 내 전문거래소 설치와 함께 공영도매시장에서의 친환경농산물 거래 활성화를 위해서는 「농산물 유통 및 가격안정에 관한 법률(농안법)」에 생활협동조합을 지원하는 조항을 넣어 종합유통센터 설립 시 농안기금 활용도 가능하도록 해야 한다. 또한, 2012년부터 한국농수산식품유통공사(aT)가 친환경농산물 판로 확대를 위해 생협, 영농조합법인, 농업회사법인 등을 대상으로 시행했던 '소비지 친환경농산물 판매시설 자금지원' 사업을 확충해야 한다.

《한국농정》 기고, 2020년 9월 6일 보도

소비자가 던진 의문에서
농산물 수급조절정책의 답을 찾다

언제까지 풍년의 역설, 농부의 역설(Farmer's paradox)을 말하며 생산지 폐기에 의한 농산물 수급조절을 되풀이할 것인가! 지금은 집단지성의 시대이다. 농촌·농업·농민의 뼈아픈 현실이 유통인과 소비자에게 전달되고, 생산지에서 소비지 관점으로 바꿔 문제 해결의 실마리를 찾아본다면, 더 다양하고 의미 있는 해결 방법이 나올 수 있지 않을까.

진도에서 생산된 대파의 1㎏ 한 단 특품(1등) 경매가격이 500원 하던 날, 〈공정먹거리소비자모임〉은 ㎏당 2,000원이라는 '공정가격'을 지불, 총 200㎏을 구매해서 〈송파구 주부환경협의회〉와 함께 대파 김치를 담가 지역 내 복지관에 기부하는 '생산자 소비자 한마음 나비효과, 진도농부와 송파주부의 대파김치 건강나눔' 행사를 했다. 같은 날 〈서울시 상생상회〉에서는 대파값 폭락으로 어려움을 겪고 있는 대파 농가와의 상생을 위해 '진도대파 특별전'을 열어 소비자에게 한 단(1㎏)에 1,000원 가격으로 판매했다. 한국농수산식품유통공사(aT)의 가격정보에 따르면, 대파의 월평균 소매가격은 2,267원/㎏(3월 20일 파악, 상품 기준)이었다.

〈공정먹거리소비자모임〉은 밥상에 오르는 음식물이 "나의 생명권과 생산자의 생존권에 도움이 되는 공정한 과정을 통해 오는 먹거리일까?"라는 물음에 답을 찾고 행동하는 소비자 모임이라고 한다. 나의 생명권과 생산자의 생존권이 직결된다고 본다. "제대로 생산돼야 제대로 먹을 수 있고, 먹어야 생명이 유지되기 때문"이라는 것이다. 행사에 참여한 회원들은 여러 의문을 품고 있다고 했다. "경매가가 500원이면 농민이 제대로 생활할 수 있을까?", "생산비는 도대체 얼마일까?", "경매가격은 500원인데, 왜 소비자가는 4배나 될까?", "생산비에도 한참 못 미치는 500원이라는 경매가격이 어떻게 나올 수 있을까?" 이렇듯 다양한 의문도 풀고 주변 소비자에게 알리기 위해 행사에 참여했다고 한다.

대파 생산비는 경지면적 1평 기준에 1만 원이다. 농자재, 트랙터와 관리기 비용, 관수비, 김매기 비용, 농약비, 퇴비 및 비료대, 인건비, 임차료 등 생산비 8,000원에 재생산 준비금 2,000원을 더한 금액이다. 1평에서 생산되는 대파량은 대개 12㎏이므로 ㎏당 생산비는 약 850원이다. 대파 1㎏을 밭에서 뽑아 껍질을 벗기고 단을 묶고, 망에 넣어 포장하여 시장까지 운송하는 출하비는 800원이고, 박스 포장하는 경우에는 1,000원이 든다. 따라서 생산비에 출하비를 더하면, 최소한 1,650~1,850원/㎏에 경매가격이 형성돼야만 농민의 생존이 보장되는 것이다.

'얼굴 있는 가격, 가치 있는 물품'을 지향하는 '한살림'이 제시한 배추 1포기 생산비는 2,433원(2018년 기준)이다. 가격구조를 살펴보면, 생산자 소득(생산자 본인 인건비) 919원, 경비·기타(전기요금·토지임차료 등) 333원, 재료비(친환경자재·물품포장비 등) 301원, 인건비(일일노동자 고용) 151원, 회원출자금(생산비의 0~2%) 18원, 공동체 기금(생산비의 0~2%) 18원, 생산안정기금 및 가격안정기금 등 37원, 운영비(물류비·카드수수료·조합원 활동비 등) 656원으로 나뉜다. 일손 구하기 힘든 곳에서 급변하는 날씨와 싸워가며 애써 키워도 외관상 별다를 것 없어 보이는 게 농산물이다. 숨은 노력이 상품에 잘 드러나지 않는다. 이런 "농산물을 묵묵히 키워낸 생산자에게 지불해야 할 정당한 가격은 과연 얼마일까?"에 대한 답을 구하는 과정에서 나온 송구한 가격이다.

이 지점에서 소비자들은 의문이 들 것이다. 농민들이 최저가격을 제시하고, 유통과정에 드는 경비와 이윤을 투명하게 공개해 이를 토대로 적정가격을 산출한다면, 생산자의 소득도 보장하고 소비자는 건강하고 안전한 먹거리 접근성도 좋아지는 일석이조 아닌가? 왜 이러한 정책을 펼치지 못하는가? 상식적인 의문이다. 유통과정에 다양한 경제주체들이 참여하여 복잡한 유통구조를 형성한다. 복잡하다 해서 손 놓고 있을 게 아니라, 일부만이라도 개선한다면 생산자와 소비자에게도 이롭고, 유통인 또한 적정 이윤을 가져갈 수 있는 길이 있다고 본다. 현재 공영도매시장인 가락시장에서 이루어지는 경매 혹은 비상장거래 거래방식 외에, 산지에서 가격이 정해진 농산물의 경우 중도매인들이 직접 거래할 수 있도록 허용하여 유통단계를 줄이는 방안이 있다.

한편으로는 생산자와 소비자 모두 이익이 되는 유통정책을 과감하게 실행하지 못하는 이유가 값싼 수입 농산물 때문이라면 국민 밥상 품목인 배추, 무, 고추, 마늘, 양파, 대파라도 대도시별 소비량을 파악하여 필요한 만큼 계약재배를 하고 최저가격을 보장하면 되지 않을까? 하는 의문도 생긴다. FTA 위반이 걱정된다면 "공공급식시장에서 우리 농산물을 차별적으로 우대할 수 있다"는 규정이 있으므로 중앙정부 및 지방자치단체가 나서서 군부대, 교정시설 등으로 공공급식시장을 확대하고, 조식 서비스라는 아침 공공급식시장을 새롭게 개척하면 될 일이다.

《한국농정》 기고, 2019년 4월 7일 보도

4

도농 직거래 소비자 1,000만 시대 기반 조성

요소수 대란에서 보는 농업·먹거리 위기와 대응

– 공공성과 다양성 바탕으로 위기에서 기회 찾아야

정부의 응급조치로 요소수 부족 사태가 일시적으로 수그러들 수 있겠으나, 그 파장이 만만치 않다. 특히 농업 분야는 물류 대란과 함께 요소비료 품귀 현상으로까지 이어져 이중고를 겪을 형편이다. 전국의 농산물 수송을 담당하는 화물차가 멈춰 서면 농업과 농촌은 위기를 맞을 수밖에 없다. 밥상에 오를 농산물 가격이 치솟고 소비자의 시름 또한 깊어지게 된다. 장기화된 코로나19까지 겹치면서 사회적 불안 요소가 가중되는 상황이다. 다음 정부가 어떻게 산업 필수재와 농업 및 먹거리 위기를 관리하고 대응력을 갖추느냐가 관건이 된 셈이다. 현장에 기반한 다양성 확보로 위기를 관리하고 대응할 수 있는 농정의 방향을 6가지로 제시한다.

차량용 요소수 품귀가 불러올 물류 대란

요소수 부족이 농사용 요소비료 품귀 현상까지 야기하고 있다. 요소비료에는 불순물이 섞여 있는데도 이를 아랑곳하지 않고 화물차 운전기사들은 차량용으로 쓰기 위해서, 농민들은 요소수 부족 사태가 장기화할 것을 우려해 요소비료를 미리 사 두려 하기 때문이다. 요소수에 사용되는 요소는 90% 이상이 중국에서 수입되고 있지만, 요소비료는 비교적 수입국이 다변화되어 있다. 그러나 안심할 수는 없다.

요소 부족 사태가 지속된다면 비료 공급은 대폭 줄어들 수밖에 없다. 요소가 없으면 비료를 생산할 수 없기 때문이다. 비료 원자재를 100% 수입에 의존하고 있어 원자재 수급 불안정은 비료 가격 인상으로 이어지고, 이에 따른 생산비 부담은 농민뿐만 아니라 소비자에게도 전가된다. 또한 식량안보에도 막대한 영향을 줄 수 있다. 사태가 장기화될수록 농산물 생산만이 아니라 유통에도 큰 차질을 빚게 된다. 트럭이 멈춰 서면 농산물이 유통될 수 없다.

그래서 요소수 품귀 현상을 보며 안타까운 마음을 떨칠 수가 없다. 농산물 물류대란으로 이어져 농산물 가격이 급격하게 오를 것이란 불안감이 앞선다. 같은 이유는 아니지만, 과거 농산물 가격이 폭등한 유사한 사례가 있었다. 1994년 5월 4일의 일이다. 가락시장 중매인들이 도매거래를 중단하여 농수산물 가격이 큰 폭으로 뛰었다. 당시 하루 약 1만 톤이었던 농수산물 거래량이 2,700톤으로 줄어 유통이 마비되고 가격은 폭등했다.

우리나라 농산물 생산량 중 약 60%가 32개 공영도매시장에서 거래되고, 그중 약 37%가 가락시장으로 몰린다. 연간 약 230만 톤(1일 약 7,500톤)의 농산물이 가락시장에서 거래된다. 그런데 가락시장 경매회사의 독점적 수탁권과 그날그날 물량에 따라 가격이 결정되는 경매제로 인해 농산물 가격은 매우 불안정하다. 이런 상황에 농산물 운송 파행까지 겹친다면…. 생각만 해도 아찔하다. 가락시장은 하루 5톤 트럭 1,500대가 드나드는 곳이다. 농산물 반입량이 줄어든다면 가격 폭등은 불 보듯 뻔하다.

위기에서 기회를 찾으려면 공공성과 다양성을 중시해야

한때 요소 수출국이었던 우리나라가 요소수 대란을 겪고 있는 이유는 산업의 근간이 되는 필수재임에도 돈이 되지 않는다는 이유로 사업을 접었기 때문이다. 국민 생활과 경제 기반을 위협할 수 있는 산업 공공재는 정부가 적극 관리해야 한다. 천재지변 외에 미·중 갈등으로 언제든 산업 필수재 확보에 어려움이 닥칠 수 있기 때문이다. 다음 정부는 위기관리에 유능한 정부가 되어야 한다. 식량안보를 포함하여 국가안보와 밀접하게 연관되는 산업 필수재는 공공재로 인식해야 한다. 정부가 나서 국내 생산 비중을 높일 수 있도록 지원하고 수입국을 다변화하는 등 중점 관리를 해야 한다.

위기는 새로운 기회를 만든다. 쿠바가 위기를 기회로 바꾸었던 것처럼 이번 요소수 품귀 사태가 탄소중립과도 맞닿아 있는 생산의 다양성과 친환경농업 및 식량자급률을 높이는 계기가 될 수 있다. 쿠바는 미국의 경제봉쇄, 소련과 동구권 사회주의 국가 몰락으로 석유를 원료로 하는 화학비료와 화학농약이 절대적으로 부족해지자 전국적으로 유기농업을 펼쳐 생태국가로 거듭났다. 결핍에서 창조의 힘을 발휘해 지구상에서 유일하게 다르게 사는 법을 익힌 국가가 되었다.

위기에서 기회를 찾으려면 공공성과 다양성을 중시해야 한다. 생명력을 지닌 유기체에서 다양성이란 회복력의 바로미터이자 면역력을 의미한다. 지역 사회에서는 문화 다양성이 그 지역이 유지되고 활성화될 수 있는 토대가 된다. 농업 분야에는 다양한 농법 및 품종 다양성이 존재한다. 이 모두를 존중하고 그 가치를 인정해야 한다. 그래야 지속가능성이 오롯이 확보된다. 하지만 다양성의 가치사슬이 소비자와 생산자를 연결하는 유통에서 경직되고 획일화되어 농업 및 품종 다양성이 훼손되고 있다. 농업·먹거리는 민생의 기본 중의 기본이다. 한층 더 정교한 정책으로 공공성을 확보해야 한다.

농업·먹거리 위기 대응력을 높이는 방안

농업·먹거리 위기 대응력을 높이고 지속가능한 시스템을 추구해야 한다. 생산과 유통의 다양성 측면에서는 우선, 여러 가지 농법 및 농산물의 가치를 새롭게 정립하고 인정해야 한다. 인정된 가치가 가격으로 환산되고, 그 가격은 안정화되어야 한다. 가격 안정화를 위해서는 공공 유통체계 및 거래제도의 다양성이 필요하다. 농산물 가격 불안정은 농산물 수입으로 이어지고, 그 과정에서 어마어마한 탄소발자국을 남긴다. 게다가 GMO와 같이 신뢰할 수 없는 수입 농산물은 생산자 소비자 할 것 없이 모든 국민의 건강 위협으로 다가온다. 기후위기 또한 전망을 어둡게 하는 요소다. 기상변화로 인한 시장가격 변동성의 진폭이 이전보다 훨씬 커졌다. 따라서 생산, 소비, 유통이 연계된 계약재배와 판로개척을 병행할 수 있는 새로운 유통정책을 마련해야 한다. 계약재배 농산물이 실수요자에게 전달될 수 있도록 외국과 같이 예약형 거래제도 도입이 필요하다.

유통과 소비의 다양성 측면에서는 농산물 생산 과정의 스토리까지 소비자에게 전달될 수 있는 농산물 직거래 인프라가 필요하다. 장바구니 물가가 가파르게 오르고 있는 가운데, 최근 소비자교육중앙회는 전국의 주부 1,000명을 대상으로 조사한 「농산물 유통업태별 가격 조사 및 소비실태 조사·분석」 결과를 발표했다. 자료에 의하면, 농축산물의 가격을 안정시키는 데 필요한 대책으로 복수 응답한 결과는 "복잡한 유통구조를 개선해야 한다"가 36.3%, "산지와 직거래할 수 있는 판로를 확대해야 한다" 25.3%, 그리고 "농축산물의 직거래 확대가 가격 안정에 도움이 된다"고 응답한 비율이 84.7%로 나타났다.

'직거래 확대'에 방점이 찍힌다. 따라서 생산-유통-소비 다자간 협력 구조인 민관거버넌스를 구축하고 직거래 및 계약재배를 늘릴 수 있는 공익형 시장도매인제를 추진해야 한다. 이미 전남, 경남, 전북, 경북, 충북, 충남, 강원, 제주, 경기도가 각각 출자한 공익법인으로 공익형 시장도매인제를 도입하고 있다. 이는 투명한 거래 공개와 적정한 중간 유통 마진 제시는 물론, 생산자(단체), 구매자(단체)와 이익을 나누는 프로토콜경제 실현도 가능하게 한다.

생협시장도매인 도입 효과, 공영도매시장의 ESG 활동 강화

생협 직거래와 같은 방식의 생협시장도매인을 공영도매시장에 도입하면 가격을 안정시킬 수 있다. 생협 직거래는 가격이 안정적이다. 오래전에 농촌진흥청과 한국협동조합연구소가 함께 진행한 연구에 따르면, 생협의 가격 안정성이 높다는 것이 밝혀졌다. 농산물 산지 거래 유형별 직거래 중 생협과 도매시장의 구매가격을 풋고추, 토마토, 배추 등을 중심으로 3년간(2010~2012) 비교해 얻은 결과였다.

생협시장도매인은 공영도매시장을 물류 거점으로 활용하여 직거래를 한다. 이러한 직거래가 활성화되면, 일반 농산물 외에 친환경(유기농·무농약) 농산물, 저탄소농산물, 생물다양성농산물 등 탄소중립에 기여하는 농산물 거래가 촉진되고 재배 면적도 늘게 된다.

극심한 요소 품귀로 비료 공급 차질이 불가피한 상황은 농산물 인증에 대한 새로운 표준을 만들 기회이기도 하다. 농민(단체)과 시민(단체) 간 직거래는 농산물만 거래하는 게 아니다. 여러 가지 농법 및 농산물에 대한 가치와 스토리까지 주고받는다. 만약, 비료 부족으로 농산물 생육 부진이 예상된다는 생산자의 걱정이 소비자에게 전달된다면 가만히 있을 소비자는 없다. 생산자가 재난 수준의 기후위기를 이겨내며 양질의 먹거리 생산을 위해 노력하고 있다는 것을 알기에, 소비자인 나와 가족 그리고 공동체를 위해서 할 수 있는 수단과 방법을 찾을 것이다. 생산자는 비료를 나눠 쓸 것이고, 소비자는 농사에 힘을 보탤 것이다. 부족한 비료를 위해 대안을 찾을 수도 있다. 요소비료의 주요 성분인 질소가 커피 찌꺼기에 들어있다는 사실을 아는 소비자라면, 이를 모아 퇴비로 만들어 제공할 수도 있을 것이다.

이러한 생산자와 소비자 간의 연대는 사회의 공동체성을 회복하는 데도 크게 도움이 된다. 공공영역, 즉 거래 규모도 크고 조직적인 공영도매시장에서도 이런 직거래가 활발해진다면, 연대의 힘이 더욱 증폭될 수 있다.
불확실성이 높아진 농업·먹거리의 위기에 잘 대응하려면 공영도매시장의 ESG[Environment(환경)·Social(사회)·Governance(지배구조)] 활동도 강화시켜야 한다. 공영도매시장의 농산물도매시장관리운영위원회는 유통인 및 전문가 중심으로 구성돼 있다. 이는 도매시장을 생산자, 소비자의 이익에 부합하는 유통 환경으로 변화시키는 데 적지 않게 걸림돌로 작용한다. 생산자와 소비자가 참여하는 열린 거버넌스 체제로 전환하여 의사결정이 이루어지도록 해야 한다. 또한 환경친화적인 물류와 사회적 가치를 많이 창출하는 공영도매시장이 될 수 있도록 거버넌스에 참여하는 생산자와 소비자 대표는 진심어린 목소리를 내야 한다.

소비자는 생산과 유통을 변화시킬 수 있는 큰 힘이 있다. 농산물 생산 및 유통 과정의 공공성과 다양성에 대한 중요성을 알고 움직일 수 있도록 생산자와 소비자가 함께하는 활동들을 기획하고 실천해야 한다. 생산자와 소비자의 연대와 다층적인 활동은 생산-유통-소비 체계의 다양성을 가져올 수 있으며 지속가능한 농업·먹거리 시스템의 든든한 토대가 될 것이다.

위기관리에 유능한 정부, 지속가능한 농업·먹거리를 위한 전환정책

기후위기는 불변의 상수가 되어 모든 정책의 나침반이 되었다. 코로나19 장기화로 원자재 가격 폭등, 국내 식량자급률 하락, 장바구니 물가 상승, 소득수준에 따른 건강 및 먹거리 양극화 심화 등 사회적 불안 요소가 가중되고 있다. 그러므로 다음 정부는 농업·농촌·농민과 먹거리 위기관리 및 대응에 있어서도 유능한 정부가 되어야 한다.

그러기 위해서는 농업을 생산 측면만으로 바라봐선 안 된다. 생산-유통-소비 전 분야를 포괄하여 공공성 확보 차원의 문제 의식을 갖고 접근해야 한다. 특히 현재의 농업·먹거리가 지속가능한지 철저한 진단이 선행되어야 한다. 이를 바탕으로 현장 중심의 다양성을 확보하는 통합 정책을 펼쳐야 한다. 현장에 기반한 다양성 확보로 위기를 관리하고 대응할 수 있는 농정의 방향을 6가지로 제시해 보고자 한다.

첫째, 생산할 권리, 출하 선택권, 먹거리 주권 등 농민과 시민의 권리 보장을 위해, 농민과 시민이 주체가 되어 관련 정책과 예산을 수립할 수 있도록 '참여농정'을 펼쳐야 한다.

둘째, 국민 건강증진 정책 실효성 달성 및 탄소중립 과정의 공정한 전환을 위해 환경먹거리청을 신설하고, 생산-유통-소비-폐기 데이터를 통합·관리하는 인공지능 빅데이터 기반 '전환농정'을 추진해야 한다.

셋째, 공공먹거리 수요를 생산과 일치시킬 수 있도록 계약재배 인프라를 확대하고, 공공이 수매하여 농민이 안심하고 생산에 전념할 수 있도록 '공공농정'을 펼쳐야 한다.

넷째, 공영도매시장의 공정한 경쟁체계 구축 및 지역에 적합한 먹거리

전달체계를 마련하여 지역공동체와 지역경제를 활성화시키는 '자치농정'을 실현해야 한다.

다섯째, 탄소중립에 기여하고 생물다양성 증진에 앞장서며 지속가능한 먹거리시스템을 마련하는 한편, 이를 위해 활동하는 모든 국민에게 지역탄소화폐를 지급하는 '기후농정'을 실천해야 한다.

여섯째, 생산자와 소비자 간 직거래 기반을 확충하여 생협조합원 500만 시대를 열고, 농업의 사회적 가치에 대한 주목도를 높여 농업·농촌 문제를 해결하며 일자리도 창출하는 사회적 '가치농정'을 펼쳐야 한다.

《프레시안》 기고, 2021년 11월 15일 보도

‘농민피해방치법’ 만드는 정부와 국회, 무얼 하는지 묻고 싶다

- 소비자 관점, 식량안보 차원에서 본 양곡관리법 개정안

「양곡관리법」 개정안은 과연 무엇을, 누구를 위한 것인가? 쌀 생산을 조절하고 농산물 생산 체계의 전환을 모색하자는 게 개정안의 취지다. 이는 궁극적으로, 요동치는 곡물 수급 및 가격안정 불확실성 시대에 식량안보 차원에서 접근해야 할 문제다. 또한 그 속에는 생산자와 소비자 모두를 보호하는 내용이 담겨야 한다.

그런데 정부와 국회는 뭘 하고 있는지 묻고 싶다. ‘농민피해방치법’을 만들 셈인가? 더는 책임을 방기하지 말기 바란다. 법안의 중심에는 언제나 국민이 자리해야 한다.

「양곡관리법」 개정안을 두고 찬반양론의 쟁점이 뜨겁다. 찬성하는 쪽은 정부가 쌀값 안정을 유지하기 위한 노력과 정책을 제대로 시행해야 하며, 이를 위해서는 재정 당국의 재량권 남용을 방지하도록 「양곡관리법」에 ‘초과생산 쌀의 시장격리 의무화’를 규정할 필요가 있다고 강력 주장한다. 개정안을 반대하는 쪽은 남아도는 쌀을 무조건 매입하면 막대한 세금이 들어가므로 시장에 맡겨야 한다고 주장한다.

그러나 면밀하게 들여다보면, 「양곡관리법」 개정의 취지는 구조적인 쌀 과잉생산을 줄이기 위해 논 작부체계를 전환하여 현저히 자급률이 낮은 밀, 콩 등의 생산을 늘리자는 것이다.

'농민피해방치법'으로 전락할 우려

기준금리를 한 번에 1%포인트 올리면 시장은 대혼란에 빠질 수 있으므로, 일반적으로 중앙은행은 0.25%포인트 단위로 기준금리를 올린다. 하지만 3월 금리 인상을 앞두고 미국 연방준비제도(연준, Fed)는 또다시 기준금리를 0.5%포인트 인상하는 빅 스텝 카드를 만지작거리고 있다. 금리 1%포인트 인상은 시장에 엄청난 충격을 준다. 가히 심장마비급 충격이라 할 수 있다. 쌀도 마찬가지다. 쌀 생산량 1% 증가는 가격하락을 불러온다. 농민들은 충격에 빠진다. 생산량이 3% 이상 증가하면 농민은 쌀농사를 계속할 수 없는 지경에 이른다. 그래서 정부는 초과 생산량을 시장에서 격리하는 적극 행정을 펼쳐왔다. 덕분에 식량안보에 중요한 쌀 자급률이 90% 이상 유지될 수 있었다.

국회 본회의에 직회부된 「양곡관리법」 개정안에 따르면, 정부의 시장격리 조치 발동 기준은 초과 생산량이 3% 이상이거나 쌀값 하락이 평년보다 5% 이상일 때다. 3%, 5%라는 마지노선을 정한 이유가 있다. 농민의 생존권을 보장하고 사회적 혼란을 막기 위해서다. 그런데 김진표 국회의장은 농민이 견딜 수 있는 극한선을 무시하고 어처구니없는 행태를 보였다. 대통령 거부권이 전제되는 입법보다는 국회에서 의결하고 정부에 이송하는 것이 맞다며, 김 의장은 쌀 초과 생산량 3~5%, 가격하락 폭은 5~8%로 조정하고, 쌀 재배 면적이 증가하면 매입하지 않을 수 있도록 하는 예외 조항을 담아 수정안을 제시했다. '농민피해방치법'에 다름 아닌 안이다.

소비자 관점에서 바라본다면

「양곡관리법」은 정부가 약속을 이행하지 않아 불가피하게 개정하게 됐다. 책임이 온전히 정부에게 있다는 얘기다. 개정 이유에 대한 고려도 처방도 오간 데 없이 '의무 매입'만 가지고 정치적으로 대립한다면, 반드시 국민으로부터 심판받을 것이다. 싸울 거리가 없어서 식량안보, 국민식량, 먹는 것으로 정쟁을 벌이나. 대한민국 국회가 부끄러울 따름이다.

「양곡관리법」 개정 쟁점이 뜨거워도 소비자는 도외시되고 있다. 현 쟁점은 완벽하다 할 만큼 소비자 관점에서 비켜 서 있다. 식량 생산정책에만 몰두한 정부가 소비자 지향적 판매정책을 간과한 결과, 구조적인 식량 과잉 및 과소 문제가 반복되었다. 2021년 기준 한국의 1인당 연간 쌀 소비량은 56.9㎏이고 밀 소비량은 36.9㎏인데, 밀 자급률은 1.1%에 불과하다. 과잉과 과소, 극과 극인 쌀과 밀의 자급률은 소비정책 부재로부터 나타난 결과라고 할 수 있다.

물론 생산 전환정책이 다가 아니다. 가치소비 시대에 맞게 소비자를 고려해야 한다. 소비자들이 국내산 밀을 활발하게 소비할 수 있도록 가공 및 소비지원 정책이 수반되어야 한다. 국내산 밀을 원료로 한 주정 및 다양한 가공품의 지원 확대와 홍보를 통해 소비자들의 선택권을 늘려줘야 한다. 국내산 밀 소비 탄소발자국 인센티브 등의 소비 촉진 정책이 필요하다.

식량안보 차원에서 접근한다면

우크라이나-러시아 전쟁뿐만 아니라, 상시적인 기후위기로 인해 해외시장에서 곡물가가 치솟고 있다. 요동치는 곡물 수급 및 가격안정 불확실성 시대에 2021년 우리나라 식량자급률은 44.4%, 곡물자급률은 20.9%에 그친다. 경제협력개발기구(OECD) 국가 중 최하위를 기록했다. 최재천 이화여대 석좌교수는 국제적으로 식량난이 심각해지면 OECD 국가 중 우리나라가 가장 힘든 나라가 될 것이라고 경고했다.

따라서 「양곡관리법」 개정은 생산자 및 소비자 관점과 함께, 국가를 지키고 국민을 보호하기 위한 식량안보 차원에서 접근해야 한다. 최근 일본은 식량의 해외 의존이 국가안보를 위협한다고 판단해 총리가 직접 나서서 식량자급 대책을 챙기고 있다. 주요 선진국들은 식량을 넘치도록 충분히 생산한다. 식량은 남아야 한다. 여유로운 식량은 쓸데가 많다. 우리도 이제 선진국이다. 때에 따라 빈국에 원조도 해야 한다. 비상시에는 당연히 대처방안으로 활용한다. 국가안보의 초석인 식량안보를 위한 사회적 비용은 감내해야 한다.

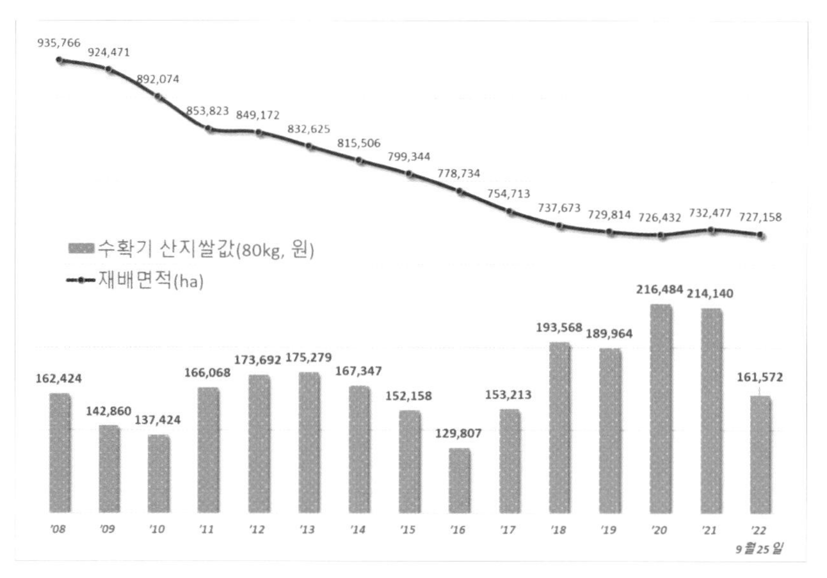

*그림 출처: 신정훈 의원실

헌법 수호할 국가 책임과 정부의 약속

정부는 쌀가격 안정 장치였던 변동직불제(쌀 목표가격제)를 폐지하면서 농민들에게 쌀 자동시장격리제를 약속했었다. 그러나 지난해 시장격리 요건이 충족되었음에도 정부는 시장격리를 하지 않아 유례없는 쌀값 폭락 사태를 야기했다. 정부가 약속을 지키지 않으면 약속을 지킬 것을 요구하고 주문하는 것이 상식이다.

또한 제아무리 국책연구기관이라고 해도 오류가 있다면 바로 잡아야 한다. 「양곡관리법」 개정안의 효과 예측을 위한 연구 설계 및 방법론에 문제가 있었다. 한국농촌경제연구원의 「양곡관리법 개정안 효과 분석」 보고서는 쌀 재배 면적 감소에도 쌀 생산량은 증가하는 것으로 전제했다. 상수常數가 될 수 없는 것을 전제했다. 올바른 예산 집행, 국민의 이익 보호 및 알 권리를 위해 바로잡아야 한다.

농지는 지속적으로 줄어들고 있는 상황에서 일시적으로 과잉 생산된 쌀의 가격을 시장 논리에 맡겨 폭락하도록 방치한다면, 이는 정부의 책임 방기다. 「헌법」 제123조 제4항은 "농수산물의 수급균형과 유통구조의 개선에 노력하여 가격안정을 도모"하도록 국가의 책임을 규정하고 있다. 그렇게 함으로써 "농·어민의 이익을 보호"해야 한다. 정부는 헌법을 수호할 책임이 있다. 사적인 농지를 농업진흥구역으로 묶어 개발 등의 행위를 제한하여 국민을 위한 식량생산 기지로 삼고 있으므로 이에 상응하는 적극 행정을 해야 한다.

정부와 국회는 이제라도 당리당략에서 벗어나, 국민의 이익 보호 및 알 권리를 위해 생산자-소비자 거버넌스 구축에 나서길 바란다. 이를 통해 사회적 협의 구조를 만들어야 한다. 또한 식량안보 및 소비자 관점에서 「양곡관리법」을 바라봐야 한다. 정부와 국회가 식량 생산정책과 함께 소비자 지향적 판매정책을 동시에 수립하여 구조적인 식량 과잉 및 과소 문제 해결에 전력투구하길 바란다.

《프레시안》 기고, 2023년 3월 20일 보도

경제인권, '지역상생푸드'로 재설계해야

최근 농림축산식품부는 차후 세계무역기구(WTO) 협상이 전개되는 경우, 쌀 등 국내 농업의 민감 분야를 최대한 보호할 것이며, 국내 농업에 영향이 발생할 경우 피해 보전 대책을 마련하는 한편, 우리 농업의 근본적인 경쟁력 제고를 위한 대책 등을 강구하겠다고 발표했다. 특히 국내 농산물의 수요 기반을 넓히고 수급 조절 기능을 강화하기 위해 지역 단위 로컬 푸드 소비 기반 마련과 주요 채소류에 대한 가격 안정 정책 등을 지속적으로 확대한다는 방침을 세웠다.

지역 단위 로컬 푸드 소비 기반 마련은 농림축산식품부 유통정책과에서 추진하고 있다. 유통정책과는 주요 채소류의 대표가격을 형성하는 공영도매시장 유통도 담당한다. 다품종 소량 생산 소농·가족농은 지역 단위 로컬 푸드직매장과 생산자가격제로, 단일품목 대량 생산 중·대농은 공영도매시장과 경매제로 이원화하여 관리하고 있는 듯하다. 경매제 낙수효과로 가락시장 가격이 로컬 푸드 가격에 영향을 주고, 국내 농산물 생산과잉과 농산물 수입으로 가격이 폭락하는 현상이 일상화됐다. 관계시장과 일반시장의 이원화에 중·소농이 공영도매시장의 공공출자법인 시장도매인과 직거래할 수 있는 플랫폼 하나를 더하여 삼원화한다면 유통경로의 다양화와 함께 공공시장을 더 확장할 수 있는 계기가 될 것이다.

어제는 국내 농산물 생산 증가에 힘을 기울였다면, 오늘은 국내 농산물 소비 증가로 농업정책의 무게중심을 옮겨야 한다. 생산자는 국민건강을 위해, 소비자는 농업 회생을 위해, 유통인은 공정경제를 위해 각자의 역할을 할 수 있도록 새로운 판을 깔아줘야 한다. 그러기 위해서는 공영도매시장이 위치한 소비지의 지방정부가 유통 및 소비정책을 수립하고 집행하는 책임과 권한을 갖고, 중앙정부는 지방정부를 아낌없이 지원해 줘야 한다. 지방정부는 국내산 농산물 소비정책을 복지정책과 연결하여 소비지 공공시장을 더욱 확대할 것이다. 이는 미래의 WTO 협상에 대응하여 소비자가 나서서 우리 농업을 보호할 수 있는 길이기도 하다.

서울시는 소농과 가족농을 돕기 위해 지역상생교류사업단을 통해 매년 '농부의 시장'을 열고 있다. 전국 시·군에서 엄선해 추천한 약 220개 농가가 참여해 올해까지 82회를 개최했다. 또한, 주요 농산물 생산과잉으로 가격이 폭락할 때와 태풍 등의 자연재해로 농가 피해가 발생할 경우 구체적인 지원 방안을 세웠다. 그 일환으로 시·자치구 직거래 장터 개최, 서울시 투자·출연기관의 장터 판매 공간 지원, 구내식당 식재료 연계, 소비촉진 캠페인 외에 소비자의 왕래가 잦은 사당· 잠실·왕십리역, 상생상회 등지에서 판촉 행사를 진행했다.

이외에도 서울시는 대기업, 프랜차이즈, 온라인 등 심화되는 경쟁 상황 속에서 주민과 상인, 사회적경제 조직 등이 함께 어울려 지역 소비로 지역경제를 살리는 '생활상권 활성화 사업'을 추진하고 있다. 이를 통해 대량생산, 가정간편식 등과의 차별화를 꾀하기 위해 우리 농산물을 주재료로 장인이 직접 만들고, 자녀에게 안심하고 먹일 수 있는 식품을 생산하려 한다. 게다가 가족, 친구들과 가고 싶은 동네가게를 발굴·홍보하는 '손수가게' 운영 계획도 포함돼 있다. 손수가게 발굴·홍보는 농업 분야 사회적경제 조직이 지원하고, 손수가게 식재료는 가락시장에 공공출자법인을 설립해 공급한다면 보다 지속적이고 체계적인 생활상권 활성화 사업으로 자리매김하게 될 것이다. 이러한 모델이 '서울형 지역 상생 로컬 푸드' 사업의 하나다.

정부와 서울시가 부지런히 정책을 펴고 있지만, 농촌의 소농·가족농과 도시의 청년·1인 가구는 굶주리고 있다. 먹거리를 생산하는 농민이 가장 굶주리고 있는 현실에서 「유엔농민권리선언」이 농민 정책의 기조가 되어야 한다. 「유엔농민권리선언」은 자연 자원을 가장 효율적으로 개발하고 이용할 수 있도록 영농제도를 발전시키거나 개혁함으로써 식량의 생산, 보존 및 분배 방법을 개선해야 한다고 명시하고 있다. 이는 적절한 먹거리의 확보와 함께 그것이 가능한 생산체계와 분배체계를 갖추는 게 구조적으로 인권 보호에 필요하다는 뜻이다. 도시의 서민도 돈이 없다는 이유로 인간답게 살 권리를 침해당하지 않도록 '먹거리 기본권'이 서민 정책의 기본이 되어야 한다.

「유엔농민권리선언」과 먹거리 기본권은 경제적으로 어려워도 인권이 보장될 수 있는 '경제인권'으로 귀결된다. 경제인권 관점에서 농촌과 도시에서 굶주림이 없도록 농업·먹거리 통합정책을 설계한다면 지속가능한 농업과 먹거리 체계가 보일 것이다. 또한, 지역 단위의 로컬 푸드에 머무를 것이 아니라, 지역 상생 개념의 로컬 푸드로 확장돼야 한다. 그래야 서울형 로컬 푸드와 지역형 로컬 푸드가 융합돼 국가 푸드 플랜으로 완성될 수 있을 것이며, 차후 WTO 협상이 전개되는 양상과 상관없이 농업활력, 국민건강, 공정경제가 살아나는 살맛 나는 세상이 올 것이다.

《한국농정》 기고, 2019년 12월 8일 보도

학교급식 배달 체계,
'먹거리 뉴딜 정책'으로 발전할 수 있다

초등 저학년까지 온라인 개학에 합류함으로써 긴급돌봄 서비스에 참여한 초등학생 수가 전국적으로 늘어나고 있다. 교육부가 지난 4월 21일 공개한 '시도교육청별 긴급돌봄 참여 현황'에 따르면, 20일 현재 전국에서 11만 4,550명의 초등학생이 긴급돌봄 서비스에 참여했다. 전체 초등학생 272만 1,484명 중 4.2%에 해당하는 인원이다. 그런데 학교급식이 제공되지 않는다. 배달 도시락으로 식사를 한다. 긴급돌봄을 시작한 지 두 달이 흘렀지만, 정상 출근하는 학교급식 조리사들조차 배달 음식으로 식사를 해결하고 있다. 법에 어긋난다는 이유다. 우리나라 무상급식 식품비 예산은 약 2조 7,000억 원, 한 달 미사용 금액은 약 3,000억 원에 달한다. 국가재난 사태임에도 아이들의 건강은 뒷전이고 법부터 따지고 있는 학교 현장을 보며 학부모들은 아연실색하고 있다.

원격교육 기간에도 학교급식은 반드시 이루어져야 한다. 학교급식은 교육과정이기 때문이다. 「학교급식법」은 "학교급식의 질을 향상시키고 학생의 건전한 심신의 발달과 국민 식생활 개선에 기여함을 목적"으로 한다. 「학교급식법」 제13조(식생활 지도 등)에서 "학교의 장은 올바른 식생활습관의 형성, 식량생산 및 소비에 관한 이해 증진 및 전통 식문화의 계승·발전을 위하여 학생에게 식생활 관련 지도를 하며, 보호자에게는 관련 정보를 제공한다"고 규정하고 있다.

한편, 전라남도는 전국 최초로 학교급식용 친환경농산물 식자재 지원 예산 중 104억 원을 친환경농산물 꾸러미 사업에 투입하기로 했다. 학교급식 중단으로 파산 위기에 몰린 농가와 학교급식 납품업체들의 경영안정을 위한 조처다. 전라남도와 전라남도교육청은 4월 말까지 초·중·고 학생들과 어린이집 및 유치원 원생의 가정으로 농산물 꾸러미를 전달한다고 한다.

해외에서는 학교가 쉼에 따라 제자들이 굶을까 걱정된 선생님이 18㎏ 배낭을 메고 밥 배달에 나선 사실이 화제를 낳고 있다. 사회적 거리두기를 유지하면서 배달 등을 통해 학교급식을 제공하는 방식을 적극적으로 모색하는 나라도 있다. 포스트 코로나19 시대 교육 현장은 온라인 교육으로, 혹은 온라인 교육 병행으로 이어질 가능성이 크기 때문이다. 다행히 우리나라는 학교협동조합, 마을기업, 사회적기업 등 신뢰와 연대를 바탕으로 한 사회적경제 조직이 활성화돼 있다. 자치단체의 의지만 있다면 학교에서 조리된 급식이 학부모가 참여하는 사회적경제 조직을 통해 아이들 가정으로 배달될 수 있다.

포스트 코로나19 시대를 대비해 정부·학교·자치단체·시민사회가 새로운 합의·계약을 맺는 방식을 찾아내야 한다. 협치를 통해 학교급식을 혁신할 수 있다. 아이들을 키우는 데 다시금 온 마을이 나서야 한다. 학교는 기존처럼 급식을 재개하고, 정부와 지자체는 사회적경제 조직을 활용하는 방안을 모색할 필요가 있다. 사회적경제 조직을 활용하면 환경친화적인 재사용 도시락 식판을 제작하고, 급식 배달 공공일자리를 창출할 수 있다. 이에 따른 추가경정예산을 편성하고 적극적인 행정을 펼쳐야 한다. 그래야 학교 돌봄교실 학생과 교직원, 가정에서 온라인 교육을 받는 모든 "학생의 건전한 심신의 발달과 국민 식생활 개선에 기여"하게 되고, 생산 농가는 예전처럼 안심하고 농사를 지을 수 있다. 또한, 학교 식자재 납품업체의 경영안정, 맞벌이 가정의 근심·걱정을 덜어줌은 물론, 코로나19로 인한 국제적 식량 위기에 대비해 우리나라 식량안보에도 기여하게 될 것이다. 이는 곧 '먹거리 뉴딜 프로젝트'가 탄생할 기회가 된다.

식중독 사고 발생 시 책임소재가 불명확하고 보상체계도 불분명하다는 이유로 학교급식 배달을 포기하고 있다. 하지만 학부모를 참여시켜 아이들 중심으로 생각을 모으고 배달경로와 시간 등을 알리고 투명하게 관리하면 못할 것이 없다. 정상 등교가 이루어지면 학교를 중심으로 형성된 교육급식 배달 체계가 진일보할 수 있다. 동네 식당과 연계한 아침밥 배달 체계로 확장하는 것이다. 아이들 아침밥, 사회배례계층 아침밥을 배달하는 '먹거리 뉴딜 정책'으로 발전할 수 있을 것이다.

3차 추경을 신속하게 추진하고, 기간산업에 40조 원을 지원하는 한편, 정부 일자리를 50만 개 창출하겠다는 정부 발표가 있었다. 국가 및 자치단체의 예산은 당장 시급한 긴급재난지원금 외에 코로나19 이후의 시대를 대비하는 협치·혁신적인 뉴딜 프로젝트에도 전략적으로 배분돼야 한다. 특히 기존 생산·유통체계를 안정화하고 국민건강에 기여하는 것은 물론, 일자리 창출 효과까지 있는 '먹거리 뉴딜 정책'에 대한 추가경정예산이 편성되길 기대한다.

《한국농정》 기고, 2020년 5월 3일 보도

5

농촌·농업에 대한 이해를 높이는 도시농업

도시농업 일자리 창출을 위한 생태계 조성과 제도가 필요하다

서울 도시농업은 경제진흥본부 도시농업과에서 담당하고 있다. 서울시가 도시농업과(2015년, 도시농업팀에서 도시농업과로 승격)를 경제진흥본부에 두었다는 것은 도시농업을 국민의 생활과 생계에 관계된 경제, 즉 민생경제로 보았기 때문이다. 저성장, 고물가 시대에 접어들면서 에너지, 먹거리, 주거는 민생경제의 3대 주요 현안이 되었다. 도시 환경 과부하를 가져오는 쓰레기 문제, 생산의 기회가 없는 소비자 문제, 해마다 늘어나는 1인 가구(27%)와 독거노인, 탈학교 학생과 학교폭력 문제는 도시가 풀어야 할 과제이다.

위에서 열거한 민생경제와 도시문제의 해법은 도시농업에서 찾을 수 있다. 도시농업을 통해서 도시문제를 풀면서 민생경제를 안정화시킬 수 있으며, 해결하는 과정에서 일자리를 창출할 수 있다. 민생경제와 도시문제 해결 및 일자리 창출 방안을 4가지로 정리하면 다음과 같다.

첫째, 도시에서 발생되는 유기성쓰레기, 특히 커피찌꺼기는 99.8%가 매립되어 다량의 매탄가스를 발생시키고 있다. 하지만 지역주민이 커피찌꺼기를 수거하고 퇴비로 만들어 지역에 사용함으로써 환경문제도 해결하고 일자리도 창출할 수 있다. 지역에서 퇴비화 하면 탄소배출을 더 줄일 수 있으며, 지역주민이 함께하므로 지역발전과 더불어 일자리가 창출될 수 있다. 커피찌꺼기 퇴비화는 과정이 간단할 뿐더러 발생하는 냄새도 커피향이라 누구에게나 익숙하다. 커피퇴비를 도시텃밭과 상자텃밭에 활용할 수 있도록 퇴비공동체를 구성하고, 자치구마다 '우리동네퇴비발전소'를 하나씩 설

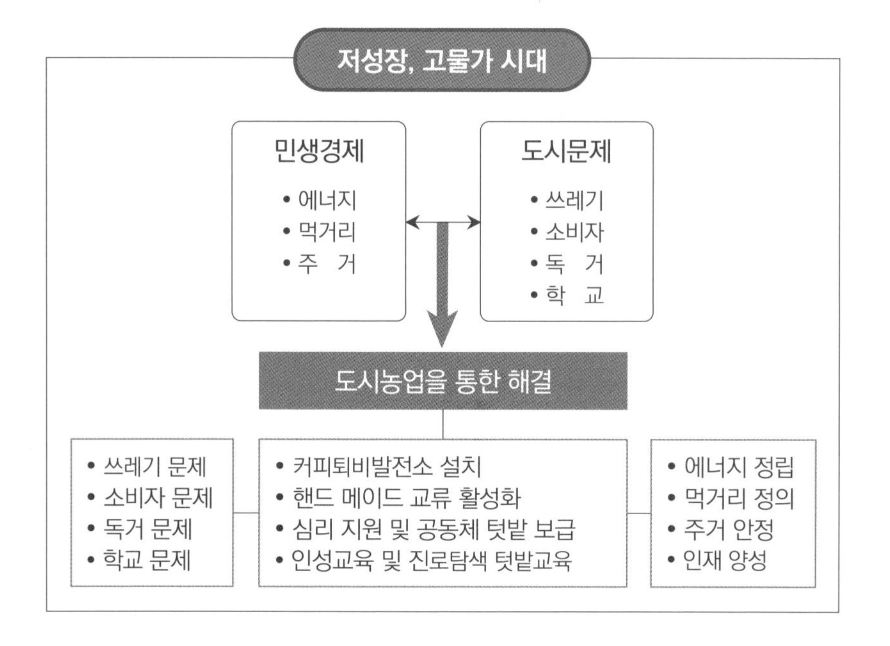

치한다면 최소 50명의 일자리가 창출될 수 있다.

퇴비를 구하는 불편함 때문에 작물 가꾸기를 중도에 포기하거나 텃밭을 방치하는 사례도 줄일 수 있다. 커피생산기업은 환경부담금을 퇴비공동체에 지원하고, 수거, 이동, 매립에 따른 에너지를 조사하여 절약된 만큼 적립(서울 에너지공사 협력)하여 취약계층 에너지 복지에 기부하는 한편, 자치구는 생산된 커피퇴비를 공공재로 구입하여 자치구 도시농부에게 보급하는 것이다. 한발 더 나아가 농업기술센터가 커피퇴비화 기술을 지원하여 여러 곳에서 양질의 커피퇴비를 생산한다면, 한국국제협력단(KOICA·코이카)을 통해 해외 원조까지 모색함으로써 국제적인 선순환사업으로 발전할 수 있을 것이다.

또한 서울 도시농업지원조례 제20조 도시농업공동체 지원사업에 근거하여 '우리동네퇴비발전소'를 설치한 퇴비공동체를 지원하고, 협동조합으로 성장할 수 있도록 경영컨설팅을 제공한다면 지속가능한 일자리가 추가로 창출될 것이다. 여기에 부가적으로 수반되어야 할 것은 2018년부터 적용되는 「자원순환촉진법」에 맞춘 적절한 조처를 강구해야 한다는 점이다. 이 법안에 따라 서울시 조례를 제정할 때, 지역공동체가 커피찌꺼기를 수거할 경우에는 면허 없이도 수거가 가능토록 하여 공공자원화 할 수 있게 해야 한다.

둘째, 고물가 시대에 먹거리 안정과 안전은 민생경제의 현안이다. 도시소비자는 먹거리 생산자로서의 기회가 거의 없어 먹거리의 생산과 제품화 과정을 알기 어렵다. 도시농부가 되어 생산자의 경험을 해보도록 지원하고, 생산한 농산물을 직접 제품으로 만들어 판매할 수 있는 지역별 '도시농부장터'를 확대하면 소비자가 생산자가 되어 먹거리 정의(모든 이에게 좋은 먹거리가 골고루 돌아가길 바라는 것)가 확산될 수 있다. 이는 귀농귀촌의 징검다리 역할을 할 수 있으며, 이러한 생산자로서의 경험이 은퇴 후 경제활동의 디딤돌이 된다. 도시농부장터 일자리 창출은 200명 이상이 될 것이다.

조선시대 정조가 육의전六矣廛을 제외한 일반 시전이 소유하고 있던 금난전권禁亂廛權(일반 시전상인들만의 상행위 활동을 배타적으로 제한한 권한)을 폐지하여 비시전계非市廛系 상인들의 활동을 용인한 상업정책으로, 당시 사회경제적 요구를 관철하여 상업 발전의 새로운 계기를 마련한 신해통공辛亥通共을 시행한 것처럼, 도시와 농촌의 농산물을 활용하여 핸드 메이드 식품을 만들어 유통할 수 있는 기회를 확대해야 한다. 핸드 메이드 제품을 도시농부장터에서 유통할 수 있는 방안은 먹거리창업센터를 오픈 스페이스로 활용하는 것이다.

먹거리창업센터는 즉석식품제조업에 대한 정보 제공과 더불어 핸드 메이드 제품을 만들 수 있는 기회를 제공하는 역할을 한다. 얼굴 있는 도시농부와 농촌농부의 생산물을 활용한 레시피를 가지고 있는 소셜벤처, 협동조합 등 사회경제조직이 먹거리창업센터를 통해 신뢰프로세스에 기반한 제품

도시농업을 통한 해결 1

1. 커피찌꺼기 문제 – 커피퇴비발전소 설치 – 에너지 적립

- 서울시도시농업지원조례 제20조 도시농업공동체 지원사업, 자원순환사회 전환에 근거
- '우리동네퇴비발전소'를 설치하여 퇴비공동체(협동조합) 활성화
- 서울 자치구마다 1개소 설치 → 50명 일자리 창출

2. 소비자 문제 – 핸드 메이드 교류 활성화 – 먹거리 정의

- '서울먹거리창업센터'를 통한 핸드 메이드 제품화 지원
- 도시농부, 도시소비자가 농작물을 활용하여 직접 만든 핸드 메이드 제품을 교류할 수 있는 도시농부장터 활성화 → 도시농부장터 운영인력 200명(2016년 기준) 이상 창출
- 도시소비자가 생산자가 돼보는 경험 확대

- AI 문제 해결하는 도시양계 시도
- 반려견용 핸드 메이드 식품 확장
- 메이커와 DIY에 GIY 생활문화 융합

과 새로운 영역(반려견 인구 1천만 시대에 맞춘 반려견용 핸드 메이드 식품 등)을 발굴하여 사회적경제로 발전할 수 있도록 인큐베이팅을 담당한다면 센터의 실효성은 더 커질 것이다.

셋째, 서울시 1인 가구 비율이 27%를 상회하고, '서울특별시 사회적 가족도시 구현을 위한 1인 가구 지원 기본조례안'이 통과되었다. 향후 1인 가구를 위한 소셜 다이닝Social Dining이 활발해지고 독거 어르신이 늘어나면서 고독사 대비와 심리지원을 위한 반려식물 보급도 늘어날 것이다. 독거문제를 해결하기 위하여 심리지원센터, 50+센터와 연계하여 공동체 텃밭을 보급·관리하고, 공동체 회복을 위한 텃밭 다이닝을 운영한다면 그와 관련된 일자리가 창출될 것이다. 50+센터와 연계하여 만들 수 있는 사회공헌일자리 창출과 비슷한 사례로 2012년 강동구 어르신 35명으로 구성된 '농사직

설' 사업이 있다. 어르신들이 하나의 공동체를 이뤄 텃밭을 가꾸면서 건강도 챙기고 사회활동을 할 수 있는 공간을 만들어 나간다. 공동 경작을 통해 수익을 창출하고 소득은 나눠 가지는 방식이었다.

독거문제를 해결하기 위한 심리지원 공동체 텃밭 보급은 빈 공간 활용 방안과도 연결될 수 있다. 실내에서 가능한 공동체 텃밭으로는 어린이와 노인들에게 좋은 '어린잎 재배 텃밭'이 대표적인 예가 될 수 있으며, 늘어나는 빈 공간의 지하에서 콩나물을 기를 수 있는 '콩나물시루텃밭'도 있다. 콩나물시루 텃밭 근처에 콩을 주제로 '콩나물 식당'이나 '콩나물까페'을 개설한다면 일자리를 더 늘려나갈 수 있다. 콩의 원산지, 콩을 나물로 길러 먹는 우리나라, 토종콩 등 다양한 스토리로 주제를 살릴 수 있다.

넷째, 서울에는 초등학교가 560개, 중학교가 386개 있다. 공교육의 부실로 탈학교 학생이 증가되고, 학교폭력문제도 심각해지고 있다. 이를 해결하기 위해 학교에 텃밭을 조성하고 인성과 창의성을 기르는 학교텃밭 교육을 진행한다면 일자리 창출은 물론, 미래 인재 양성에 기여하는 효과도 클 것이다. 서울 농업기술센터에 의해 200곳이 넘는 학교텃밭이 조성되었으나, 관리와 교육의 질이 부실하다. 텃밭교육의 효과를 충분하게 전달할 수 있는 교육프로그램 횟수가 적고, 텃밭의 교육적 활용과 효과에 대한 홍보 채널도 빈약한 형편이다.

기존에 보급되었거나 새롭게 보급할 텃밭에 초등학교는 '창의인성텃밭', 중학교는 '자유학기텃밭'이란 명칭을 부여하고, 그에 맞는 교육프로그램을 구성하여 상시적으로 텃밭강사를 배치한다면, 텃밭의 교육적 효과가 더욱 커질 것이며, 텃밭강사에게는 안정적인 일자리가 될 것이다. 서울교육청과 지역별 교육청, 일선 학교에 학교텃밭의 교육적 효과를 홍보하고 해외 텃밭 교육의 사례와 효과를 학부모들에게 알리는 세미나 등을 개최하는 활동들이 수반된다면 서울시 텃밭강사는 최소 946명까지 늘어날 것이다.

서울시에서 2016년 가락시장에 조성한 860㎡ 규모의 '자원순환형 가락몰 옥상텃밭'에는 '텃밭에서 식탁까지 도시농업의 순환사슬을 체감'할 수 있는 텃논, 허브텃밭, 작은텃밭도서관, 머루작물터널과 퇴비장, 장독대, 닭장 등이 마련돼 도심에서 쉽게 접할 수 없는 친환경 체험·교육을 할 수 있다. 가락몰 옥상텃밭을 활용하면, 가락시장의 자원(먹거리창업센터, 도서관, 쿠킹클래스 등)과 연계하여 도시농업과 농식품 분야 일자리 창출의 가능성을 제시하는 한편, 청소년들에게 진로탐색의 기회를 제공하는 '꿈생산 텃밭강사' 일자리도 창출될 수 있다.

도시농업을 통한 해결 2

3. 독거 문제 - 심리지원 및 공동체 텃밭 보급 - 주거 안정

- 1인 가족, 독거 문제 해결을 위한 공동체 텃밭 보급
- 공동체 회복을 위한 텃밭 다이닝 운영자 일자리 창출
- 심리지원센터, 50+센터와 연계

4. 학교 문제 - 인성교육 및 진로탐색 텃밭교육 - 인재 양성

- 행복한 학교, 자유학기제 연계
- 인성과 농생명 진로탐색을 위한 자유학기텃밭 설치
- 초등학교(560개), 중학교(386개) 설치 시 텃밭강사 946명 필요

- 빈 공간 실내농업, 옥상 햇빛발전텃밭으로 확산
- 서울도시농업마이스터고등학교 설립으로 인재 양성

한편 민생경제와 도시문제를 해결하는 기능을 가진 도시농업을 활성화시켜 지속적으로 일자리를 창출하고, 그 일자리의 질을 높이기 위해서는 생태계 조성과 지원이 시급하다. 지역별 도시농업지원센터, 민간단체, 협동조

합, 사회적기업 등 도시농업 관련 조직들은 대부분 서울시 공모사업, 자치구 위탁사업을 수행하며 조직을 운영하고 있다. 하지만 사업 아이디어와 역량을 갖추고 있어도 어느 기관 누구를 찾아가야 하는지 몰라 사업화 되지 못한 경우도 있다. 농촌과 상생하는 도시농업, 개방형 혁신을 통한 융합프로젝트 IoT화분관리기 보급, 반려식물과 반려견의 수제 간식 판매 등 다양한 도시농업 분야가 사회적경제로 발전하여 일자리를 창출할 수 있는 가능성도 많으나, 중간에서 꿰어주는 기관이 없어 도시농업 조직들이 고군분투하고 있는 형편이다.

'구슬이 서 말이라도 꿰어야 보배'라는 속담처럼, 도시농업중간지원기구(가칭: 도시농업활성화센터)가 2018년부터 운영되어야 한다. 도시농업활성화센터가 운영된다면, 서울시 산하 공공기관 및 지원센터와 협력하여 자원 연계, 아이디어 발굴과 육성, 적극적 홍보 등을 모색할 수 있으며, 이를 통해 도시농업 사회경제조직을 활성화 하고 민생경제와 도시문제를 해결하는 과정에서 창출되는 일자리를 안정화시킬 수 있게 된다.

2016년 7월 19일 개소한 '서울시 자영업지원센터'에서는 개별사업자 중심에서 공동체 지원으로 지원방법을 다각화하여 3개 이상의 자영업자로 구성된 소상공인 협업체(협동조합, 법인, 단체 등)가 시설, 마케팅, 사업계획을 마련하면 공동시설(설비, 판매장) 확보, 공동브랜드 개발, 점포주변 환경정비 등의 사업에 최대한 1억원의 사업비(자분담 10%)를 지원한다고 한다. 연결하고 꿰어주는 기능을 하는 도시농업활성화센터에서 이러한 정보를 제공하고 코칭해줄 수 있다.

이외에도 도시농업활성화센터는 도시농업의 중간지원기구로서 다양한 역할을 할 수 있다. 도시농업과 연결할 수 있는 사회적경제지원센터와 마을공동체지원센터의 각종 지원 내용을 발굴하여 청년층 사회혁신 일자리를 만들고, 도시농업지원센터와 먹거리창업센터를 통해 경력이 단절된 여성들의 일자리 창출을 도모하는 한편, 심리지원센터와 50+센터와 협력하여 중장년 사회공헌 일자리를 만들고 지속화 할 수 있다. 또한 도시농업 분야 사회혁신가를 발굴하고 지원하여 도시농업이 더욱 활성화되는 데 기여할 수도 있을 것이다.

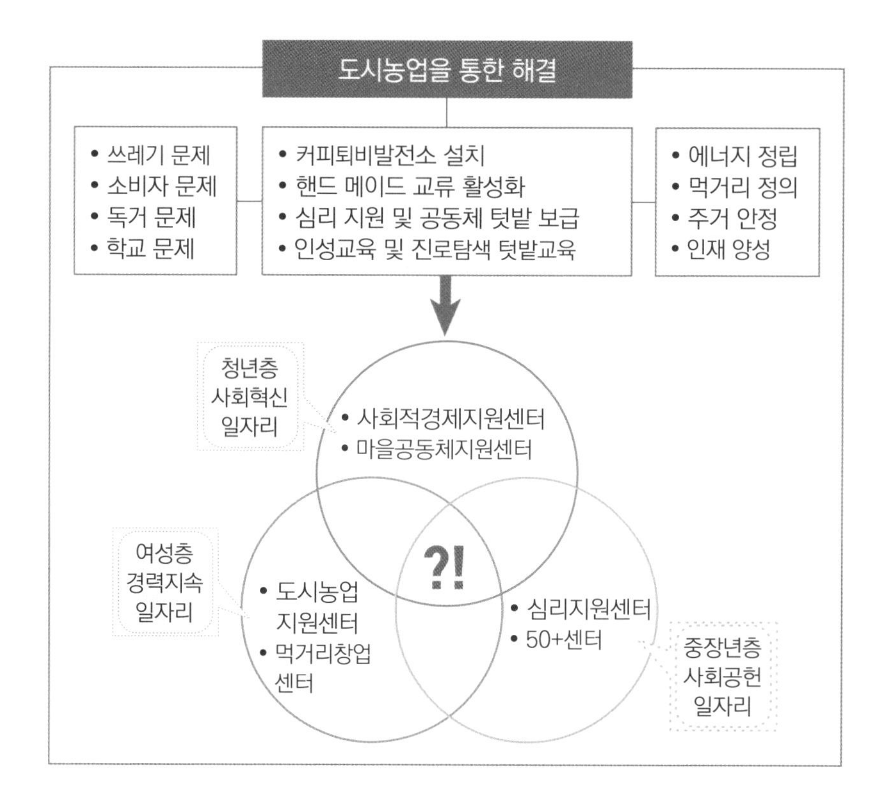

새로운 일자리를 만들기 위해서는 뛰어난 사회적기업가를 발굴하고 지원해야 한다. 뛰어난 사회적기업가란 미국 아쇼카Ashoka 재단 설립자 빌 드레이턴이 말한, 물고기를 잡아주거나 물고기 잡는 법을 가르치는 사람을 넘어

선다. 바로 수산업 전반의 혁신을 이끌어내는 사람이다. 저성장·고물가, 4차 혁명이 불어오는 시대에 농업 분야에서 혁신적인 아이디어를 가진 사회적 기업가를 발굴하고, 아이디어를 구현할 수 있는 지원체계와 구현된 사업이 지속가능하도록 제도와 법률이 뒷받침되어야 한다.

도시농업활성화센터는 서울 도시농업의 대표적인 이미지인 '상자텃밭' 예산을 절약하고 효율적으로 관리할 수 있다. 서울시의 상자텃밭 보급 사업은 관리보다는 보급에 치우쳐 있다. 상자텃밭은 대부분 플라스틱으로 제작되어 깨지거나 태양열에 손상되는 경우가 있어 버려지기도 하고, 지력소모로 더 이상 상자텃밭을 가꾸지 않아 방치되기도 한다. 이러한 문제점을 보완하고 일자리로 연결할 수 있는 방안도 도시농업활성화센터를 통해 모색할 수 있다. 서울디자인재단과 협력하여 서울을 상징하는 색감, 견고한 재질과 효율적 관리를 위한 바코드를 입힌 텃밭상자를 디자인할 수도 있고, 사회경제조직에서 디자인한 상자텃밭을 생산하여 보급하며 관리를 할 수 있도록 도시농업활성화센터에서 코칭을 하는 것이다.

공장식 축산으로 인한 불안한 먹거리 체계를 도시양계를 통해 바꿀 수 있으며 치유농업 일자리도 만들 수 있다. 국립축산과학원에서는 도시형 치유농업 모델을 개발하고 이의 적용을 위해 2016년 6월에 서울 태랑초등학교에서 '도시꼬꼬 학교꼬꼬' 사업을 펼쳤다. 마포도시농업네트워크는 상암텃밭에서 암탉 10마리 수탉 1마리를 기르면서 도시양계의 가능성을 실험하기도 했다. 도시양계는 도시 치유농업 일자리 창출과 더불어 농가의 수익도 올려주는 도농상생 모델이기도 하다.

자원순환, 커피퇴비와 도시농업

자연순환은 작은 순환의 결합으로, 둥글게 빙글빙글 돌면서 앞으로 나아가는 과정이며 무엇인가를 주면 그보다 몇 배를 되돌려주는 선순환의 관계이다. 중요한 것은 보이지 않는, 엄밀히 말해 우리가 알지 못하는 순환이 더 많다는 사실이다. 비록 인류가 자연순환에 관한 지식은 적었을지 모르나, 오래도록 순환에 순응하고 감사하면서 인간과 순환의 관계에 대해 느낌으로라도 알고 있었으며, 그에 대처하는 자세 또한 지혜로웠다.

우리나라 도시 대부분은 자연순환 기능이 저하된 척박한 환경에 처해 있다. 자연 순환의 핵심인, 미생물에 의한 자원순환시스템에 문제가 생긴 것이다. 자연은 스스로 만든 것만 처리한다. 인간이 만들어낸 화학물질은 자연이 안전하게 처리할 수 없으며, 자연이 처리해주지 못하는 폐기물은 육상생태계와 해양생태계 교란은 물론이고, 우리의 건강까지 위협하고 있다. 내 손을 떠나면 나와 상관없다는 환경의식의 결여와 생활 부산물을 자연으로 돌리는 자연순환 생태농업을 멀리한 자업자득의 결과이다.

다행히 자원순환사회로 나아가기 위해 제정된 「자원순환기본법」이 2018년 1월 1일부터 시행되었다. 「자원순환기본법」의 목적은 자원과 에너지를 낭비하는 매립이나 소각 대신 아이디어와 기술을 접목해 자원의 재사용과 재활용을 극대화하여 지속가능한 '자원순환사회'를 만드는 것이다. 주목할 내용은 경제성과 환경성을 갖춘 쓰레기를 폐기물에서 제외해 시장에서 재화로 거래할 수 있도록 하는 '순환자원 인정제'의 도입이다. 현재 폐기물로 분류돼 생활폐기물과 함께 매립되고 있는 커피찌꺼기가 2018년부터는 폐기물에 적용되는 각종 규제를 받지 않고 사회경제적인 부가가치를 창출하게 될 것이다.

도시농업과 연계한 커피찌꺼기 퇴비화는 2012년에 필자가 운영하는 사회적기업과 미생물비료생산 공장이 협업하여 '퇴비제조용 미생물'을 개발하면서 본격화 되었다. 퇴비제조용 미생물은 누구나 손쉽게 커피찌꺼기로 퇴비를 만들 수 있도록 도와주며, 자원순환의 촉매제 역할을 톡톡히 하고 있다. 도시농업의 핵심 가치 중에 하나가 도시 유기물을 퇴비화 하여 땅으로 되돌려주는 자원순환 기능이다. 이러한 기능은 단절되거나 왜곡된 도시의 순환을 회복시키고 도시를 지속가능하게 해준다.

커피찌꺼기 순환은 도시 내 퇴비공동체의 확산과 더불어 농촌과 도시 간의 생산-소비의 일방향이 아닌, 도시와 농촌이 모두 생산자이면서 소비자로서 만나는 양방향 도농순환 공동체의 기틀이 될 수 있다. 현재는 커피전문매장을 운영하는 대기업 일부가 사회공헌 차원에서 커피퇴비를 만들어 농가에 지원하고 있다. 대기업에 의한 커피퇴비 보급은 「자원순환기본법」 발효로 어느 정도 유지될 수는 있겠으나 생활 속 자원순환으로 촘촘하게 퍼질 수는 없다. 생활 속 자원순환으로 확장성을 가지려면 도시의 텃밭 가꾸기와 연계되고 시민들이 참여하는 자원순환공동체가 주축이 되어야 한다.

커피는 원두의 0.2%만 사용되고 나머지 99.8%는 커피찌꺼기로 버려진다. 서울시의 경우 하루 140톤이 쏟아져 나오고, 매립지로 이동되어 다량의 메탄가스를 발생시키고 있다. 하지만 커피찌꺼기를 잘 활용한다면 환경문제도 해결하고 일거리도 만들 수 있다. 이와 관련해 2015년부터 꾸준하게 마을 단위의 퇴비공동체가 형성되고 있다. 2015년에는 서울시 양천구 양천아파트 주민들이 모여 생채소쓰레기를 퇴비로 만들어 텃밭을 가꾸는 '우리동네 퇴비발전소'가 구성된 바 있고, 2016년에는 서울시 서초구 잠원동, 방배동 등 4개 동 환경실천단원이 중심이 된 커피퇴비공동체가 형성되었다. 2017년에는 서초여성가족플라자의 '커피드림' 프로젝트 팀이 발족·운영되고 있으며, 서울시 도봉구의 '협동조합 숲속애愛'는 조합원들이 커피퇴비공동체를 조직하여 마을축제, 프리마켓에서 나눔 활동을 펼치고 있다.

위 사례와 같은 작은 단위의 움직임들을 사회적인 선순환 시스템으로 발전시켜야 한다. 구조화 된 동네 커피퇴비공동체가 활성화되면, 다양한 이점을 기대할 수 있다. 텃밭 가꾸기가 활성화 돼 텃밭 방치 사례를 막을 수 있다. 또한 정책적으로 보급된 도시텃밭상자의 재사용과 순환을 촉진시킬 수 있으며, 각 가정의 베란다에 한두 개쯤은 방치되어 있을 법한 화분의 흙을 재생하여 식물을 가꿀 수 있는 기회도 제공하게 된다. 커피퇴비 순환이라는 하나의 순환이 화분 재사용이라는 또 다른 순환을 낳게 되는 것이다.

사회적인 선순환 시스템의 토대는 마을과 주민이다. 마을 단위의 퇴비공동체가 커피퇴비를 안정적으로 제조할 수 있게 뒷받침하는 방안은 '제조지원'과 '우선구매'이다. '제조지원'은 커피매장 운영 기업이 환경부담금으로, '우선구매'는 자치구가 공공재로 구입해주는 것이다. 구매한 커피퇴비는 상자텃밭 보급, 공공텃밭, 분갈이 서비스 등에 이용할 수 있다.

커피찌꺼기가 퇴비로

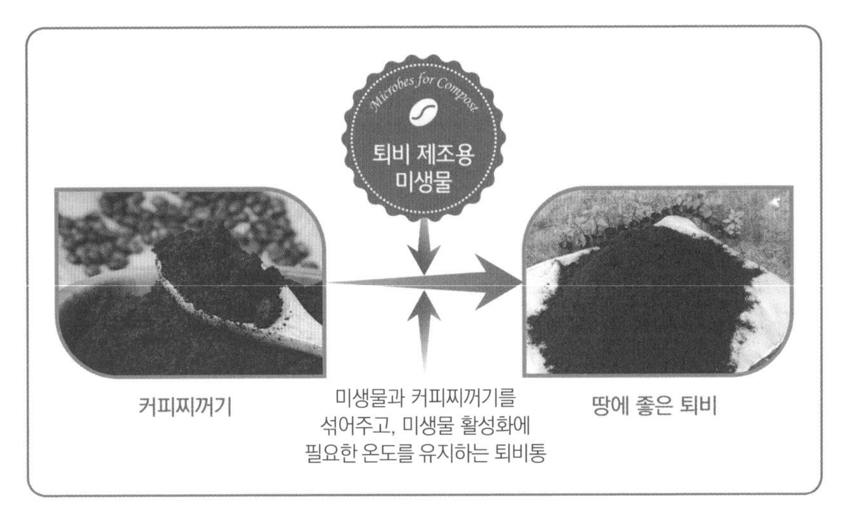

커피찌꺼기로 만든 커피퇴비는 효과가 좋아요

생채소·커피찌꺼기 발효 퇴비로 상추, 래디시, 딸기의 생육실험을 한 결과

❶ **상추** 철분(Fe)과 칼륨(K)의 함량이 다른 대조군보다 매우 높게 나왔습니다.

❷ **래디시** 아미노산의 함량이 다른 대조군에 비해 생채소·커피찌꺼기 발효 퇴비를 혼합한 것에서 항목에 따라 1.5~3배 이상 높게 나왔어요.

❸ **딸기** 생채소·커피찌꺼기 발효 퇴비를 사용한 곳의 열매가 8.5브릭스로 당도가 가장 높았습니다.

❹ **양분 분석** 생채소·커피찌꺼기 발효 퇴비를 사용한 곳의 작물이 다른 대조군보다 월등히 영양소 함량이 높았습니다.

발효 퇴비 일반 퇴비 무처리

커피찌꺼기

커피찌꺼기는 매립되어 메탄가스를 배출합니다

우리나라는 2013년 기준으로 가공하지 않은 커피콩 12만 톤 정도를 수입하는데, 원두에서 커피를 내리면(0.2%), 나머지 99.8%는 찌꺼기 형태로 남습니다. 이 찌꺼기 대부분을 쓰레기로 태워버리거나 땅에 묻는데, 그대로 묻으면 지구온난화에 영향을 미치는 메탄가스가 다량 발생합니다. 커피찌꺼기를 생활에 잘 활용하면 건강한 환경 만들기에 기여할 수 있어요.

커피찌꺼기는 질소와 인이 풍부해서 텃밭을 일구거나 화분에 식물을 키울 때 퇴비로 쓸 수 있어요. 질소 성분이 2% 정도이며, 탄소와 질소 비율은 약 20:1로 동물 거름 비율과 비슷하답니다. 산성이 빠져나간 상태여서 중성에 가깝고요.
하지만 카페인이 분해되지 않은 상태로 흙에 넣으면 흙 속의 다른 성분과 결합해서 식물이 필요한 영양분을 흡수하지 못하게 하여 말라 죽게 하니 이 점은 유의해야 합니다.
그 밖에 커피찌꺼기는 로스팅 과정을 거치면서 탄화된 것이기 때문에 잘 말리면 옷장 습기 제거, 실내 공기정화, 신발장이나 주방, 냉장고 냄새를 없애줍니다.
벌레가 생기기 쉬운 곳에 뿌려두면 해충을 어느 정도 막아주고요. 묵은 때나 기름기를 제거, 가구 흠집을 제거하고 광을 낼 때도 쓸 수 있답니다. 녹슨 칼이나 바늘에 문질러주거나 함께 두면 녹을 방지할 수 있어요. 천연염색을 할 때 쓰기도 하지요.

*출처: 《프레시안》 2015.04.17.

커피찌꺼기는 중금속 제거 효과가 있어요

커피찌꺼기는 중금속을 제거하는 데 탁월한 효과가 있습니다. 중금속은 생태계를 파괴할 뿐만 아니라 인체에 흡수되면 축적되어 치명적인 각종 질병을 일으키지요.

서울대 보건대학원 정문식(환경보건학) 교수팀은 최근 「커피찌꺼기를 이용한 폐수 중 납·크롬·카드뮴 제거에 관한 연구」를 통해 커피찌꺼기가 가진 중금속 제거 효과를 규명했습니다.

연구 결과, 커피찌꺼기가 중금속 제거에 아주 효과가 좋은 것으로 나타났는데, 그 이유는 커피 찌꺼기의 특수한 섬유구조표면에 중금속이 잘 흡착되기 때문이라고 합니다.

• 연구내용 및 결과

커피찌꺼기를 증류수로 처리해 남아있는 커피 성분과 불순물을 제거, 건조시켰다고 합니다.

그 다음 납·크롬·카드뮴 등이 혼합된 각각 0.5, 1, 5, 10ppm의 용액에 이 찌꺼기를 0.3g씩 넣어 용액의 산도(酸度·pH)·온도별 제거 능력을 측정, 이를 같은 조건에서의 활성탄에 의한 중금속 제거율과 비교했습니다.

그 결과 농도·온도·산도 등 최적조건에 따른 커피찌꺼기의 중금속 최고 제거율은

▲납 84~100% ▲크롬 84~90% ▲카드뮴 43~90%에 이르렀다고 합니다.

이 과정 중 납은 저농도(0.5ppm) 폐수에서 활성탄의 2배, 크롬은 고농도 폐수에서 최고 2.5배의 제거율을 보인 것으로 조사됐고요.

특히 시간에 따른 커피찌꺼기의 중금속 제거율은 30분 이내로 매우 신속한 결과를 얻었답니다.

급증하는 1인 가구 시대의 도시농업

회색으로 대변되었던 도시, 이제는 1인 가구의 대명사가 되고 있다. 정서가 메마르기 쉽다. 다행히 점점 퍼져가는 회색빛 빌딩 사이로 도시의 푸르름을 유지하기 위하여 도시녹화가 꾸준하게 진행되고 있고 생활 속 녹화로서 도시농업이 확산되고 있다. 환경, 먹거리, 교육, 정서문제 해결을 위한 방안으로 도입되었던 도시농업이 급증하는 1인 가구 시대를 맞이하여 더욱 필요한 존재로 부각되고 있다.

1인 가구의 증가는 산업화와 도시화 과정이 급속하게 진행되면서 나타나는 사회적 변화와 깊은 연관이 있다. 산업화와 도시화는 여럿보다는 혼자 살 수밖에 없는 가구 형태를 만들었고, 경기침체, 청년실업 등으로 20~30대 1인 가구가 급속하게 늘었다. 통계청이 발표한 '2016 인구주택총조사' 결과에 의하면 전체 가구 수 가운데 1인 가구가 가장 큰 비중을 차지해 27.9%에 달한 상황이다. 특히 대전과 서울의 1인 가구 비율은 각 30.4%와 30.1%를 보여 이미 30%를 넘어섰다.

1인 가구가 크게 늘면서 혼밥(혼자 밥 먹기), 혼놀(혼자 놀기), 혼여(혼자 여행), 혼영(혼자 영화 감상) 등의 신조어가 보편화되었다. 2015년 6월 취업포털 기관에서 직장인을 대상으로 점심메뉴를 조사한 결과 가정식백반 즉, 집밥이 가장 선호하는 메뉴로 나타났다고 한다. 혼밥을 즐기면서도 집밥을 가장 선호하는 양가성을 지니고 있음을 알 수 있다. 강력한 소비주체로 부상하고 있는 1인 가구는 '솔로이코노미(1인 가구를 대상으로 하는 소비시장)'라는 새로운 시장을 만들고, 경제는 물론 정치, 사회, 문화 등 전반적인 흐름을 주도하고 있다.

화려한 싱글, 나 홀로 생활의 증가와 더불어 나타나는 외로움과 고독은 1인 가구의 어두운 단면이자 사회적인 문제이기도 하다. 올해 경기연구원이 발표한 '경기도민 삶의 질 조사 V : 웰빙' 보고서에 따르면 1인 가구의 삶의 질은 다인 가구에 비해 낮고, 건강인식 역시 4인 이상 가구 대비 11% 이상의 격차가 있었다. 1인 가구 중 인간적 교류가 없는 경우 '삶에 만족한다'고 생각하는 비율이 최하위이지만, 반려동물이 있는 경우(45.5%) 삶의 만족도는 증가하는 것으로 나타났다. 물론 외로운 삶에 위로를 얻기 위해 기르는 반려동물의 증가 현상이 꼭 긍정적인 것만은 아니다. 그 이면에는 소음과 냄새, 공포로 인한 이웃주민 간의 갈등, 반려동물을 함부로 유기하는 데서 오는 폐해 등이 상존하기 때문이다. 이런 상황과 함께, 60대 이상 우울증 환자의 증가, 고독사, 자살 등 1인 가구 증가에 따른 부작용은 사회적으로 큰 관심을 가져야 할 문제가 되었다.

이러한 문제를 해소하기 위해 서울시에서는 마음을 위로하는 '속마음버스'와 지친 일상에 위로의 처방을 내려주는 '마음약방' 무인자판기를 운영하고 있다. 홀로 남겨진 사람이 늘어갈수록 사회적 치유서비스에 대한 수요는 커질 것이다. 도시농업도 사회문제를 해결하고 시대적 흐름에 맞게 1인 가족을 대상으로 한 새로운 도시농업 문화와 서비스를 개발하고 확충해야 한다. 그러나 국가가 전적으로 책임지는 사회서비스가 되어서는 곤란하다. 스웨덴처럼 국가가 개인을 보살피는 사회안전망이 견고해지자 서로가 서로를 돌보지 않게 되는 현상이 나타날 수 있기 때문이다.

1인 가구를 위한 도시농업 사회서비스의 한 사례로는 '반려식물상자'를 생각해 볼 수 있다. 사회적 배려계층인 1인 가구에 적합한 식물과 상자로 구성하여 정서적 안정과 힐링을 도모하는 식물상자를 보급하는 것이다. 그러나 보급차원에서만 머물지 않고 재배과정에서 나타나는 문제와 대처방안에 대하여 주기적으로 정보를 제공하는 한편, 재배노하우 교류 및 키우던 식물 나눔이 이루어질 수 있는 만남의 장을 마련해야 한다.

돈을 주고 산 상추가 남으면 나누려고 하지 않지만, 직접 기른 상추를 수확하면 나누려고 한다. 그런데 나누고 싶어도 나눌 수 있는 제도와 시스템이 마련되어 있지 않다. 대안은 도시농부 장터, 벼룩시장, 마을축제 등과 연계하거나 서울시 송파구 잠실본동 주민센터 입구에 설치된 '공유냉장고'처럼 특별한 냉장고를 활용해 볼 수 있다. 도시텃밭에서 일시적으로 넘쳐나는, 자랑스러움과 고마움이 담긴 신선한 채소를 공유냉장고와 연계하면 공유텃밭이라는 새로운 텃밭 유형과 함께, 또 다른 시너지효과가 나타날 수 있을 것이다. 도시농업은 나눔으로 자랑스러움과 고마움이 커지는, 긍정적인 사회 분위기를 조성하는 역할을 할 수 있을 뿐더러, 불황으로 위축된 나눔문화의 불씨를 되살리고, 서로가 서로를 돌볼 수 있는 사회시스템으로 작동할 수 있다.

1인 가구의 영향으로 공유경제가 살아나는 것에 주목하여 '옥상을 밥상으로 공유'하는 1인 가구 밥상공동체를 지원하는 사회서비스도 시도해볼 만하다. 옥상밥상공동체 조성과 지원 사업은 옥상녹화는 물론이고, 서로의 안부를 물으며 1인 가구의 건강도 챙기면서 위안을 얻는, 즉 사회적으로 '몸과 마음을 기댈 언덕'을 만들어 주는 일이 될 수도 있다.

1인 가구의 사회적인 문제 해결은, 공동체에 속한 개인과 개인이 작물을 돌보는 과정에서 만나 서로를 보살피게 되는 도시농업공동체를 지원하는 제도에서 그 혜답慧答을 찾을 수 있지 않을까 기대해 본다. 또한 전 연령층으로 확산되고 있는 1인 가구를 위해 '생애주기별 먹거리 특별구역'을 만들고 육성해, 공정하고 공평하고 공유할 수 있는 안전한 먹거리 문화가 형성되길 바란다.

1인 가구를 위한 투명컵화분, 래디시(20일 무) 재배하기

래디시는 20일이면 성장하기 때문에 '이십일 무'라고도 합니다.
봄과 가을, 20℃ 전후의 시원한 기후를 좋아합니다.
노화와 암을 예방해주며 고기와 함께 먹으면 구울 때 발생하는 발암물질을 없애주고 숙취해소 효과도 있습니다.

래디시 재배하는 방법

❶ **물주기** 겉흙이 마르면 물을 충분하게 줍니다.

❷ **햇빛의 양** 씨앗을 심고 그늘진 곳에 두었다가 싹이 트면 양지바른 곳으로 옮깁니다. 하루 2~6시간 정도 햇빛이 드는 장소가 적당합니다.

❸ **솎기와 수확** 싹이 나고 1주일 후에 약해 보이는 새싹을 뽑아 솎기를 합니다. 또 1주일이 지나면 2차 솎기를 하고, 약 30일 후에 수확을 합니다.

래디시

❹ **활용** 샐러드로 만들어 먹거나, 야외텃밭, 스티로폼 상자텃밭에서 재배하여 양이 많을 경우 피클을 담가 활용하면 식탁이 상큼해질 수 있습니다.

래디시피클 만들기

❶ 래디시, 양파, 양배추, 청양고추 등을 먹기 좋게 썰어 유리병에 담습니다.

❷ 물 3컵, 유기농 설탕 1.5컵, 식초 2컵, 소금 1큰술, 피클링스파이스 1/2큰술로 만든 피클용 소스를 2분간 끓여 뜨거울 때 병에 부어줍니다.

❸ 병이 식으면 냉장고에 넣고 3~5일 후 꺼내어 맛있게 먹습니다.

래디시피클

도농상생을 위한 도시농업공동체 활성화

2017년 3월에 「도시농업의 육성 및 지원에 관한 법률」(일명 「도시농업육성법」) 일부개정안이 공포되었다. 정부가 개정 이유에서 밝혔다시피 그간 도시농업의 범위는 "도시에서 농작물을 경작 또는 재배하는 행위"로 매우 협소하게 규정돼 있었다. 따라서 다양한 모습의 도시농업활동이 도시농업으로 인정받지 못하는 폐단이 있었다. 이에 때늦은 감은 있지만, '수목·화초 재배 행위'는 물론, '도시양봉을 포함한 곤충 사육 행위'까지 그 범위를 확대한 것은 크게 환영할 만한 일이다.

도시농업 범위 확대는 다른 측면에서도 중요한 의미를 가질 수밖에 없다. 거의 유명무실한 조항에 불과했던 '도시농업공동체 지원'에 대한 기대감을 높일 수 있기 때문이다. '도시농업공동체'가 보다 현실성 있는 실체로 다가올 계기가 마련되었다고 볼 수 있는 것이다. 이제 도시농업공동체 운영은 일정 규모 이상의 텃밭 외에 학습·취미·여가·체험용으로 사슴벌레류, 풍뎅이류, 나비류, 꽃무지류, 귀뚜라미류, 개미류 등의 곤충사육, 양봉으로 확대되었다. 도시텃밭의 생태계가 더욱 풍부해지고, 도시농업공동체가 다양한 영역으로 확산될 수 있는 기회가 되리라 본다.

도시농업공동체는 도시지역 가구가 5가구 이상 참여하고, 운영하는 텃밭이 100㎡ 이상이며, 대표자를 선정하고 운영관리계획서를 갖추면 해당 자치구에 등록 신청을 할 수 있다. 도시농업공동체로 등록되면 자치구에 따라 차이가 있지만 텃밭운영에 필요한 소정의 금액을 지원받을 수 있다. 사실 이러한 지원은 도시농업공동체를 유지하거나 확대하는 데 별반 도움이 되지 않는다. 그래서 마을공동체로 등록하여 마을공동체 지원사업에 참여하거나 주민참여예산지원사업에 응모하기도 한다. 지원사업에 선정된다 해도 규모 확장에 도움은 되나 지속성을 담보하기는 어렵다.

공동체가 중요한 이유는 상호작용에 기반을 둔 신뢰, 규범, 연대와 같은 가치들을 통해 지역은 물론이고 국가적인 신뢰프로세스를 구축할 수 있으며, 국민행복 증진에 크게 기여할 수 있기 때문이다. 에리히 프롬은 자신의 저서 『소유냐 존재냐』에서 "존재의 유대 관계 속에서 행복을 회복할 수 있다"고 했으며, 사회심리학자 제니퍼 아커 스탠퍼드대학 교수는 "사람들을 위해 좋은 행동을 하는 것이 가장 큰 행복감을 초래한다"고 말한다. 존재의 유대, 타인을 위한 행동을 기본으로 한 좋은 공동체는 우리 삶의 질을 높일 수 있다.

도시와 농촌을 막론하고 공동체성이 약해지고 해체되고 있는 게 현실이다. 이를 안타깝게 여겨 새로운 삶을 위해서 공동체를 만들고, 그 안에서 서로 신뢰를 쌓으며 문제를 해결해 나가고 행복을 찾고자 노력하는 이들이 출현하는 것은 그나마 다행스런 일이다. 도시에서는 소박하고 건강한 먹거리로 공동체 정신을 회복하려는 움직임과 더불어 사회적 연결망 형성 기능을 가진 도시농업을 통해 인간 소외와 공동체 파괴로 이어지는 도시의 문제를 해결해가고 있다. 도시농업은 도시에 크고 작은 공동체를 형성에 기여하고, 기존 공동체를 재활성화시킴으로써 도시의 공동체문화를 풍부하게 해준다. 그래서 도시의 마을공동체, 지역공동체 활성화 사업을 추진하는 주체들은 텃밭을 조성하여 이를 공동체 문화 공간으로 적극 활용하고 있는 것이다.

도시농업은 생태환경 공동체를 유지하기 위한 다양한 융합 활동으로 변화하고 있다. 특히, 공동체지원농업(CSA Community Supported Agriculture)의 한 형태로 소농·가족농이 생산한 '제철꾸러미'를 신청함으로써 농민에게 공정한 보상과 지속가능한 농업 시스템을 지원하는 도시농부들이 늘어나고 있다. 도시농부는 농촌의 소농이나 가족농처럼 도시에서 작은 공간이지만 가족들과 함께 다양한 작물을 가꾸면서 생태적인 농사를 짓고, 그 과정을 통해 소농·가족농의 마음을 헤아리며 상생하는 활동을 펼치고 있다.

도농상생은 도시와 농촌 간 공존을 위한 공감대 형성과 이를 토대로 한 공동체적 활동을 필요로 한다. 도시와 농촌은 공동체 회복이라는 공통의 과제를 안고 있다. 해결 방안 중에 하나는 농촌과 교류하고 농업을 지원하는 도시농업공동체를 육성하는 것이다. 이의 효과적인 방안은 도시농업공동체가 도시농업 활성화 및 지속가능성을 높이고 협동조합으로 발전할 수 있도록 길을 열어주는 한편, 도농상생의 핵심역할을 할 수 있도록 법률을 개정하고 조례를 제정하는 것이다.

법률 개정과 조례 제정은 시간이 걸리므로 「도시농업육성법」에 담긴 도시농업의 유형을 시민에게 홍보하면서 도시농업공동체의 가치와 등록 방법 등을 함께 알린다면 지금보다는 더 많은 도시농업공동체가 만들어질 것이다. 다만 도시농업공동체 등록 요건 중 운영하는 텃밭이 100㎡ 이상이어야 한다는 규정에 대해선 자치구 공공텃밭, 공공기관 옥상텃밭, 한국토지주택공사 도시농업농장, 대학교 캠퍼스농장 등을 운영하는 공공영역에서 적극 지원한다면 해결될 수 있다.

도시텃밭에서 이루어지는 도시농부들의 모임은 퇴비, 밥상, 씨앗, 적정기술, 약초, 교육, 문화, 청년 등 관심사에 따라 각양각색이다. 이러한 모임들을 발굴하여 도시농업을 지속적으로 실천할 수 있게 뒷받침하는 것은 물론, 도농상생 도시농업공동체로 발전할 기회를 마련해주어야 한다. 도농상생 공동체는 '공동체가 지원하는 농업 다양화', '제철꾸러미 신청', '내 논 갖기' 등 다양한 형태의 실천 방안을 모색할 수 있다. 농촌공동체와 교류하면서 해당 마을에 교류농장을 조성하여 공동체와 공동체가 함께 농사를 지으며 도농상생의 보람과 행복을 얻게 될 것이다. 또한 소농·가족농, 귀농인과 그들이 조직한 공동체를 지원하는 도시농업공동체가 활성화되어 농산물, 농사법, 조리법 등을 매개로 공동체 간 지속적인 교류가 일어난다면 농촌으로의 인구의 이동, 출산율 증가, 행복지수 향상이라는 상생의 나비효과가 자연스럽게 나타날 것이다.

동물복지, 가치소비 그리고 도시농업

「유엔자연헌장」에는 "모든 생명체는 인간에 대한 가치와 관계없이 그 존엄성이 인정되어야 한다"고 명시되어 있다. 지구의 다양한 생물들은 인간의 삶과 함께해 왔으며, 인간의 삶을 윤택하게 하는 근원이기도 하다. 식물, 동물과 인간이 하나의 생명줄로 연계되어 있기 때문에 모든 생명체는 존엄성이 인정되어야 하는 것이다. 인간중심적 사고에서 인간과 자연의 공생적 사고로의 전환을 촉구하고, 지속가능성 개념을 통해 환경과 인간복지 간의 관계의 중요성을 강조하는 '생태복지'와 「유엔자연헌장」은 일맥상통한다.

식물복지, 동물복지, 인간복지를 아우르는 생태복지 중에서 인간에게 가장 가깝게 다가온 것이 동물복지(animal welfare)이다. '안락한 환경이 어우러져 행복을 누릴 수 있는 상태'를 복지라고 한다. 동물복지는 인간이 자신의 영리만을 위해 동물을 이용하는 것을 반대하고, 동물에 대해 최소한의 윤리성을 확보하는 일이다. 동물복지는 2008년, 유럽연합(EU) 제안으로 'ISO 26000(사회적 책임에 관한 국제표준; 조직의 결정과 활동이 사회와 환경에 미치는 영향에 대해 투명하고 윤리적인 행동을 통해 조직이 지는 책임)'에 정식 채택되었다. ISO 26000 동물복지는 식품안전 기준보다 더 강제력 있는 표준안으로 자리 잡아 가고 있다.

ISO 26000을 계기로 국제사회는 기업, 비영리단체, 공공기관 등 모든 조직의 사회적 책임이 강조되는 책임사회로 나아가고 있다. 최근 국제소비자기구도 문제의식책임, 참여책임, 사회적 책임, 환경보존책임 등 소비자책임을 선언했다. 소비자도 책임의식을 갖고 실천하는 사회가 도래했으며, 기업의 사회적 책임을 촉구하기 위해서는 윤리적 소비, 착한 소비를 넘어 가치 소비(사회적 가치가 부여된 제품을 소비, 즉 나만의 가치가 아니라 우리의 가치를 추구하는 소비)가 필요하다고 한다.

우리나라는 2013년에 '축산선진화법'이라 불리는 「동물보호법」 제29조의 개정으로 '동물복지축산농장'이 등장했다. 하지만 최근 '살충제 계란 파동'으로 지탄받은 것처럼, 대부분의 가축이 아주 가혹한 환경에서 생활하고 있다. 동물복지농장 산란계의 경우, 다단 구조물(케이지)이 설치된 계사는 "이용 가능 면적(다단구조물 포함) 1㎡당 9마리 이하"로 법에서 규정하고 있지만, 이의 몇 배에 이르는 사육밀도로 케이지에 갇혀 사는 게 현실이다. 정책적 지원을 받고 있는 동물복지농장제가 생겼어도 여전히 공장식 밀집축산이 줄지 않는 이유는 육류 소비량이 해마다 증가하고 있기 때문이다. 2016년 한 해에 닭을 7억 3천만 마리를, 달걀은 135억 6천만 개(1인당 평균 268개)를 소비했다고 한다.

사실 동물복지농장제와 더불어 방역시스템, 품질 인증제 등을 엄격하게 실시하더라도 소비자의 태도가 변하지 않는 한, 갈 길이 요원해 보인다. 지나친 칼로리 섭취, 육식 위주의 식문화에서 탈피할 필요가 있다. '네(식물과 동물)가 행복해야 내(인간)가 행복하다'는 공생적 사고와 가치소비가 함께 이루어져야 동물복지농장 정책이 성공할 수 있다. 《헤럴드경제》가 분석한 '2017 맛 트렌드'에 의하면, 지구와 환경을 고려하는 소비자가 늘고 '환경 가치 소비'가 대세로 떠오르면서 환경과 공존하는 한 단계 진화한 채식음식문화가 눈에 띄었다고 한다.

슬로푸드 운동의 발상지인 이탈리아 토리노는 동물의 기본권 보호를 위하여 '채식도시'를 선언했다. 독일에서도 건강한 삶에 대한 관심, 생명존중, 환경을 생각하는 방향으로 식문화와 소비가 변하면서 20~30대 청년층을 중심으로 채식인구가 꾸준하게 증가하고 있는 추세이다. 채식을 선택하는 사람들 대다수가 동물복지에 관심이 많으며 기후변화에 대한 위기의식이 커지면서 채식주의 운동이 더욱 탄력을 받고 있다. 기후변화 대응, 도시열섬 완화를 위하여 시작된 도시농업 분야에서 활동하는 사람과 도시농부 중에는 채식하는 사람들이 많다. 도시농부들은 생태적인 흙 가꾸기를 통해 땅의 복지를 실천하며 최대한 자연의 시간과 환경에서 재배하면서 식물복지에도 기여하고 있는 셈이다.

동물복지는 식물복지의 기본이 되는 토양에 영향을 주고, 동물복지는 식물복지, 인간복지와 상호작용을 하며 하나의 사슬체계를 이루고 있다. 식물복지를 통해 인간복지에 도움을 주고 동물복지를 생각하는 것이 도시농업이다. 이러한 의미에서 도시농업은 인간과 자연이 공존하는 생활 속 생태복지라 할 수 있다. 즉 생태복지를 실현하고 동물복지에 공헌하는 것이 도시농업인 것이다.

도시농업의 볼륨을 높여 식문화와 가치소비에 대한 인식을 확산시키는 것은 동물복지, 생태복지에 기여하는 것이 된다. 이를 위한 실천적 방법으로 첫째, 실천중심 도시농부 교육에 식물복지, 동물복지, 인간복지를 결합하여 '생태복지 도시농업'으로 교육과정을 구성할 필요가 있다. 더불어 자치구별, 학교별, 마을별로 촘촘하게 도시농부 교육이 이루어질 수 있도록 해야 한다. 이러한 노력은 도시농업의 새로운 가치 창출과 제2의 붐을 일으키는 계기가 될 수 있을 것이다.

둘째, 식생활 교육과 미래식량곤충을 접목하여 새로운 도시농업 식문화를 창안하자. 우리는 필요 이상으로 많은 육류를 섭취하고 있다. 세계보건기구의 권장식단에 따르면, 인류가 전체적으로 과일과 채소 소비는 25% 더 늘려야 하고, 붉은 고기 소비는 56%나 줄여야 한다. 2013년, 유엔식량농업기구는 “곤충은 인류를 위한 훌륭한 영양공급원”이라고 인정했다. 곤충도 도시농업에 적극 반영하자. 도시농업에서의 곤충은 식량공급원뿐만 아니라, 진딧물을 잡아주는 칠성무당벌레처럼 도시생물다양성과 생태복지에 기여하는 중요한 매개체가 된다.

셋째, 도시농부가 주축이 되어 가치소비를 주도하고 식물복지, 동물복지를 실천하는 농가를 발굴·지원하는 ‘가치인증價値人證’ 공동체를 꾸리자. 가치인증단원으로 활동하며 보람도 찾고 농가를 자주 왕래하면서 ‘생명을 귀중하게, 밥상을 건강하게, 사람들을 행복하게’ 하는 일에 앞장설 수 있다. 이것은 낯선 미개척 분야가 아니다. 생협의 ‘자주인증체계’, ‘농사펀드’의 발전된 사례이며 사회적경제의 한 영역이다.

생물다양성과 우리씨앗을 지킬 수 있는 도시농업

도시의 생물다양성 감소 추세에 직면해 이를 극복하는 대안으로 도시농업이 주목받고 있다. 도시농업이 산업화와 도시화로 인하여 사라졌던 종들의 서식지를 빠르게 회복할 수 있는 효과적인 방법이기 때문이다. 특히, 도시농부들이 우리씨앗을 심고 가꾸며 보전하는 활동은 단순히 건강한 먹거리를 되찾는 차원을 넘어 유전적 다양성을 회복하는 첫걸음이 될 수 있다. 도시농업이 지향하는 생태적인 농업방식은 생물들의 서식지 복원과 생물다양성을 촉진하게 된다. 서식지의 복원은 벌, 나비, 지렁이와 같은 생태계의 사슬을 이어주는 생명체들의 귀환을 도와주며, 이를 통해 나타나는 유전적 다양성·생물다양성의 확대는 결과적으로 인간이 보다 인간답게 살 수 있는 사회적 서식지의 재구축으로 이어진다.

도시에서 농업을 하는 행위는 단순히 자급자족적인 식자재의 조달을 추구하는 게 아니라, 궁극적으로 위기에 처한 생명체의 서식지 회복, 사라졌던 종들의 복원, 나아가 공동체의 재구축으로 확장될 수 있는 것이다. 30㎝를 조금 넘는 텃밭상자 하나가 생물다양성을 풍부하게 만들고, 산업화와 환경파괴로 공멸 위기에 놓여 있는 도시민들의 공동체를 재규합하여 사회적 신뢰를 회복하는 가장 쉽고 강력한 도구가 될 수 있다.

생물유전자원에 대한 해외 의존도가 높은 우리나라는 2017년 8월에 생물유전자원을 활용해 얻은 이익을 자원제공국과 공유하는 '나고야 의정서' 당사국이 된다. 나고야 의정서는 특정 국가의 생물자원을 수입할 때 로열티까지 내야 하는 국제협약으로, 자국의 고유종을 확보해야 국가경쟁력이 생기는 '종자전쟁'인 것이다. 이미 2013년부터 국제식물신품종보호동맹(UPOV International Union for the Protection of New Varieties of Plants)이 지적재산권 보호 품종을 전 품목으로 확대하면서 식물종자 확보를 위한 경쟁이 치열해지고 있는 형편이다. 우리나라도 종자전쟁에서 살아남기 위해 토종자원을 발굴하여 보호하고 고유한 신품종 육성에 힘을 쏟고 있다. 나고야 의정서에 대응하기 위하여 해외 종자산업 동향과 정보 제공, 토종자원의 정당한 대우를 보장하는 정책 등 여러 가지 방안도 마련하고 있다.

세계 각국은 정부와 민간이 너나할 것 없이 자국의 생물자원을 보전하기 위하여 여러 가지 활동을 활발하게 이어가고 있다. 유럽이나 쿠바 등 유기농업을 중시하는 국가들은 자국의 종자를 지키기 위한 다양한 정책을 펼치고 있으며 농가, 지역단체들은 고유 품종을 자가 채종하여 지키고 교환하는 '지역종자네트워크'를 조직함으로써 종자지킴이 역할을 하고 있다. 미국의 비영리단체 '씨앗을 지키고 나누는 사람들(Seed Savers Exchange)'은 1만 명이 넘는 회원들이 씨앗을 증식시키고 교환하는 활동을 하며 토종식물 보전에 기여하고 있다. 1975년부터 시작된 작은 활동이 40여 년의 종자지킴이 역사가 되었고, 약 2만 5천 품종을 보유한 미국 최대의 비정부 종자은행 중 하나로 발전하게 되었다.

우리나라는 세계에서 두 번째, 아시아에서는 처음 지정된 종자은행인 국립농업과학원 농업유전자원센터가 있으며, 현재 총 9,458종의 268,308자원(곤충 및 미생물 포함)을 보유하고 있다. 경남, 전남, 제주, 강원에서는 토종씨앗 보존 지원 조례가 만들어져 토종씨앗 보전운동에 탄력을 받고 있다. 전남 장흥의 11명의 농가가 모인 '토종이 자란다'팀은 직접 기른 토종작물들의 사진을 SNS로 공유하면서 토종의 가치에 대한 공감대를 전국적으로 확산시키고 있다. 강원도 춘천에서는 2015년에 결성된 춘천토종종자모임이 올해

'춘천토종씨앗도서관'을 개관하여 춘천 인근지역의 토종씨앗을 수집하는 한편, 토종씨앗의 중요성을 알리고 있다.

우리의 토종자원이 안정적으로 보전되려면 토종을 찾는 사람이 늘어나도록 해야 한다. 그래야 생산성, 상품가치 등이 떨어진다는 이유로 외래종에 밀려나고 종자은행에서 명맥만 유지하는 형편인 우리 고유종이 제대로 지켜질 수 있다. 토종 종자는 우리 땅에서 자라면서 대대로 우리의 자연과 환경을 고스란히 품고 보존되어온, 한반도 생태 및 자연 역사의 응결체이자 지역 고유의 유전자원이다. 도시농부는 토종에 관심이 많다. 해마다 2~3월이면 '토종씨드림'에서 주최하는 토종씨앗 나눔 행사에는 도시농부들이 항상 북적거린다. 전국여성농민회의 토종씨앗 축제와 한살림서울 가을걷이 축제, 농부의 시장 마르쉐@, 각 지역 도시농업네트워크에서 주관하는 우리씨앗 나눔도 조기에 마감될 정도로 도시농부들에게 인기가 많다.

민관이 협력하면 도시농업을 통한 생물다양성 확보와 우리씨앗을 지킬 수 있는 방법이 다양해지고 실천력 또한 확대될 수 있다. 농촌진흥청 농업유전자원센터는 토종 관련 단체들과 함께 우리나라 토종작물 지도를 구축하여 보급하고, 정부는 각 지역 도시농업지원센터 및 관련 기관들이 씨앗도서관을 운영할 수 있도록 지원할 필요가 있다. 지방자치단체는 토종 보존 조례 제정, 씨앗도서관 건립, 토종 전시포와 채종포 설치, 저장고 설비 등을 갖추고 토종지킴이 활동들을 확산하도록 한다. 민간단체는 토종의 가치, 기능성과 효능, 토종작물의 재배법과 요리법 등에 대하여 연구하고 알린다. 이와 함께 우리씨앗도서관과 전시포를 생물다양성과 토종의 체험교육장으로 활용하고, 24절기에 따라 우리씨앗과 생물다양성 축제를 연다면, 토종의 가치와 그 중요성에 대한 인식뿐만 아니라 공동체성도 확산될 수 있다고 본다.

우리씨앗을 지키고자 하면 자원이 순환되는 생태적인 농업 방식은 당연

따라오기 마련이고, 더불어 토종커뮤니티도 활성화될 것이다. 우리씨앗-전통농업-종자나눔, 3개의 사슬이 각 지역으로 퍼져나가면, 생물다양성-자원순환-로컬 푸드-커뮤니티로 이어지는 선순환이 지속될 수 있을 것이다. 마치 삼각형으로 이루어진 다면체가 둥글게 연결되어, 돌리면 서로 다른 면이 만나 새로운 모양을 만드는 입체도형 '칼레이도 사이클'처럼 말이다.

지역 상생 토크

* 이 부록은 '백혜숙과 함께하는 지역 상생 토크콘서트'라는 이름으로 전국을 순회하며 농어민 등과 함께한 기록입니다. 총 17차에 걸쳐 서울에서 제주까지 다니면서 애환을 나누기도, 희망을 모색하기도 했습니다. 늘 동행하며 현장의 생생한 목소리를 취재해 보도한 《식량닷컴》의 기사 모음입니다. 필자의 취지에 공감해 적극적으로 취재해 주신 《식량닷컴》 임직원 여러분께 감사의 마음도 전합니다.

제1차 지역 상생 토크_ 경남 함안군 카페에서

국가가 일하는 사람들의 생활 유지를 위해 최저임금을 정하는 것처럼 주요 농산물도 영농에 들어가기 전에 생산량 예측에 따른 농산물 최저가격을 헌법으로 보장해야 농민과 소비자 양측 모두의 손해를 줄일 수 있다는 지적이다. 이와 함께 공정한 유통 경쟁체제 도입 및 농민과 소비자 등 관계자들이 참여하는 가격결정위원회 설치로 농민의 가격 결정권을 높여야 한다는 지적이 나왔다.

지역상생포럼(준)(대표 백혜숙. 서울시농수산식품공사 백혜숙 전문위원)과 전농부경연맹, 함안군 여성농민회, 마늘·수박·토마토·파파야를 생산하는 경남의 현장 농민들은 지난 2019년 10월 10일(목) 경남 함안군의 한 카페에서 '백혜숙과 함께하는 지역 상생 토크콘서트'를 개최, 이같이 의견을 공유했다.

이날 토크콘서트는 지난 10월 3일 출범한 지역상생포럼의 첫 번째 콘서트로 백혜숙 대표가 먼저 시장도매인제의 장단점과 함께 「유엔농민권리선언」 중 가격 결정권에 대한 설명을 하면서 시작됐다.

백 대표는 시장도매인제도의 도입과 관련, "같은 농산물인데 유통 채널에 따라 가격이 다르게 결정된다면 소비자는 불합리하고 불공정하다고 느낄 것"이라면서 "가격 안정화는 공정한 경쟁체계 도입으로 가능하다"고 주장했다.

백 대표는 "가락시장에 출하자-도매법인-중도매인-구매자로 이어지는 4단계 유통구조 외에 출하자-시장도매인-구매자 등 3단계인 시장도매인 제도를 도입하여 도매시장 내 경쟁체계를 구축해야 한다"고 강조했다. 다시 말하자면 다양한 거래제도 도입 효과가 "생산자는 계약재배로 안

정적인 출하를 가능하게 하고, 소비자는 좋은 품질의 농산물을 값싸게 구매할 확률을 높일 수 있다는 것."

이어 백 대표는 지난해 12월 18일 유엔총회에서 「농민권리선언」이 채택되었다는 것과 올 6월 24일 국내에도 '유엔농민권리선언포럼(대표 윤병선 건국대 교수)'이 창립되었다는 소식을 전하면서 농민의 가격 결정권을 소개했다.

본격적인 토론에 접어들자 참석자들은 이구동성으로 "최근에 배추, 무 값이 폭등하니까 정부가 재빨리 수입 절차를 밟고 있다는 소문이 파다하다"고 질타했다.

농민들은 가격폭락에 대한 대책으로 "'품목별 생산자 조직화'를 통해 농민들이 협상력을 가져야 한다"고 강조하면서 "농산물 가격을 결정하는 과정에 농민과 소비자 등 관계자들이 참여하는 가격결정위원회 설치가 필요하다"고 주장했다.

이와 함께 '과잉생산에 따른 해소 대책으로 남북교류협력 필요성'을 제기했다.

특히 강선희 전농부경연맹 조직위원장은 농산물 가격과 관련, "노동자의 노동력에 대한 대가인 임금은 헌법으로 최저임금이 보장되는데, 농산물은 최저가격 보장이 왜 안 되는지"를 질타하면서 "국가가 농산물최저가격결정위원회를 구성하여 생산자도 수긍하고 소비자도 이해할 수 있도록 합리적 가격결정구조를 만들어야 한다"고 주장했다.

경남은 겨울 시설 채소 중 부추 생산량이 전국의 35%, 양상추가 40%를 차지한다. 이들 참가자들은 "경남도와 함께 경남농산물 가격안정을 위해 채소가격안정제 30% 확대, 농협 계약재배 50%를 확대하는 내용으로 논의를 진행하고 있다"고 밝혔다.

한편 이날 토크콘서트는 오후 6시부터 9시까지 3시간 동안 진행됐으며, 김성만(전농부경연명 의장/부추 재배), 한현기(전농부경연맹 정책위원장/마늘 재배), 강선희(전농부경연맹 조직위원장), 박시내(함안여성농민회장/수박 재배), 한승아(함안여성농민회 사무국장/토마토 재배), 김청도(파파야 재배 농민), 유동현(파파야 재배 농민), 박동철(파파야 재배 농민), 채정기(합천 농민), 곽길성(전남겨울대파생산자협의회 회장), 박소연(서울 농부의 시장 코디네이터), 백혜숙(지역상생포럼 대표, 서울시농수산식품공사 전문위원) 등이 토론에 참여했다.

《식량닷컴》 2019년 10월 15일

제2차 지역 상생 토크_ 전남 함평군 농민회 사무실에서

"농사지은 지 몇십 년 됐지만 가락동 시장에서 이렇게 내려와 얘기하자고 하는 건 처음입니다."

"농협이 갈수록 농산물 수집을 하지 않습니다. 농협 물량이 80%는 되어야 출하를 조절하면서 가격 협상력을 가질 수 있어요."

"귀농 8년 차인데, 양파 1망 최저가격 8,900원이 보장되어야 살 수 있어요. 지금 딱 죽고 싶습니다."

"공공연한 비밀이지만 중도매인이 산지 농사를 짓는 것을 못 하게 법으로 막아야 합니다. 자기 농산물은 높게 경매하고 나머지 물량은 후립니다."

지난 10월 17일(목) 서울시농수산식품공사 전문위원인 '백혜숙과 함께하는 토크콘서트'에 참석한 전남 농민 대표들은 시간 가는 줄 모르고 이 같은 의견을 쏟아냈다.

가락동품목별생산자협의회와 지역상생포럼(준)(대표 백혜숙. 서울시농수산식품공사 백혜숙 전문위원) 주최, 식량닷컴 주관 제2차 '토크콘서트'는 양파와 배추, 대파 등 전국 품목 대표자들과 함께 전남 함평군 농민회 사무실에서 개최됐다.

이날 토크콘서트는 지난 10월 3일 출범한 지역상생포럼(준)의 두 번째 콘서트로 백혜숙 대표가 먼저 서울가락시장 소식지(가을호)와 농업인의 입장에서 본 경매와 수의거래 장단점 소책자, 가락시장 시설현대화 사업 진행 자료, 1월~9월 가락시장 경매 상위 30개 품목 거래 물량과 참가자 관심 품목인 양파·배추·마늘·대파 가격 추이 자료, 6월 24일 창립한 '유엔농민권리선언포럼(대표 윤병선 건국대 교수)'에 수록된 농민 권리에 대한 자료를 제공하면서 설명을 시작했다.

특히 백 대표는 "농민은 스스로 가격을 결정할 권리가 있다"면서 "품목별 협의회를 구성해 대응해 나가야 할 것"이라고 말했다.

이어 박완주 의원이 입법 발의한 「농안법」에 대해 설명하면서 "출하자와 구매자의 유통경로가 3단계로 줄어드는 시장도매인제 도입이 필요하다"고 주장했다.

본격적인 토론에 접어들자, 귀농 8년 차라고 밝힌 안명진 씨는 "농민은 결정권이 없다. 자기가 만든 제품은 다 자기가 가격을 매기는데 우리는 주는 대로 받아야 한다. 노예나 다름없다"고 하면서 "양파 1망에 8,900원은 받아야 인건비 빼고 본전인데, 지금 딱 죽고 싶은 심정"이라고 말했다.

전국배추생산자협회 김효수 회장은 “농협이 산지 수집 물량을 일본처럼 80%는 쥐고 있어야 한다”면서 “그래야 필요한 만큼 산지에서 출하 물량을 조절하면서 올려보낼 수 있다”고 주장했다.

하지만 과연 농협이 그렇게 할 것인가에 대해서는 참석자 모두가 의문을 던졌다. 이와 관련 참석자들은 품목별 협의회 조직 결성에 박차를 가한다는 입장이다.

실제 지난 10월 19일 가락동 농산물 반입 물량은 6개 도매법인 중 농협 물량이 374톤으로 대아청과(1,188톤), 한국청과(1,098톤), 동화청과(1,021톤), 서울청과(955톤), 중앙청과(947톤)에 이어 꼴찌를 기록하고 있다.

한편 이날 토크콘서트는 오후 6시부터 10시까지 3시간 동안 진행됐으며, 남종우((사)전국양파생산자협회 회장), 김병덕((사)전국양파생산자협회 사무총장), 이두범(무안군 농민회), 안명진(함평군 농민회), 김효수((사)전국배추생산자협회 회장), 곽길성(전남겨울대파생산자협의회 회장), 김정원(전남대파생산자회(준) 신안군 대표) 등이 토론에 참여했다.

《식량닷컴》 2019년 10월 20일

제3차 지역 상생 토크_ 경북 영천 농업인회관에서

“새벽 2시에 경매 다시 한다고 연락이 온다. 올해는 유난히 재경매가 많았다. 정가수의매매도 우리와 협상을 하는 것이 아니라 경매사가 품위와 가격을 아예 정해서 보내 달라고 한다.”

“재경매 문제가 심각하다. 농민을 너무 무시하고 홀대하는 처사이다. 재경매를 못 하도록 동일 품목은 한 곳에서 경매해야 한다. 농안법 예시 가격제가 있으니 이를 활용하여 최저가격보장으로 제안하자.”

“암행어사 제도를 두어서 재경매 실태를 조사하자. 중도매인이 경매하기 전에 물

건을 주물러서 품위를 낮추는 행위를 근절시켜야 한다."

지난 10월 24일(목) 영천시농업인회관에서 진행된 지역상생포럼(준)(대표 백혜숙)과 영천지역 농민들과의 토론회에서 영천지역 농민들이 쏟아낸 하소연들이다.

이날 영천지역 토론에서는 재경매 문제가 집중 제기됐다. 중도매인이 전자경매기기 숫자 버튼을 잘못 눌렀다며 재경매한다고 경매사가 새벽에 전화를 한다는 것이다.

그러나 농민들은 경매사들의 말을 믿지 않는다. 가격을 떨어뜨리려는 꼼수라는 것이다. 농민들에 따르면 올해는 유난히 재경매가 많았다. 농민들은 행정처분 등 재경매에 대한 강력한 조치와 함께 재발 방지를 건의했다.

이에 백혜숙 지역상생포럼(준) 대표(서울시농수산식품공사 전문위원)는 "재경매 실태를 철저히 조사해서 농민들이 피해를 보는 일이 발생하지 않도록 대책을 강구하겠다"고 말했다.

재경매 문제와 함께 농민들은 최저가격보장제와 가격 지지를 위한 지역농협의 출하 조절 역할이 필요하다고 강조했다.

이와 함께 갈수록 하락하고 있는 농산물 가격으로 인해 불안해 하고 있는 청년농업인과 후계농들에 대한 대책도 주문했다. 농민들은 "청년들의 귀농 정착자금과 후계농 경영자금 등이 과거에는 5년 거치 10년 분할 상환이었는데, 최근에는 3년 거치 7년 분할 상환으로 변경되면서 농산물 가격 하락으로 빚을 갚지 못하는 사태가 곧 닥치게 될 것"이라면서 "거의 폭탄 수준이다. 곧 사회문제화될 것"이라고 주장했다.

영천시농민회의 적극적인 협조와 함께 오후 6시부터 9시까지 3시간 동안 진행된 이날 영천지역 토론회에는 엄운현 영천시농민회 부회장, 김수열 영천시농민회 사무차장, 이영수 영천시농민회 사무국장, 하헌국 임고농민회 총무, 정용수 임고농민회원, 김주현 금호농협 판매(계통)담당자, 신길호 영천포도회 회장, 정동규 금호읍 포도작목협의회장, 최상은 마늘생산자협회장, 손석환 화남 포도공선회장, 김영길 화남 포도공선회원 등이 참여해 시종 열띤 토론을 벌였다.

《식량닷컴》 2019년 10월 28일

제4차 지역 상생 토크_ 경기도 양평 '두물뭍 농부시장'에서

지역상생포럼(준)(대표 백혜숙)은 지난 10월 26일(토) 경기도 양평군 양서면 양수리 '두물뭍 농부시장'에서 생산 농민, 소비자, 시장 관계자 등과 함께 제4차 상생토크를 개최, 지속가능한 농업을 위한 다품종소량생산과 공동생산자(농민-소비자)들이 함께 참여할 수 있는 장터 확보에 대한 다양한 토론을 벌였다.

귀농 16년 차로 밤호박밀크잼을 가지고 나왔다는 안수영 농민은 "처음엔 영농조합을 통해 시장에 출하했지만, 10년 전부터 지인들에게 100% 판매한다"면서 "지인들과 소통하며 밤호박, 쌀, 감자, 고추 등 계절별 택배 가능한 다품종 소량생산을 하고 있다"고 말했다. 안수영 농민은 "주변 지인들과 관계를 형성하는 것이

유통"이라며 "삶을 응원받을 수 있어서, 보람찬 하루를 보냈구나 하는 뿌듯함이 있어 농사를 한다"고 말했다.

귀농 9년 차로 경기도 광주 퇴촌에서 특수채소와 허브를 재배하고 있는 베짱이 농부 류점렬 씨는 "아토피가 심해서 먹거리에 대한 책을 보다가 우연히 스님이 쓴 책을 보고 어머님께 말씀드렸더니 어머님께서 80년대 밥상을 차려주셨다. 아토피가 점점 나아졌고 이런 밥상을 많은 사람들에게 알려드려야겠다는 생각으로 농사를 짓게 됐다"고 말했다. 그는 "다양하게 농사짓고 다양하게 판매하기 위해서는 소비자의 다양성을 인정하고 다양한 장터를 도시 곳곳에 열고 숙성이 될 때까지 충분한 시간과 자율성을 보장해 주어야 성공할 수 있는데, 관에서 주도하면 빠른 시간 안에 시스템화하려고만 한다"며 아쉬움을 호소했다.

공정먹거리소비자모임 김미영 공동대표는 "아름다운 장터인데 소중한 물품들이 잘 드러나지 않고 무더기로 보인다"고 아쉬워하면서 "질 높은 농산물에 맞게 알리는 것에도 신경을 쓰면 좋겠다"고 조언했다.

25년 유기농 소비자로 "인터넷으로 농부님과 소통하며 장을 본다"는 팔당생명살림 금서연 이사는 "농부의 이야기는 참 의미가 있고 재미있다"면서 "농부의 이야기를 듣고 그 이야기에 빠져서 구매하는 경우도 많다"고 말했다. 금 씨는 특히 "요즘엔 이익이 어디로 흘러가고 있는지"에 관심을 두고 있다고 했다.

지역상생포럼(준)과 함께 이날 토크콘서트를 공동 주최한 자연으로부터농지보존 정영숙 대표는 "다품종 소량생산하는 농가의 지속가능성에 기여하고 먹거리 공동 생산자의 미팅 장소로 장터를 기획하게 되었다"면서 "투기를 막는 농지 보존 활동과 농지를 지키기 위해 다품종 소량생산을 한다"고 말했다.

또한 정 대표는 "농부의 시장은 화폐를 사용하는 마지막 장소의 개념"이라면서 "불편하더라도 가치의 교환이라는 철학으로 장터에서는 현금 사용을 고수하고 있다"고 말했다.

지역상생포럼(준) 백혜숙 대표는 "다품종 소량생산의 장점과 가치를 알리는데 있어 농민들의 애로사항을 듣고 함께 고민하기 위해 두물뭍 농부시장에 참여하

고 있는 분들과 토크콘서트를 기획했다"면서 ▲먹거리 소비자의 입장에서 건강한 먹거리에 대한 기준 ▲지속가능한 두물뭍 농부시장을 위한 공동생산자(농민-소비자)들의 역할 ▲공동생산자들이 함께 도시에서 장터를 열 수 있는 방법들을 적극적으로 찾아보겠다"고 말했다.

이날 두물뭍 농부시장 토크콘서트에는 베짱이농부 유점열 농부, 평평농가 안수영 농부, 자연으로부터농지보존 정영숙 대표, 이정자 우이동 먹거리소비자, 팔당생명살림 금서연 이사, 심우기 위례시민연대 운영위원, 김영준 윈윈농수산 대표, 김미영 공정먹거리소비자 공동대표, 주민정 위례신도시 먹거리소비자 등이 참여, 농업의 중요성과 공동생산자들의 역할에 대해 열띤 토론을 벌였다.

한편, 북한강과 남한강 유역의 친환경 농가들과 함께하는 두물뭍 자연으로부터 농부시장은 8월 13일, 9월 28일, 10월 12일, 10월 26일 열렸고, 앞으로 11월 9일, 11월 23일을 마지막으로 아침 10시~낮 3시까지 장이 선다.

11월 9일과 23일 장터에는 강남 향린교회 가을나들이를 이곳 두물뭍 농부시장에서 개최하고, 위례시민연대와 공동먹거리소비자모임 회원들도 함께 참여한다는 계획이다.

《식량닷컴》 2019년 10월 28일

제5차 지역 상생 토크_ 전북 김제시 요촌동 김제농민회 사무실에서

정부의 개도국 지위 포기 선언과 관련 농민들은 앞으로 농사짓기가 더 힘들어질 것이라며 불안해하고 있다. 이후 더 많은 수입농산물이 국내 시장으로 몰려올 것이고, 그만큼 수급 조절이 어려워질 것이라며 계약재배와 최저가격 보장제를 요구하고 있다.

지역상생포럼(준)(대표 백혜숙)은 지난 10월 31일 전북 김제시 요촌동 김제농민회 사무실에서 김제 농민들과 제5차 지역 상생 토크콘서트를 개최했다.

이날 상생 토크에는 김제농민회 서창배 회장과 김제여성농민회 김혜란 회장 등 김제지역 농민과 지역상생포럼(준) 백혜숙 대표 등 16명이 참여해 열띤 토론을 벌였다.

농민들은 10월 25일 정부의 개도국 지위 포기 선언으로 불안해했다. 지금도 수급 조절이 안 돼 힘든데 앞으로는 더욱더 힘들어질 것이라고 생각한다. 따라서 이날 토론은 농산물 수급 정책을 중심으로 진행됐다. 토론회에는 포도와 감자 생산 농민들이 참여했다.

농민들은 이구동성으로 유통의 문제점에 대해 토로했다. 한 포도 생산 농민은 "포도 1㎏을 8천 원에 팔았는데 소비자 가격은 2만 5천 원이었다"면서 "잘못된 유통구조를 바로잡아 달라"고 호소했다. 또 다른 농민은 "쪽파를 출하했는데, 못 팔았다고 전화가 왔다. 팔아 달라고 갖다 놨는데 못 팔았다고 하면 어떻게 하느냐고 큰소리를 쳤다. 2일 후에 아직도 못 팔았다는 전화가 또 왔다. 또 큰소리로 나무랐다. 3일 후에 전화가 왔는데 700원씩 계산해 주었고, 쪽파들은 모두 폐기 처분했다고 했다. 그래서 고맙다고 했다"며 유통의 어려움을 호소했다.

농민들은 모두 최저가격 보장과 계약재배를 원했다. "농식품부는 그런 일을 하는 곳 아니냐"며 "정부가 계약재배 등을 통해 수급 조절을 하지 않으면 앞으로 농민들은 다 죽을 것"이라며 절규했다. 한 농민은 "지금 배추 한 포기에 1만 원한다고 하는데, 이는 어딘가 다른 지역 배추 농민들이 절단났다는 것"이라며 "최소한 생산비는 나올 수 있어야 마음 놓고 농사지을 수 있지 그렇지 않으면 농사가 완전 도박"이라며 정부의 역할을 강조했다.

이에 지역상생포럼(준) 백혜숙 대표는 가락시장 품목별 생산자협의회를 소개하면서 "농안법에 최저가격예시제 라는 조항이 있는데, 아무도 관심을 갖지 않는다. 결국 조직화된 농민들이 그걸 해야 한다"고 말했다.

백 대표는 "농민들이 유통구조도 알아야 한다"면서 "내년부터 부가가치세 규정이 바뀌어 100% 부가가치세 신고를 해야 하는 만큼 앞으로는 중도매인이 내 물건을 얼마에 팔았는지 알 수 있다"면서 "지역상생포럼을 통해 보다 더 많은 농민들과 유통 정보를 공유해 나가겠다"고 말했다.

《식량닷컴》 2019년 11월 3일

제6차 지역 상생 토크_ 경기 김포 풍년농장에서

"도시농부 2년 과정을 밟고 50평 정도 땅을 얻어 직접 농사를 지어보려고 사방팔방 뛰어다녔지만, 땅을 얻을 수가 없다. 농지은행을 가 봤는데 도시농부 자격이 젤 꼴찌라 땅이 있어도 인근 농민들에게 먼저 돌아가고 우리에게는 차례가 오지 않는다. 전문가 과정 지난 다음 지속적으로 도시농업을 할 수 있는 틀이 없다. 도시농부도 자격 과정 다 밟았으면 농민 아닌가? 왜 농민, 비농민 구별이 있는 건지 잘 모르겠다."

"김포의 경우 사우동 동사무소와 김포경찰서에 옥상텃밭이 조성되어 있어요. 학교에서도 텃밭을 운영하고 있지요. 그러나 문이 잠겨 있는 경우가 대부분이에요. 이 예산을 민간에 풀어 텃밭을 운영하도록 하자고 제안했더니 관에서는 투기 목적이 아니라는 것을 증명할 수 없어서 안 된다고 해요."

지난 11월 2일 김포시 고촌읍 풍년농장에서 지역상생포럼(준)(대표 백혜숙)과 김포경실련 도시농부학교 교육 과정을 밟고 있는 예비 도시농부 및 도시농부학교를 수료한 도시농부들로 구성된 곳간지기협동조합(이사장 신광하) 조합원들과의 토론회에서 김포 도시농부들이 쏟아낸 하소연들이다.

이날 개최된 토론회는 생산자, 유통, 도시농부 등 먹거리와 관련된 활동을 하고 있는 현장의 소리를 청취하고 도농이 상생하고 지역이 상생하는 방안을 만들어내 보고자 진행하고 있는 '백혜숙과 함께 하는 토크 콘서트'로 10월 10일 경남

함안에 이어 6번째 순회 토론회 자리였다.

직장생활 30년 하고 지역으로 돌아와 도시농부 교육을 이수하고 있다는 이명택 씨는 "많은 것을 배우고 얻고 있다. 그런데 요즘 정부가 도시농부를 왜 육성한 건지 궁금증이 생겼다"고 물었다.

이에 백혜숙 대표는 2017년부터 시행되고 있는 「도시농업법」은 농식품부 법령으로 "도시가 농업에 대한 이해를 높이는 것을 목적으로 한다"고 명기되어 있다며 "도시농부 활동을 시작하면서 스스로 발전하고 있는 직접 생산 욕구를 담아내지 못한 한계를 지니고 있는 것이 사실"이라고 설명했다.

이와 관련, 도시농부 8기이며 곳간지기라고 소개한 문현미 씨는 "농민들도 어려운데 도시농부까지 합세하면 농민들이 더 어려워진다고 생각하는 것 같다"며 "농민들이 얼마나 어려우면 그럴까 하는 농민 형편에 너무 공감하고 있다"고 언급했다.

사실 농민들은 외국인이나 귀농자, 도시농부들을 보는 시각이 곱지 않다. 하물며 외국인노동자 없이는 농사를 지을 수 없는 현실임에도 외국인도 못 들어오게 하는 법을 만들어 달라기도 한다. 노동력이 제한되면 생산 과잉을 막을 수 있지 않을까 하는 생각 때문이다.

도시농부 12기를 졸업하고 전문가 과정을 거쳐 50평 정도 땅을 얻어 농사를 계속하고 싶다고 밝힌 박종열 씨는 "땅을 얻을 수가 없다, 농지은행을 가도 자격이 제일 꼴찌라 차례가 돌아오지 않는다"면서 "도시농업을 지속적으로 할 수 있는 틀이 필요하다"고 피력했다.

이어 "김포는 땅값이 비싸고 소규모 땅은 나오지도 않는다"며 "베란다 농사를 짓거나 2년 동안 해온 도시농업을 포기해야 하는 현

실"이라고 한탄했다.

이에 백 대표는 우선 서울시 도시농부 등록제와 도시농업 공동체 사업을 설명하며 방안을 찾아보자고 제안했다.

또한 커피찌꺼기 퇴비화와 장터 개설 등 기존 활동에 대해 소개를 하자 참석자들은 높은 관심을 보였다.

이날 토론회를 시작으로 김포지역 도시농부들과 지역상생포럼은 향후 긴밀한 연대 관계를 유지하며 식량 자급 및 건강하고 지속가능한 먹거리 생산을 위한 활동과 정보를 공유해 가기로 결의했다.

《식량닷컴》 2019년 11월 3일

제7차 지역 상생 토크_ 제주시 연동 제주농업인회관에서

"농협이 가락시장에서 선도적 역할을 해 달라."
"생산자를 위한 가락시장이 되도록 해 달라."
"겨울 채소의 60%를 제주도가 담당하고 있다."
"고랭지 무를 출하하도록 수급 명령을 내려 달라."
"농가 부채 1위가 제주 농민들이라는 걸 아는가."
"차라리 농업을 포기한다고 선언해 달라."
"경매는 산지에서 해야 한다."
"쌀이 무너지면 제주 농업도 망한다."
"하차 경매 유예해 달라."
"제주도와 육지가 상생해야 한다."

지난 11월 7일(목) 지역상생포럼(준)(대표 백혜숙)이 제주시 연동 제주농업인회관에서 전농제주도연맹과 진행한 제7차 지역 상생 토크콘서트에서 제주도 농민들이 쏟아낸 발언들이다.

제주지역 농민들은 이구동성으로 "농가 부채 1위 지역이 제주도라는 것을 아느냐"라고 물었다. 제주도는 지리적 특성으로 인해 월동 채소의 60%를 생산하고 있으며, 농업 생산액이 12%를 차지하는 명실상부한 농업지역이다.

그런데 최근 제주지역 농민들은 높은 무 가격으로 인해 밤잠을 이루지 못하고 있다고 한다. 고랭지 무 가격이 올라가면서 올겨울에는 그동안의 손해를 만회할 수 있지 않을까 기대들을 하고 있는데, 더 높은 이윤을 챙기려는 유통인들이 30%만 유통시키고 70%의 무를 저온저장고에 저장하고 있다는 것이다. 농민들은 이렇게 저장한 무가 제주지역 무 출하기와 겹치면서 가격이 하락될 것을 우려하고 있다.

이와 관련 제주지역 농민들은 "농민들은 가격 폭등으로 떼돈을 버는 것도 원하지 않는다"며 "농식품부가 aT에서 운영하고 있는 수급조절위원회를 통해 고랭지 무를 출하토록 하는 수급 명령을 내려야 한다"고 호소했다. 농민들은 "정부는 수급 조절을 하고, 농민들은 품목별 생산자 조직을 통해 출하를 조절해야 한다"고 말했다.

농민들은 또 "이젠 육지에서 천혜향, 레드향까지 생산하고 있다"며 "쌀농사가 무너지면 제주지역 농사도 함께 망한다"고 말했다. 또 "산지 유통인들도 물류비, 포장비가 증가하면서 단가가 안 맞아 직접 육지에서 양배추를 재배해 출하한다"면서 제주지역 농업의 어려움을 토로했다. 이와 함께 농민들은 "지역 상생이라는 말이 너무 와닿는다"면서 "제주도와 육지가 상생할 수 있도록 제주도의 특성을 감안해 포장비와 물류비 지원 대책을 마련해 달라"고 요구했다.

올해 농산물 가격이 줄줄이 폭락하면서 실시된 정부의 농산물 산지 폐기와 관련 "산지 경매를 실시하면 가격이 맞지 않을 경우 농민들이 곧바로 폐기할 수 있어 정부 예산을 절감할 수 있다"는 의견도 제시됐다.

농민들은 "우리 제주 농민들은 수입 농산물 막으랴, 육지의 국내산 농산물 출하 추이를 지켜보랴 노심초사하고 있다"며 "차라리 정부가 농업은 안 되니 포기하라고 말해 줬으면 좋겠다"고 말했다. 농민들은 "프랑스처럼 농가최저소득을 정해 놓고 농가소득이 최저소득에 미치지 못하면 나머지 금액을 지원해 주는 농민지원책이 절실하다"며 농업에 대한 정부의 의지를 촉구했다.

지역상생포럼(준) 백혜숙 대표는 "다 같이 핸드폰을 꺼낸 후 검색창에 지역상생포럼을 쳐 보세요"라고 운을 뗀 뒤 "지역상생 카톡 채널 회원이 되면 지역과 상관 없이 실시간 채팅으로 지역적 한계를 극복할 수 있다"며 제주지역 농민들을 격려했다. 이날 제주지역 상생토크 참가자들은 모두 지역상생포럼 카톡 채널에 가입했다.

이날 제주지역 토크에는 송인섭 전농제주도연맹 의장, 고창덕 전농제주도연맹 사무처장, 김대호 전농제주도연맹 정책위원장, 김만호 전농제주도연맹 조직교육위원장 등 전농 제주도연맹 간부들과 김학종 제주 양배추협의회 회장, 김병훈 제주 양배추협의회 사무국장, 강동만 제주 월동무생산자협의회 회장, 김우성 학교급식위원회 위원, 강공희 아이쿱 생산자, 이경성 제주도 친환경농업협회장, 고광덕 제주 당근생산자 협의회, 현호성 영농조합법인 혼인지 유통 이사, 고권섭 제주 월동 무 생산자 등의 농민들이 참여했다.

《식량닷컴》 2019년 11월 11일

제8차 지역 상생 토크_ 서울시 강동구 강일텃밭에서

"강일텃밭이 함께 힐링하는 지역공동체로 가야 하지만 아직은 미흡합니다. 지금은 개인 위주 힐링 공간으로 활용되고 있는 상황입니다. 강동구청에서 1년에 한 번씩 텃밭 분양을 공모합니다. 공모에 선정되면 친환경 텃밭은 약 4평에 1년 사용료 6만 원, 정원형 텃밭은 25평에 1년 30만 원을 내면 경작을 할 수 있습니다"

"친환경 텃밭은 모니터링단이 있어 관리 지도를 하고 있지만 권한도 없고, 친환경이냐 아니냐를 육안으로만 판단하고 있어 지도하는 데 어려움이 많아요. 주관적인 판단이 아니라 객관적으로 확인하는 기계가 필요해요. 농약이나 비료의 유혹에 습관화된 어르신들이 많은데요. 작물이 잘 크고 보기 좋아야 한다고 생각하는 거죠."

"정원형은 친환경하고는 거리가 좀 더 멀죠. 흙을 개선하기보다 풀이 안 나는 상토를 위주로 사용해요. 풀 한 포기 없이 꽃만 깨끗이 서 있죠."

"농업 먹거리 가치요? 주변 아파트에서 민원이 많이 들어오는데요. 지저분하다, 양봉 때문에 벌에 쏘인다, 벌 똥 때문에 차가 지저분해졌다고 해요. 도심일수록 공기나 토양 등 녹지 확보가 더 중요하다고 생각해요. 텃밭을 희망하는 개인들은 늘어나는데 공동 텃밭은 자꾸 줄어들고 있어요. 그나마 동장의 의지로 지키고 있는 거죠."

"미술을 즐기는 것, 음악을 즐기는 것처럼 적어도 텃밭 경작을 즐기는 것을 문화로 인정해 줘야 합니다. 물도 지키고 땅도 지키고 흙도 지키는 그런 큰 의미 말고도요."

지난 11월 9일(토) 농업회생, 국민건강, 공정경제라는 가치 회복을 위해 전국 순회 중인 '백혜숙과 함께하는 지역 상생 토크콘서트'에 참여한 강일텃밭 운영자들은 이 같은 이야기를 쏟아냈다.

이번 토크콘서트는 지난 10월 3일 출범한 지역상생포럼(준)의 8차 콘서트로 강동구 강일텃밭 야외 원두막에서 개최됐다.

텃밭의 싱싱한 생산물을 더 잘 요리해 먹기 위해 요리교실에도 관심이 많다는 이 모 씨는 "텃밭에 참여하는 구성원들이 함께 힐링하는 방식을 추구하기에는 아직 미흡한 점이 많다"며 텃밭 운영 관련, "운영위원회도 구성되어 있지 않아 어디에서부터 방향을 잡고 나가야 할지 모르겠다"고 말했다.

이와 관련, 박○○ 씨는 "텃밭 경작자는 관이 공모를 통해 선정하고 관리는 위탁기관에서 한다"면서 텃밭이 지역공동체의 활성화와 농업의 이해라는 취지에서 시작됐지만, "선정된 사람들을 대상으로 공동으로 친환경 먹거리 교육 이수 과정이 있거나 친환경에 해가 되는 공동규율을 준수하라고 요구하지 못한다"라고 공동체로 나가는 데 어려움이 있다고 토로했다.

특히 친환경 텃밭 모니터링을 하고 있는 ○○○ 씨는 "분명히 비료와 농약을 쳤다는 주변 제보가 있어도 뭐라 하지 못한다"면서 "육안으로 잘못 판단했다가 낭패를 겪을 수도 있는 상황이기 때문에 객관적으로 측정할 수 있는 도구가 필요하다"고 강조했다.

또한 "주변 아파트 사람들의 농업 먹거리에 관한 이해도 매우 부족하다"면서 "자연을 지저분하다, 벌 똥이 더럽다"고 민원을 제기한다며 "농업이 공기를 맑게 하는 가치는 그렇더라도 미술을 좋아하는 것을 인정하는 것처럼 텃밭도 인정하는 문화였으면 좋겠다"고 주장했다.

이와 관련, 백혜숙 대표는 마무리 인사를 통해 "도시농업을 통해 개인도 힐링되어야 하지만 이웃도 힐링되어야 한다"면서 "개인한테 땅을 분양하는 것에 그치지 말고 농촌을 이해하고 먹거리 생산을 이해하는 과정으로, 줄어드는 도시농업 텃밭에 대해 총량제를 지켜가는 방안을 함께 모색해 보자"고 제안했다.

한편, 서울시 강동구 강일텃밭은 텃밭에서 나오는 경작물의 60%를 친환경 로컬 푸드 매장인 싱싱드림이나 푸드마켓에 기부하고 있으며, 강동구는 서울시 25개 구 중 도시농업과를 두고 있는 유일한 자치구이다.

《식량닷컴》 2019년 11월 11일

제9차 지역 상생 토크_ 서울농수산식품공사 가락몰에서

"2000년 초엔 청년들이 도시농업에 대해 관심이 꽤 많았어요. 텃밭 활동을 하다가 농민으로 들어가기도 하고요. 그러나 지금은 강사를 하고 싶거나 자격증, 스펙을 쌓기 위한 문의가 많아요. 정부에서 돈 준다더라, 뭐 준다더라 하는 거죠. 목적이 많이 달라진 거죠. 텃밭 참여엔 고령자들이 참여하는 비중이 높아지고 있고 청년들이 참여하기엔 힘들어요. 청년들이 도시농업이란 계기를 통해 직업으로, 농업 관련 일자리를 찾아나갈 수 있게 누군가는 고민을 시작해야 합니다. 또한 도시농업이 추구했던 가치를 되돌아봐야 합니다"

© 식량닷컴

지난 11월 13일(수) 서울농수산식품공사 가락몰에서 개최된 '제9차 백혜숙과 함께하는 지역 상생 토크콘서트'에서 나온 이야기를 종합해 보면 청년 도시농업의 현실은 이렇다.

인사말에서 백혜숙 대표는 "청년들이 왜 도시농업을 떠났는지 청년들을 다시 돌아오게 하려면 무엇을 어떻게 해야 하는지 현장에서 15년 이상 활동해 온 전문가들의 이야기를 듣고 싶다"고 말했다.

'청년이 말하는 도시농업' 토론회는 이창우 한국도시농업연구소 소장이 좌장을 맡았다.

첫 번째 발표자로 나선 류경원 대구 금강나루협동조합 이사장은 '청년의 도시농업, 로컬 푸드로'란 주제로 2011년 대구녹색소비자연대의 활동을 시작으로 2017년 6월 '농부마실'이란 로컬 푸드직매장을 만들어 내기까지의 활동 사례를 발표했다.

류 이사장은 "2017년부터 200여 농가와 5명의 직원을 두고 '농부마실'을 운영

© 식량닷컴

하고 있다"면서 "월급날만 되면 두려움이 생긴다"고 농산업 관련 경영자로서 그동안 느끼지 못했던 점을 호소했다.

그러면서 "도시에서의 청년 도시농업이 먹거리 의제, 농업·농촌 의제, 식생활 교육 의제, 마을공동체 의제 등 여러 의제를 통합할 수 있는 점을 눈여겨봐야 한다"며, "대구시청과 LH에서 사회공헌활동으로 마을 텃밭을 만들자고 제안이 왔다. 확장성이 있는 사업"이라고 강조했다.

두 번째 발표자인 대전의 백종운 대표는 2010년 대학교 내 자투리 공간을 텃밭이라 우기며 시작한 도시농업이 2015년 손수레 주식회사 사업자등록을 하면서 꾸러미 100명 확보, 체험과 교육, 도시농업전문교육기관으로 자격을 얻으면서 "지금은 최소한의 안정 궤도에 들어섰다"며 시종일관 자신감 넘친 발표를 했다.

'지역의 농업, 청년도시농부가 지켜 간다'란 주제로 발표에 임한 백 대표는 "도시농업은 "고소득, 안정성, 편한 직업이 아니다. 도시농업전문가가 3,600명이나 배출됐는데, 그 역할을 하고 있는지"를 물으면서 직업으로서 "청년들이 재미있게 잘 놀 수 있는 터를 만들어 놓기만 하면 청년도시농업은 잘될 것"이라고 주장했다.

세 번째 발표자인 정린 광주청소년삶디자인센터 음식공방팀장은 '청소년 농부요리사들과 도시농사 3년째'란 주제를 통해 "40평 텃밭과 15평 텃논을 광주 시내 쇼핑과 소비의 중심지인 황금동에서 꾸려가고 있다"며 "여기에서 나온 재료로 8명의 청소년 농부요리사들이 '세상에서 가장 느린 식당(세가식)'을 운영하고 있다"고 말하면서 3년 차에 접어든 지금까지의 고민과 상황을 촘촘히 발표했다.

특히 패널로 참석한 김진덕 전국도시농업시민협의회 대표는 "지금의 도시농업하고 10년 전의 도시농업하고는 다르다고 본다"고 운을 뗀 뒤 "도시농업이 행정화, 제도화됐다. 행정은 도시농업을 일자리 중심으로 이해하고 있고, 아이러니하게도 법은 취미, 교양, 체험으로 제한한다"면서 실제 청년들이 직업으로 찾아나가는 과정을 지원받지 못하고 있다는 점을 비판했다.

실제 10년 전 민간이 주도했던 도시농부학교는 도시농업전문가 양성과정으로 제도화되고 도시농업관리사 제도에까지 이르렀다.

2019년 10월까지 3,600여 명의 도시농업관리사가 배출됐다. 양적 성장을 가져온 것이다. 도시농업전문가 양성과정은 80시간의 단기교육과정(10일)과 농업기술 중심의 교육으로 운영된다. 농업 기능자를 배출하는 것이 초점.

김 대표는 교육과 관련해서도 "도시농업이 추구했던 생태, 자원순환, 토종과 전통농업, 공동체 등의 가치를 공유하는 내용이 사라졌다"며 한탄했다.

한편, 이날 패널로는 이복자 경기도도시농업시민협의회 상임대표, 한재춘 서울도시농업전문가회 회장, 이미자 도시농업포럼 상근부회장, 신수오 광주전남귀농운동본부 도시농업분과장 등이 참석했다.

《식량닷컴》 2019년 11월 15일

제10차 지역 상생 토크_ 충남 천안농업기술센터에서

지역상생포럼(준)(대표 백혜숙)이 가락시장품목별협의회(회장 곽길성)와 함께 지역을 순회하며 개최하고 있는 '지역 상생 토크콘서트' 열기가 갈수록 고조 되고 있다.

지난 11월 14일(목) 천안시농업기술센터 성거입장지소에서 제10차 지역 상생 토크콘서트가 개최됐다. 도매시장 운영과 관련 현장의 전업농들이 쏟아내는 의견들이 갈수록 점입가경이다.

“농민들이 원하는 건 보조금보다 공개경쟁입찰과 최저금액입찰제.”

“수취가격 높아 대기업과 직거래 선호한다.”

“품질보다 물량 기준으로 가격이 설정된다.”

“도매시장 가격 결정 과정이 과연 공정한가.”

“보복 우려돼 재경매 거부 못 한다.”

“내가 출하한 8천 원짜리 상자를 중고로 4천 원에 다시 구매한다.”

“쫓아가 목소리 높이면 가격을 올려준다. 이게 공정한 가격인가.”

“짬짜미 입찰이 문제… 경쟁입찰만 제대로 해도 가락시장 안정화된다.”

“중도매인들은 중간 물건 후려쳐서 손해를 복구한다.”

“농산물 가격 중도매인 아닌 농민이 가격 결정해야.”

“적정 가격 받을 수 있다면 가락시장은 가장 좋은 시장.”

“서울에서 값싼 물건 받아다 지역에서 경매한다.”

“주식시장에도 보좌관제도가 있는데 농산물 시장은 무풍지대다.”

“아들들에게 농사 빼고 다 해라… 47년 농사 인생 헛살았다.”

“경매가 상관없이 판매가는 동일… 생산자와 소비자만 손해 보는 유통구조다.”

“대형유통업체와 직거래… 농민은 개별가격, 중도매인은 단일가격.”

“대기업 법인 투자 제한해 이익금 외부 유출 막아야 한다.”

“농안법 개정안에 법인의 대기업 지분 제한 조항 삽입해야.”

지난 14일 천안지역 토크에서 농민들이 쏟아낸 발언들이다. 농민들은 “도매시장이 공개경쟁입찰이 아닌 미리 정해진 가격대로 짬짜미 경매를 하는 등 법대로 운영되지 않고 있다”며 “공개경쟁입찰 제도만 제대로 실행된다면 가락시장만큼 좋은 시장은 없을 것”이라고 말했다.

이와 함께 “서울시 소속임에도 자금 문제 때문에 법인들에게 종속돼 버린 중도매인들의 문제가 해결되지 않는 한 공정한 가격은 관리되지 못할 것”이라며 “대기업의 도매법인에 대한 출자 지분을 제한해야 한다”고 입을 모았다.

이에 가락시장품목별생산자협의회 곽길성 회장은 "서울시농수산식품공사는 주식시장을 관리하는 증권거래소 같은 곳"이라며 "품목별 생산자 조직을 결성해 서울시와 농식품부 등에 농민들의 의견을 왜곡 없이 전달해야 한다"고 강조했다. 곽 회장은 "현재 14개인 품목별 생산자 조직이 조만간 30~40개 정도로 늘어날 것"이라고 말했다.

지역상생포럼(준) 백혜숙 대표는 "시장도매인제를 도입해 도매법인을 견제하고 공공출자법인을 확대하면서 공공조달체계와 연계, 공공시장을 확대해 나가야 한다"면서 "박완주 의원이 발의한 농안법 개정안에 대해 많은 지지와 관심을 가져 달라"고 당부했다.

이와 함께 백 대표는 "지역상생포럼에서 개설한 카톡 채널을 통해 일대일 채팅이 가능하다"면서 "현장과의 소통을 강화하면서 여론을 청취하고 당장 시정 가능한 것들부터 시정해 나갈 수 있도록 하겠다"고 말했다.

이와 관련, 오는 11월 20일(수) 오후 3시 국회의원회관 제7간담회실에서 '생산자와 소비자가 상생하는 공영도매시장의 공공성 강화 방안' 토론회가 열린다.

정춘숙, 김현권, 위성곤 국회의원과 지역상생포럼(준)이 공동 주최하는 이날 토론회는 가락시장품목별생산자협의회 곽길성 회장과 건국대학교 농식품경제학과 김윤두 교수가 발제를 진행하고, 건국대학교 윤병선 교수를 좌장으로 제주양배추협의회 김학종 회장, 고랭지배추생산자협의회 김시갑 회장, 전국마늘생산자협의회 강선희 사무국장, 양배추둔내작목반 정관교 회장, 부여친환경농업인연합회 권혁주 회장의 토론이 진행된다.

《식량닷컴》 2019년 11월 18일

제11차 지역 상생 토크_ 동네 식당에서 '도농상생' 실험

"청년들을 농업으로 불러들이는 지금의 정책은 너무나 무책임합니다. 아주 못된 정책이죠. 지금 시골은 소농이 살아갈 수 있는 구조가 아닙니다. 농촌에 있는 자식들도 다 도시로 내보내는데, 도시 청년들을 왜 불러들여 그들을 방황하게 만드는지 모르겠습니다"

귀농 10년 만에 농사는 업으로 할 것이 못 된다고 결론을 내리고 소득은 다른 업에서 찾기로 했다는 충북 보은의 생산자 부부의 절박한 소리다.

지난 11월 16일(토) '제11차 백혜숙과 함께하는 토크콘서트'는 특별한 장소(안재식당)에서 특별한 관계에 있는 사람들이 모인 자리였다.

이날 자리는 생산자가 생산한 식재료로 동네 식당의 요리사가 요리하고 도시에서 농업의 가치를 이해하고 있는 소비자와 함께 한 끼 밥상을 공유하는, 작은 도농상생을 연결해 보려는 취지에서 마련됐다.

이와 관련, 백혜숙 대표는 "동네를 떠나지 못하는 이유 중의 하나가 이 작은 동네 식당에 있다. 엄마가 해주는 밥처럼 정말 따뜻하고 속이 편하다"라고 안재식당을 소개한 뒤 "영혼이 녹아 있는 식재료를 생산하는 분이 있다. 여기 충북 보은에서 농사짓는 분들이다"라며 "이 식재료와 동네 식당의 쉐프가 만나면 동네 사람들이 얼마나 좋을까?를 생각해 왔고, 실천해 보고 싶었다"고 말했다.

참석자 간에는 그전에 전혀 안면이 없었지만 금방 지역 불문, 세대 불문, 남녀 불문하고 수십 년 전부터 만나왔던 친구들처럼 농업 먹거리 관련 이야기들을 쏟아냈다.

"도시 청년들은 바쁘죠. 마을이나 동네에 있는 시간이 많지 않아요. 더군다나 관심 분야에서도 농업 먹거리 분야는 우선순위에서 밀리죠. 그래서 마을 단위보다 일터를 중심으로 만들어 가는 게 현실적이지 않을까 생각해요."

동네에서 청년들을 만나기 너무 어렵다는 얘기다. 또 이렇게 어렵게 찾아와 만난 청년들조차 1~ 2년 후 지속적으로 만날 수 없다는 문제도 지적됐다. 일상적인 활동을 할 수 있는 공간이 없다는 것.

"화단을 텃밭으로 활용할 수 있도록 허용해 줬으면 해요. 텃밭에서 나온 생산물로 요리해 먹을 수 있는 공간도 반드시 필요하고요."

친해질 수 있는 시간이 필요하다. 시간과 공간에서의 끊임없는 활동을 통해 지속적인 관계가 형성되는데, 행정에서는 실적 위주로, 지속적인 연결 활동에는 지원이 없다며 항상 새로운 것을 요구한다고 비판했다.

특히 몇십억 들여 강동에 설립되는 곤충체험시설 등 시설 위주의 지원은 도시농업 활성화하고 관계가 멀다는 비판이 제기되기도 했다.

규모가 큰 공간이 아니라 숫자를 많이, 작은 텃밭이 딸린 요리 공간을 동네 곳곳에, 일터 곳곳으로 구석구석 만드는 것이 예비 청년 농부들이 바라보는 농업회생과 국민건강, 공정경제를 위한 절실한 과제라고 한다.

가지와 토란대, 호두를 생산해 식재료로 제공한 최정희·정경진 부부는 다품목 소량생산의 어려움과 농사를 지으면 지을수록 적자에 시달려 왔던 지난 10년을 돌아보며 직업으로써 농업은 한계가 있다는 점을 역설했다.

부부는 "소농이 살아갈 수 있는 제도는 다 없애버렸다"면서 "국민건강을 지키려면 개인이 자급자족할 수 있는 가족 단위의 채소와 축산 등 경축이 순환되는 구조를 권장하고 소농을 지원하는 방향으로 정책을 펴야 한다"고 강조했다.

또한 "농촌의 농민들이 자식들을 다 내보내는 마당에 무책임하게 청년들을 농촌으로 들어오게 한다는 것은 정말 나쁜 짓"이라면서 "농촌 안에 다양한 일자리가 먼저 선행되어야 한다"고 말했다.

안재만이라는 이름에서 따왔다는 '안재식당' 대표는 "처음에는 오시는 분들이, 일반 백반집에서 사용하는 것과 식재료 맛을 구별하지 못해서 속상했다"며 "하지만 지금은 따뜻하고 건강하고 속이 편한 것을 느끼시는 분들이 많이 찾아와 다행"이라고 말했다.

덧붙여 "동네에 이런 식당이 많이 생겨 동네 청년들의 건강에 도움을 주는 공간이 됐으면 한다"면서도 좋고 건강한 식재료 구입의 어려움과 가격 책정의 어려움을 토로했다.

이번 특별한 토론회는 충북 보은의 최정희·정경진 농부 부부와 도시농부 파릇한 절믄이 운영자 최유리, 서울도시농업시민협의회 공지원, 도시청년농부 컨텐츠 크리에이터 손도혜, 공정소비자모임 대표 유은정, 지역상생포럼 간사 허정남, 요리사 김동연, 협동조합 소셜다이닝 팜 대표 박영란, 안재식당 대표 안재만, 조리사 이정훈 씨가 참석했다.

《식량닷컴》 2019년 11월 19일

제12차 지역 상생 토크_ 수원 더함파크에서

"학교 텃밭 교육이라도 안정화, 제도화시켜야 합니다.

농식품부도 3차 년도 도시농업 관련 계획을 발표하면서 전체 학교의 반 정도에 텃밭을 설치한다고 했죠. 거기에 따르는 인력을 도시농부활동가의 일자리하고 연계시킬 필요가 있어요.

경기도에서는 민간 단체들이 10년 전부터 도시와 농업·농촌 사이에서 농의 가치를 연결하는 역할을 꾸준히 만들어 왔거든요. 이 역량을 활용하지 않고 정부는 도시농업관리사 제도를 도입했어요.

도시농업관리사제도는 문제가 많아요. 몇 주 교육받고 자격증 받은 분들이 무슨 농의 가치를 전달할 수 있겠어요.

또 행정에서도 이 분야를 전담하는 분도 없고 민간하고 만날 시간도 없이 이일 저일을 하고 있는데 무슨 창의적인 아이디어가 나오겠어요. 학교는 학교대로 텃밭 업무는 부가적인 업무인 거죠. 텃밭 교육을 하시는 선생님들은 높은 의지가 있어야 해요. 이렇다 보니 이 선생님이 떠나면 텃밭 교육도 사라지죠."

지난 11월 18일(월) 수원 더함파크에서 경기도시농업시민협의회와 지역상생포럼(준)(대표 백혜숙)이 공동주최한 '제12차 백혜숙과 함께하는 지역 상생 토크콘서트'에서 나온 주장이다.

지역상생포럼(준)의 대표이자 서울시농수산식품공사 전문위원인 백혜숙 씨는 인사말을 통해 "서울시농수산식품공사에 와 보니까 생산자들이 소비자들과 너무도 만나고 싶어 한다"면서 "멀어져 있는 생산자와 소비자의 거리를 우리 도시농업을 해오신 분들하고 공동 생산자라는 개념을 같이 공유하면서 퍼트리는 일을 해보고 싶다"고 말했다.

안산도시농업연대 김재규 씨는 "경기도는 도시와 농촌이 공존하고 있는 곳"이라면서 "도시인으로 농의 가치를 강조하면서 활동해 왔다"고 말했다. 이어 "그런데 요즘 행정이 관여하면서 성과 위주로 흘러가는 경향이 있다"면서 "경기도 도시농업 분야만큼은 민간이 꾸준히 자발적이고 창조적으로 활동해 온 만큼 민관협치가 가능한 분야"라고 강조했다.

덧붙여서 경기도도시농업시민협의회 이복자 회장은 "10여 년 전 활동을 시작할 때부터 경기도는 각 지역 시·군의 민간 활동가들이 농의 가치를 흩트리지 않고 중심을 모아 여기까지 왔다"고 강조하면서 "여기 계신 모든 분들이 각 지역의 대표성을 가진 분들"이라고 소개했다.

26개 지역을 회원단체로 두고 있는 경실련 경기도협의회 이승봉 상임대표는 "아이들이 앞으로 어떻게 생존해 나갈 수 있을 것인지 고민이 든다"면서 "학교 텃밭하나라도 제대로 정책시켜야 한다"고 강조했다. 아울러 농식품부가 학교 텃밭을 확대한다고 발표했으면서도 예산을 세우지 않은 것을 비판했다.

이날 토크콘서트에는 친환경안양도시농업네트워크 대표 김인봉, 군포 농상생네트워크(준) 김석용, 오산텃밭지기들 대표 조금단, 시흥시 생명도시농업협동조합 대표 오현주, 안산도시농업연대 김재규, 경실련 경기도협의회 상임대표 이승봉, 경기도도시농업협의회 대표이자 광명 우리씨앗 농장 대표인 이복자 씨 등이 참석했다.

《식량닷컴》 2019년 11월 24일

제13차 지역 상생 토크_ 충북 진천 덕산농협에서

농민에게 있어 유통의 문제는 1년 농사의 성패를 좌우하는 생명과도 같다. 이와 관련 진천시의 한 농민은 도매시장 경매사를 법관으로 비유하며 "경매사가 가격을 후려치면서 너 사형이야! 너 죽어! 하면 죽을 수밖에 없다"고 말했다.

지난 10월 초 출범해 지역을 순회하며 '백혜숙과 함께하는 지역 상생 토크콘서트'를 진행해 오고 있는 지역상생포럼(준)(대표 백혜숙)은 11월 25일(월) 충북 진천 덕산농협에서 진천지역 농민들과 함께 제13차 상생 토크를 개최했다.

이날 진천 토크에 참석한 농민들은 공영도매시장이 본연의 역할을 하지 못하고 있다면서 '공영'이란 문구를 빼야 한다고 말했다. 진천지역 농민들은 공영도매시장, 특히 가락시장의 횡포에 대해 성토했다.

진천에서 콜라비 농사를 하고 있는 또 다른 농민은 "콜라비는 크기에 따라 15과 16과 등으로 출하한다. 그런데 15과 40박스, 16과 20박스를 출하하면 수량이 많은 15과가 가격이 가장 낮다. 출하를 하다 보면 사이즈가 점점 작아진다. 처음엔 15과가 많이 나가다 다음엔 16과짜리가 많이 나가는데, 15과짜리가 많이 나갈 때는 15과 가격을 죽이고 16과가 많이 나갈 때는 16과 가격을 죽인다. 물량이 많은 박스 가격은 죽이고 가장 적은 물량을 1등 준다. 1등 했다고 기분만 좋지, 소득은 형편없다. 모두 하루 차이로 일어난 일이다. 이렇게 장난질을 친다"며 개선을 호소했다.

가락시장을 신뢰하지 않아 가락시장에 가지 않고 소매를 한다는 한 여성 농민은 "절대 소매를 하고 싶지 않다. 농민들은 농사만 지어야 하는 거 아니냐"면서 "직접 물건을 판다는 게 얼마나 힘든 일인지 아는가. 세금으로 공영도매시장을 만들고 운영하는데 왜 농민들에게 그런 고통을 주는지 모르겠다. 그래서 공영시장이란 말에 동의할 수 없다"고 말했다. 그는 "처음에는 가락시장이 농민들에게 역할을 했는데 지금은 그런 역할을 하지 못하고 있다. 개인 출하자들은 천대받고 밭떼기 장사꾼들만 대접받는 시장이 돼 버렸다. 처음엔 산지 수집상이라고 하더니 지금은 산지 유통인으로 부른다. 농민들은 어디 가서 기댈 데가 없다"고 성토했다.

또 다른 농민은 "농업이 환경을 지키는 중요한 보루 역할을 하고 있는데 유통과 섞이면서 농업은 쓰레기를 양산하는 것으로 변질됐다"면서 "포장에 포장을 요구하고 그것도 모자라 소포장을 요구하고 그 비용을 농가에게 전가한다"고 말했다. 그는 "사과 한 박스 사면 사과보다 쓰레기가 더 많다. 이제는 공영시장이 쓰레기를 줄일 수 있는 방안과 함께 농민과 소비자들에게 피해가 돌아가지 않도록 쓰레기를 줄이고 친환경적으로 갈 수 있도록 공영시장 본연의 역할을 해야 한다"고 말했다.

농산물 수급 관련 정부의 역할에 대한 성토도 쏟아져 나왔다. 한 여성 농민은 "전에는 안 그랬는데 언젠가부터 최고 물량이 출하되면 반드시 가격이 폭락한다" 면서 "농민이 소외된 경매제도는 농민들에게 폭력적"이라고 말했다. 그는 "수확 때가 되면 가격이 떨어져도 욕할 시간도 없이 일만 한다. 그리고 가격과 상관없이 주는 대로 받는다. 4차 혁명 시대에 왜 홍수 출하를 사전에 예방하지 못하는지 이해가 안 된다. 또 농민들에게 시장 선택권도 없다는 게 말이 되느냐"며 울분을 토했다.

이와 관련, 가락시장 품목별생산자협회 곽길성 회장은 "전국적으로 품목별 생산자 조직을 만들고 가락시장 내에서는 품목별 출하자협의회를 만들어 스스로 수급 조절 능력을 키워 대응해야 한다"면서 "내가 속한 동네에서부터 품목별 생산자 조직을 만들어 나가자"고 말했다.

백혜숙 지역상생포럼(준) 대표는 "경매는 신뢰나 관계가 전혀 없는 물량으로만 가격을 결정하는 시스템이지만, 시장도매인은 지속적으로 소통하고 관계를 맺고 농민들의 아픔을 같이 공유하면서 마트협회나 슈퍼마켓협회 등과도 계속해서 거래를 맺는다"면서 도매시장법인과 경쟁할 수 있는 시장도매인제도에 대해 설명했다.

백 대표는 또 "서울시는 학교급식 공공급식 등 공공조달체계가 잘 돼 있고 농식품 바우처 등 먹거리 복지를 계속해서 확대해 가고 있다"면서 "공공법인 형태로 시장도매인을 만들고 가락시장에 있는 공공출자법인이 서울시의 공공조달체계와 연결이 되게 되면 그것이 바로 지역 상생 푸드 개념으로 확장될 수 있다"고 말했다.

《식량닷컴》 2019년 11월 29일

제14차 지역 상생 토크_ 전남 완도 해양바이오연구센터에서

"가락시장이 경매 가격이 가장 낮아요. 중부시장을 비롯한 다른 시장과 가격 차이가 크게 나서, 중매인들이 손해를 많이 봤습니다. 그래서 거의 가락시장으로 물건을 내지 않지요. 큰 수조도 없고, 가락시장에서 수산물은 찬밥 아닌가요."

완도는 연안 해안선에 게르마늄이 다량 함유된 맥반석으로 형성되어 대한민국 수산 산업의 메카로 불리며, 전복은 전국 생산량의 81%, 다시마, 미역, 매생이, 김 등 해조류의 60%를 생산하고 있다.

지난 12월 5일(목) 완도 해양바이오연구센터에서 제14차 '백혜숙과 함께하는 지역 상생 토크콘서트'가 열렸다. 이번 토크콘서트는 그간 14회를 진행하는 가운데 처음으로 어민들이 참여해 그 의미가 남달랐다.

이날 열린 토크콘서트에는 해양바이오연구센터 임영태 센터장, 완도전복생산자협동조합 이용규 이사장, 완도바다영어협동조합 지영택 대표를 비롯해 지역 내 협동조합 및 수산물 회사 대표, 완도군청, 수협의 관계자들이 참석했다.

본격적인 이야기를 나누기에 앞서 백혜숙 지역상생포럼(준) 대표는 "어민들이 생산한 수산물이 많이 유통될 수 있도록 고민하고 있다. 이를 해결하기 위해 최근 해양수산부에서 수산 시장 실태조사를 했고, 무엇보다 현장의 이야기를 듣기 위해 완도에 왔다"고 말했다.

가락시장품목별생산자협의회 곽길성 회장은 "가락시장이 생산자, 소비자 중심이 아닌 중도매인, 법인이 주도하면서 생산자 목소리가 제대로 나오지 못하고 있다. 100가지가 넘는 품목별 생산자 모임을 구축하고 서로 협력체계를 만들며 생산자와 소비자 간 소통의 통로를 만들고자 전국을 돌아다니고 있다"고 전했다.

토크콘서트가 진행되면서 생산자들은 수산물 유통의 어려움, 특히 가락시장이 중부시장을 비롯한 다른 시장에 비해 유통구조가 좋지 않다고 불만을 토로했다.

가락시장이 경매 과정에서 가격을 낮게 책정해 다른 시장과 가격 차이가 발생하고, 중매인들이 손해를 많이 보면서 가락시장에 대한 신뢰가 떨어졌다고 비판했다.

이에 대해 임영태 센터장은 "가락시장 선호도가 높다고 알고 있는데 유통과정에 문제가 이렇게 있는지 몰랐다. 무엇보다 삼면이 바다인 우리나라에서 수산업에 대한 관심이 필요한데, 가락시장에서 수산물의 포지션이 약한 것 같다. 보다 규모가 확대되어야 할 것"이라고 발언했다.

백혜숙 대표는 가락시장 현대화 사업 추진 과정을 설명하면서 수산동 현대화 사업 및 저온저장시설 확충 필요성을 강조했다. 이어 "유통 환경 변화에 따른 체계 변화를 도입하려 해도 농안법에 막혀 있다"면서 가락시장 유통체계 개선을 위해 수산물 생산자들도 협의회를 구성하고 관심을 가져줄 것을 당부했다.

참석자 중 한 어민 대표는 "생산자가 가락동으로 물건을 올리면 그것이 대구, 강원도로 가면서 가격을 더 내린다. 산지보다도 낮은 가격에 판매되고 있는 이상한 현실이고 이것이 반복되고 있다. 이런 구조적인 문제가 해결되어야 어민들의 고민거리가 해결될 것"이라면서 "모든 채널이 가락동으로만 몰려있다. 수협이나 산지법인에서도 유통할 수 있어야 한다"면서 유통구조 개선의 시급함을 강조했다.

또 다른 참석자는 "현재 유통구조는 가락시장만 배 불리고 있는 상황이다. 게다가 가락시장은 장소가 농축산물에 비해 협소하고 제대로 된 수조도 없다. 수산물이 홀대받는다. 출하자에게 입찰 후 보관 비용을 받는 곳도 가락시장밖에 없다. 이런 상황이다 보니 중부시장이나 다른 시장을 선호하게 된다"면서 가락시장의 횡포가 심하다고 발언했다.

이와 관련, 백 대표는 공공출자법인에 대해 논의를 해 볼 것을 제안했다. "서울시는 공공조달체계가 잘 되어 있고 먹거리 관련 복지 및 시스템이 정착되어 가고 있다. 가락시장에 시장도매인제도가 도입되어 이를 중심으로 공공출자법인이 만들어지면 공공기관 매칭도 가능하다"면서 현재 제주도 및 전라남도가 도 차원에서 공공출자법인에 많은 관심을 가지고 있다고 밝혔다.

한편, 수산업 현장의 변화도 필요하다는 의견도 나왔다. "힘들더라도 친환경 수산물 등 질 좋은 생산품이 나올 수 있도록 격려하고 유도해야 하는데 '더 싸게'라고 외치다 보니 결국 생산량만 늘리고 경쟁만 늘어나고 있다"면서 수산업의 현실, 그리고 완도의 실정에 맞춘 유통체계가 필요하다는 주장이 제기됐다.

가락시장과 관련해서는 현대화 과정에서 수산물 전문공간 구성, 저장저온창고 마련과 함께 유통구조 개선도 적극 요구해야 한다는 지적이 제기됐다.

《식량닷컴》 2019년 12월 10일

第15차 지역 상생 토크_ 전남 해남 세발나물 영농조합법인에서

“대한민국에서 특별하다고 하는 작물은 2, 3년만 지나면 급속히 전국으로 확산되면서 생산량이 증가하고, 가격 경쟁이 생긴다. 초기 세발나물 공급량의 80%를 담당하면서 어느 정도 돈벌이가 됐지만, 최근에는 60~70%로 떨어졌다. 다른 지역생산자들과의 공조가 필요한데 그것이 쉽지 않다.”

“정부가 한창 밀고 있는 6차 산업은 생산자가 생산·제조·유통을 다 하라는 것인데, 유통을 하려 해도 상인, 도매시장, 위탁시장이 담합하고 있고, 거기에 막히다 보면 ‘이건 안 되나 보다’라는 자괴감이 든다.”

“우리는 조합 내에서 생산량, 가격 등을 조절하지만 다른 지역은 그렇지 않다. 생산자가 중심이 되어야 하는데 시장과 도매업자에게 주도권을 빼앗긴 형국이다. 타 지역의 생산자들과 연계하기 위해 노력하지만, 이 또한 쉽지 않다.”

지난 12월 6일(금) 해남 세발나물 영농조합법인에서 개최한 ‘제15차 백혜숙과 함께하는 지역 상생 토크콘서트’에서 조합원들은 농업생태의 취약한 환경과 시장 체계에 대한 불신을 고스란히 토해냈다.

이 조합에는 17개 농가에 외국인 근로자를 포함, 50여 명의 조합원이 소속되어 있다. 1가구당 약 3,000평 정도의 면적에서 세발나물을 재배하고 있으며, 생산이 끝난 후에는 하우스를 설치해 종자를 채취한다.

토종 종자가 점차 사라지고 있는 상황에서 토종 종자를 지켜나가고 있는 착한 조합이다. 무엇보다 생산 및 출하 체계가 확실하다. 영농조합 차원에서 생산량

을 조절하고, 개인 출하는 하지 않는다. 철저하게 관리하고 가격 역시 평균을 내어 정산을 한다. 생산량의 70%는 가락시장(중도매인)으로, 나머지 30%는 지역 도매시장으로 유통되고, 생협 또는 학교급식에 출하하는 양은 소량이다.

백혜숙 지역상생포럼(준) 대표는 "공동생산·공동작업·공동나눔이라는 완전한 협동조합의 형태를 갖추고 있다"면서 "토종 종자를 지켜내고 있는 것만으로도 큰 의미를 가지고 있다"고 감탄했다.

'시장도매인제도와 위탁 상인의 차이점'을 묻는 질문에 백 대표는 "분명한 차이가 있다"면서 "우선 시장도매인제도에서는 계약재배 방식이 가능해 물량, 출하 시기 조절이 가능하다. 공공이 나서서 설립된 시장도매인 통합정산법인이 있어 정산도 안정적으로 할 수 있고, 가격 협상력도 좋아진다. 무엇보다 생산자와의 소통을 통해 가격, 물량 등을 직접 확인할 수 있다"고 시장도매인제도의 장점을 설명했다.

한 조합원은 "가락시장의 도매 제도, 위탁 상회에도 한계를 느끼고, 늘 유통업자에게 당하는 것 같다"고 말했다.

또 다른 조합원은 "예전에는 생산량이 부족해 가격을 조절했지만, 현재는 여기저기서 세발나물을 재배해 생산량이 늘어 가격이 떨어졌다. 농민이 시장에 전혀 관여를 못 하고 있다. 우리가 수급을 조절하고 있었는데, 중간에 업자들이 끼어들면서 다른 지역은 통제가 안 된다. 협의체를 구성해 같이 보조를 맞추려고 했지만 잘 되지 않았다"고 안타까워했다.

시장도매인제도에 대해서도 "1회성으로 끝나 버리는 경우도 있다"며 지속적인 협조가 이루어지지 않았다고 지적했다.

백혜숙 대표는 "해남의 세발영농조합은 토종 종자를 지키고 마을 사람들이 협동해서 소득까지 나눈다는 사실에 놀랐다"면서 "1회성이 아니라 지속가능한 시스템이 되도록 노력하겠다"고 답하며 콘서트를 마무리했다.

《식량닷컴》 2019년 12월 10일

제16차 지역 상생 토크_ 용산가족공원에서

"제가 텃밭 1번인데요. 이곳은 길가에 있어 지나가는 사람들이 보고 따 먹으라고 상추도 더 심고, 가지도 더 심고 그래요. 그런데 이곳으로 들어오려면 경쟁률이 장난이 아니죠. 다음엔 떨어질까 봐 걱정이에요. 너무 좋은데."

용산가족공원 안에 있는 텃밭을 가꾸는 사람들은 너무 좋은데 다음엔 기회가 안 될까 봐 걱정이 태산이다.

지난 14일 용산가족공원에서 열린 제16차 '백혜숙과 함께하는 지역 상생 토크콘서트'에서는 1년 차 초보 도시농부부터, 도시양봉, 도시농업 관계자 등 20여 명이 모여 도시텃밭의 안정적인 운영과 도시농업의 가치 확산을 위한 다양한 의견을 나눴다.

박원순 시장은 서울을 도시농업수도로 만들겠다는 비전으로 2012년부터 노들섬에 텃밭 사업을 추진해 왔지만, 결국 노들섬이 복합문화공간으로 재편되면서 용산가족공원으로 들어오게 됐다.

이날 토크콘서트에는 노들텃밭부터 경작 활동을 시작한 도시농부들도 다수 참석했다.

김정대 용산텃밭자치위원회 대표는 "용산 텃밭의 특징은 가족공원 안에 텃밭이 있다는 것이다. 지금까지 공원의 역할을 더 확장시킬 수 있다는 면에서 중요한 역할을 할 수 있다. 이 자리를 통해 다양한 논의를 나눌 수 있기를 기대한다"고 전했다.

도시텃밭 vs 공원… 관리 체계 불안 요소 높아

도시양봉을 하고 있다는 참가자는 "서울시 농업은 도시농업과에서, 공원관리는 푸른도시국에서 관리한다. 공원 내 텃밭은 농업이 아닌 공원의 일부일 뿐이고, 그러다 보니 도시농업에 대한 이해가 부족해 불안·갈등 요소가 존재한다"고 말했다.

이어 "도시텃밭을 시민이 이용하는 프로그램 수준으로 이해하고 있다"면서 "서울시에서 십여 곳의 도시텃밭을 운영하는데, 동일한 시스템으로 운영한다. 임대·분양만 하면 끝이다. 묘목과 비료를 주지만 어떤 비료를 주는지, 제대로 된 비료를 주는지 현장 확인도 하지 않는 것 같다. 담당 공무원들이 도시텃밭에 대한 이해가 너무 부족해서 풍전등화 같다"고 현재의 어려운 상황에 대해 말했다.

또 다른 참가자 역시 "텃밭 프로그램은 공원여가과, 텃밭 관리는 운영과에서 관리하다 보니 관리 주체가 이중이라 뭔가 새로운 프로그램을 시도하려 해도 어려움이 많다"고 토로했다.

이에 대해 백혜숙 대표는 "지금까지 경작 공간 부족에 대한 요구로 도시농업과에서는 공간 확보에만 주력해 왔고, 옥상을 넘어 주제공원으로 공원 내에 텃밭을 만들고 있다. 그 과정에서 도시농업에 대한 이해가 너무 없다는 아쉬움이 있다. 도시농업은 결국 공동체를 회복하는 것이다. 그렇다면 공원에서 어떻게 공동체 회복을 할 것인가? 도시텃밭을 통해 가능하다. 참고로 내년 서울시는 자치구를 대상으로 도시농업지원센터 5곳을 만들 예정이다. 구에서 신청하면 서울시에서 50%를 지원하고 자치구에서 50%를 부담해 조성할 계획으로, 이 센터를 통해 도시농업에 대한 지원은 물론 소통의 공간으로 공동체를 구성하는 데 힘을 모을 것으로 기대하고 있다"면서 용산텃밭에서도 참여해 볼 것을 당부했다.

용산텃밭 '공동체' 구성에 힘 모을 것

참가자들은 '텃밭 공간의 부족이 문제가 아니다. 이제는 커뮤니티 공간으로 발전시키기 위한 공동체가 필요하다'고 입을 모았다.

현재 자치위원회가 구성되어 분양, 텃밭 관리, 농사 지원 등을 하고는 있지만 실질적인 힘이 없다 보니 정책에 대응하기가 어려운 상황.

서울시 다른 구의 도시농민과의 연계도 연결고리가 없어 힘들다고 한다. 특히, 용산텃밭은 용산구민이 아니라 서울시민 모두가 경작에 참여할 수 있어 구심점을 만들기 어렵다는 문제도 제기됐다.

이와 함께 공무원의 문제만이 아니라 텃밭 참가자들의 적극적인 참여와 관심이 필요하다는 반성도 나왔다. '내 밭만 잘 관리하면 된다'는 생각으로는 도시텃밭의 가치를 제대로 공유하지도, 확산시키지도 못한다는 지적이 나왔다.

백혜숙 대표는 "용산텃밭이 하나의 모범사례가 될 수 있다. 서울시에서는 도시농업에 대한 성과를 바탕으로 해마다 시상을 하고 있다. 여기에 참여를 해보는 것도 좋다. 뜻을 모을 수 있는 공동체 구성이 우선되어야 한다"고 말했다.

이어 "농촌에서는 공익형직불제가 있는데, 서울에서는 도시농업 공동체가 공익형이고 이에 대한 지원을 하는 것이다. 먹거리를 토대로 연대를 통해 텃밭총량제(도시) 농지총량제(농촌)를 제도화하여 건강한 환경에서 살 수 있도록 거시적·미시적 정책을 만들어 나가겠다"고 강조했다.

용산텃밭의 도시농부들은 텃밭을 경작하면서 아파트에서 하지 못하는 이웃과의 소통이 가능해졌다고 말했다.

삭막한 도시에서 텃밭이 주는 행복과 고마움이 지속가능해지길 바란다는 바람을 전했다. 더불어 시민들과 소통하기 위한 오픈 공간이 마련되어 텃밭이 더 알려지길 기대했다.

백 대표는 "용산텃밭은 구심점을 갖고 끌고 갈 수 있는 힘(공동체 구성)이 필요하다. 구슬이 서 말이라도 꿰어야 한다. 그런 방안을 찾아가도록 함께 노력해 보자"고 격려했다.

《식량닷컴》 2019년 12월 20일

第17차 지역 상생 토크_ 강원도 춘천시에서

"강서시장이 생산 물량을 감당할 수 있겠습니까? 시장도매인도 이용해 봤지만 다 그게 그거 아닌가요?"

지난 12월 17일(화) 강원도 춘천시에서 열린 第17차 백혜숙과 함께 하는 지역 상생 토크콘서트에서 지역의 한 생산자가 던진 이 질문에는 그간의 농정, 도매제도, 유통체계에 대한 불신이 그대로 묻어나는 듯했다.

이날 토크콘서트는 지역상생포럼(준)과 춘천시 품목별 생산자 연합회가 함께 했다. 춘천시 품목별 생산자 연합회는 지역의 품목 대표 및 조합 대표들이 두 달에 한 번 모임을 갖고 소통하는 자리로 눈길을 끌었다.

지역상생포럼(준) 백혜숙 대표는 정산 문제와 관련, "시장도매인제도는 경매를 거치지 않고 직접 거래를 하는 형식으로, 현재 강서시장에서 도입되어 운영되고 있다. 거래 시에는 공사에서 만든 정산회사를 통해 물건 값을 지급해서 안전하다. 정산 걱정은 안 하셔도 된다"고 설명했다.

또 다른 농민 대표는 물량 처리와 관련, "시장도매인이 우리 농민과 상의해서

가격도 결정하고 정산도 회사가 해준다고 해서 좋은 것 같은데, 과연 강서시장이 생산자들의 물량을 다 감당할 수 있는 상황인가? 생산해서 올려보내는 물량을 다 보장할 수 있느냐?"고 물었다.

그러자 옆자리에 앉아 있던 농민도 거들며 "전체적으로 보면 거기서 거기 아니냐?"며 도매시장에 대한 불신을 드러냈다.

이에 대해 백혜숙 대표는 "공영도매시장 본연의 목적은 '생산자의 이윤 추구, 국민의 건강 추구'인데 지금의 경매제도와 시장도매인제도를 같이 운영하면서 생산자분들이 적극 개입해 들어오시는 것이 필요하다"고 말했다.

백혜숙과 함께하는 지역 상생 토크콘서트는 이번 춘천까지 17회째로, 성과로는 영천 포도, 복숭아 생산자들이 품목별생산자협의회에 들어온다는 의사를 밝히고 있다.

백혜숙 대표는 "현재 가락시장은 총 16만 평으로, 공영도매시장 전체 물량의 45%가 가락시장으로 들어오고, 2위가 강서시장"이라고 소개하면서 "가락시장에도 강서시장처럼 시장도매인제도를 병행 운영하려고 하는데 아직 어려운 점이 있다"고 토로했다. 하지만 "유통 환경이 많이 변화하고 있고 가락시장도 변화해야 한다"고 강조했다.

토크콘서트에 참여한 생산자들은 "결국 품목별생산자협의회가 잘 만들어져야 할 것 같다"면서 "백혜숙 전문위원과 함께 소통을 잘 해나가면서 조금이라도 개선되는 방향으로 노력해 가는 것이 지금 해야 할 일인 것 같다"고 하면서, 각자 지역으로 돌아가 지역 농민들을 독려하고 홍보와 알리는 작업을 진행하자는 뜻을 밝혔다.

《식량닷컴》 2019년 12월 24일